Beck'sche Reihe

BsR 1184

BsR

In den Beiträgen dieses Bandes geht es um „Normen und Formen des Zusammenlebens, mithin um die Art, wie der Gegensatz ‚wir' – ‚die' überwunden und wie als ‚anders' Empfundenen jene menschliche Würde zuerkannt wird, die christlichen Religionen und humanistischer Tradition Grundlage aller Moral ist. Es geht aber auch um historische Schattenseiten christlicher Religionen und gegen die aktuelle Verketzerung des Islam als Inkarnation des Bösen schlechthin. Insgesamt geht es um das Bemühen, inmitten enormer wirtschaftlicher, politischer und kultureller Probleme in der Gemeinsamkeit menschlicher Würde die Vielfalt der Zugehörigkeiten zu gestalten. Deshalb sollte dieses Buch einen großen Leserkreis finden." (Aus dem Geleitwort von Alfred Grosser)

Klaus J. Bade, geb. 1944, ist o. Professor für Neueste Geschichte und Direktor des Instituts für Migrationsforschung und Interkulturelle Studien (IMIS) der Universität Osnabrück. Er hat bei C.H. Beck das Standardwerk „Deutsche im Ausland – Fremde in Deutschland" (1992) und das vielbeachtete „Manifest der 60" (1994) herausgegeben sowie zuletzt als Autor die Bestandsaufnahme „Ausländer-Aussiedler-Asyl" (1994) vorgelegt.

Die multikulturelle Herausforderung

Menschen über Grenzen – Grenzen über Menschen

Herausgegeben von Klaus J. Bade

Mit Beiträgen von
Klaus J. Bade, Stephen Castles, Alexander Demandt,
Heiner Geißler, Gerd Kröncke,
Thankmar Freiherr von Münchhausen, Els Oksaar,
Hans-Jürgen Puhle, Gernot Rotter, Irina Scherbakowa,
Anton Schindling und einem Geleitwort von
Alfred Grosser

VERLAG C.H. BECK

Die Deutsche Bibliothek – CIP-Einheitsaufnahme

Die multikulturelle Herausforderung:
Menschen über Grenzen – Grenzen über Menschen/
hrsg. von Klaus J. Bade. Mit Beitr. von Klaus J. Bade . . .
und einem Geleitw. von Alfred Grosser. –
München: Beck, 1996
(Beck'sche Reihe; 1184)
ISBN 3 406 39284 9
NE: Bade, Klaus J. [Hrsg.]; GT

Originalausgabe
ISBN 3 406 39284 9

Umschlagentwurf: Uwe Göbel, München

Gesamtherstellung: C. H. Beck'sche Buchdruckerei, Nördlingen
Gedruckt auf säurefreiem, alterungsbeständigem Papier,
(hergestellt aus chlorfrei gebleichtem Zellstoff)
Printed in Germany

Inhalt

Geleitwort

Von Alfred Grosser

Vernunft und Wärme, Ethik und Realismus sind keine Gegensätze. Das zeigte schon das mutige ‚Manifest der 60' zum Thema ‚Deutschland und die Einwanderung', das Klaus J. Bade 1994 im gleichen Verlag herausgebracht hat. Es ging u. a. um oder besser gegen das deutsche Staatsangehörigkeitsrecht. Richard von Weizsäcker hat im März 1995 noch härter über die „rechtliche Antiquität" des Reichs- und Staatsangehörigkeitsgesetzes von 1913 gesprochen, verbunden mit dem „völkisch verengten Abstammungsrecht" und den „nach wie vor engen Grenzen der Einbürgerung".

Die Vernunft sollte sich stets auf den Vergleich stützen. Nichts ist anregender, nichts hilfreicher als die Entdeckung dessen, was andernorts ähnlich und doch anders oder anders und doch ähnlich ist. In diesem Sinne öffnet das neue Buch Wege zum Verstehen durch Vergleich.

Allerdings muß der Leser beim Kulturvergleich stets auf der Hut sein, auch gegen sich selbst: der deutsche Leser z. B., wenn er den Beitrag über Frankreich liest, dessen Gegenstand aus französischer Sicht auch anders ausgeleuchtet werden könnte. Der französische Leser wiederum mag überrascht sein, sich den Ausführungen von Heiner Geißler so nahe zu fühlen. Seine Bestimmung des Multikulturalismus aus dem Bezug auf gemeinsame Grundwerte entspricht ganz der Formel ‚l'intégration républicaine' unseres Staatssekretärs für Integration Kofi Yamgnane, der Franzose, Togolese und Bretone zugleich ist.

Andere Beiträge gelten ganz anderen Fragen, z. B. der über ethnische Vielfalt und zentrale Kontrolle im russisch-sowjetischen Imperium: In einer Zeit, in der Verbrechen der Sowjetmacht im Bemühen um internationale Verständigung nach dem Kalten Krieg oft verschwiegen oder verharmlost werden, berichtet er von massenweisen Zwangsumsiedlungen und Vertreibungen, von großangelegter Verneinung und Verhöhnung elementarster Menschenrechte.

In allen Beiträgen geht es um Normen und Formen des Zusammenlebens, mithin um die Art, wie der Gegensatz ‚wir' – ‚die' überwunden und wie als ‚anders' Empfundenen jene menschliche Würde zuerkannt wird, die christlichen Religionen und humanistischer Tradition Grundlage aller Moral ist. Es geht aber auch um historische Schattenseiten christlicher Religionen und gegen die aktuelle Verketzerung des Islam als Inkarnation des Bösen schlechthin. Insgesamt geht es um das Bemühen, inmitten enormer wirtschaftlicher, politischer und kultureller Probleme in der Gemeinsamkeit menschlicher Würde die Vielfalt der Zugehörigkeiten zu gestalten. Deshalb sollte dieses Buch einen großen Leserkreis finden.

Paris, im Februar 1996

Vorwort

Von Klaus J. Bade

Die Bewegung von Menschen über Grenzen, von Grenzen über Menschen und die Begegnung der Kulturen gehören zu den Kernproblemen unserer Zeit. Was den einen kulturelle Bereicherung ist, verstehen andere als existentielle Bedrohung der eigenen Kultur.

Unterschiedliche historische Erfahrungen, verschieden gelagerte aktuelle Probleme, politische Positionen und ‚Weltanschauungen' führen zu unterschiedlichen Antworten auf die multikulturelle Herausforderung in Geschichte, Gegenwart und absehbarer Zukunft. In diesem Buch antworten vier Historiker, ein Soziologe, ein Orientalist, eine Literaturwissenschaftlerin, eine Sprachwissenschaftlerin, zwei Journalisten und ein Politiker.

Wer Bücher macht, weiß von der notwendigen Entscheidung, entweder ein guter Mensch oder ein konsequenter Herausgeber zu sein. Ich habe mich um das letztere bemüht und danke den Autorinnen und Autoren um so mehr für ihre Kooperation und Geduld. Dr. Susanne Meyer danke ich für anregende Gespräche bei der Entstehung dieses Bandes, Dr. Michael Bommes und Priv. Doz. Dr. Klaus Manfraß für kritische Hinweise. Die Schlußredaktion besorgte Dr. Jochen Oltmer (Neueste Geschichte) am Institut für Migrationsforschung und Interkulturelle Studien (IMIS) der Universität Osnabrück.

Dieses Buch erschien 1995 in einer der ersten, nicht über den Buchhandel verbreiteten Ausgabe in der Heitkamp-Edition ‚Wir in unserer Welt'. Die zweite Ausgabe soll die Beiträge einer weiteren Öffentlichkeit zugänglich machen.

Osnabrück, im Februar 1996

Einleitung: Grenzerfahrungen – die multikulturelle Herausforderung

Von Klaus J. Bade

Bewegungen von *Menschen über Grenzen* und von *Grenzen über Menschen* können zu kultureller Bereicherung führen. Der Weg dahin ist aber nur im sozialromantischen Märchen eine fröhliche Rutschbahn in ein buntes Paradies. In der gesellschaftlichen Wirklichkeit war und ist die multikulturelle Herausforderung oft auch bestimmt durch Spannung, Reibung und Konflikt. Schlimmstenfalls kann sich der Weg sogar in Destabilisierung, Zerrüttung oder im Gruppenkampf aller gegen alle verlieren.

Auch historisch gewachsene multikulturelle Koexistenz kann abstürzen in ein Inferno multidimensionaler Konflikte. Oft geht es weniger um kulturelle Probleme im engeren Sinne als um wirtschaftliche, gesellschaftliche und machtpolitische Interessen, die sich religiöser, kultureller und ethnischer Argumente oder Ressentiments für ihre Zwecke bedienen und auf diese Weise eine Dynamik entfesseln, die sich rationaler Konfliktbewältigung entzieht.[1]

Die verschiedensten inneren und äußeren Sprengsätze können sich dabei gegenseitig zünden: Im Innern mögen wirtschaftliche und soziale Interessen, ethnokulturelle, nationalistische oder religiöse Probleme wirken. Nach innen und außen geht es oft zugleich um Machtpolitik, bis hin zu internationalen Spannungsfeldern, die innere Konflikte von außen schüren oder ihre Begrenzung blockieren. Das hat zuletzt der blutige Zerfall der jugoslawischen Vielvölkerrepublik in Krieg und Bürgerkrieg gezeigt.

Kultur im weiteren Sinne der „Art, wie die Menschen die Gesellschaftlichkeit ihres Lebens gestalten"[2], ist kein Zustand, sondern ein gesellschaftlicher Prozeß, in dem jede Zeit ihre eigene Form gewinnt. Das gilt auch für multikulturelle Entwicklungen. Die gesellschaftlich prägenden Wirkungen des Wandels multikultureller Konstellationen aber sind oft erst im Rückblick aus der Zukunft zu bestimmen; denn zur Abbildung dieser strukturbildenden Kräfte bedarf es einer Art intergenerativer Belichtungszeit. Kulturbegegnung durch die Bewegung von *Menschen über Grenzen* reicht von Aus- und Einwanderungen über Arbeitswanderungen mit fließenden Grenzen zum Daueraufenthalt bis hin zu Vertreibung, Flucht und Asyl. Die Entwicklung Europas bietet eine historische und aktuelle Beispielsammlung dafür.[3]

Kulturbegegnung durch die Bewegung von *Grenzen über Menschen* war in der Geschichte oft Begleiterscheinung imperialer Expansion von Vielvölkerstaaten, vom Imperium Romanum über das Osmanische und das Russische Vielvölkerreich bis hin zur Sowjetunion. Die Imperien kannten die verschiedensten Mittel und Wege zur Regelung multikultureller Koexistenz – unter dem Dach einer leitenden Idee, durch ein kraftvolles beziehungsweise repressives Zentrum, durch alte und neue Strategien eines ethnopolitischen ‚divide et impera', durch gewaltsame ‚Befriedung', totalitäre Kontrolle oder eine Mischung von diesem und jenem. Das galt, von älteren Beispielen einmal abgesehen, von der Pax Romana bis zur Pax Sovietica beziehungsweise vom Civis Romanus bis zum Homo Sovieticus. Mit dem Zerfall oder dem Sturz von Herrschaftssystemen brachen nicht selten durch imperialen Konsens oder totalitäre Kontrolle überdeckte ethnokulturelle Spannungen auf, soweit sie nicht am Ende selber zum Bersten der Herrschaftsstrukturen beigetragen hatten.[4]

Ein besonderes Kapitel in der Bewegung von Menschen über Grenzen und von Grenzen über Menschen im Zuge imperialer Expansion war die Geschichte der überseeischen Kolonialreiche, in die europäische ‚Mutterländer' ihre materielle und ideelle ‚Kultur' importierten, als Sendungsideologie wie als Herrschaftsinstrument zur Verwirklichung wie zur Verschleierung oder Rechtfertigung ihrer ökonomischen Interessen.[5] Mit der willkürlichen kolonialen Gebietsaufteilung hinterließen sie vielfach ein postkoloniales Konfliktpotential, das über das Ende der kolonialen Imperien hinaus wirksam blieb. Die verheerenden Folgen reichen bis zum Genozid, wie zum Beispiel in Rwanda 1994, ganz abgesehen von der fortschreitenden Entwicklung der Unterentwicklung, die oft Ergebnis einseitiger kolonialer ‚Modernisierung' ist. Für postkoloniales Konfliktpotential freilich wollen die Kolonialmächte von damals eine Art historische Verantwortung heute nicht akzeptieren, zumal deren Umsetzung mit äußerst kostspieligen Entwicklungsprogrammen verbunden wäre.[6] Nachwirkungen der kolonialen Vergangenheit standen aber auch am Beginn der Verwandlung ehemaliger europäischer Zentren imperialer Machtentfaltung wie London und Paris in multikulturelle Metropolen, was zuweilen als „Rache der Kolonialgeschichte" („the empire strikes back") verstanden wird im Sinne des geläufigen Statements von Zugewanderten aus den ehemaligen britischen Kolonien in der englischen Metropole: „We are here because you were there."[7]

Kulturbegegnung von Mehrheiten und Minderheiten in Koexistenz oder Konflikt gab und gibt es aber auch innerhalb von Grenzen: Das galt für interregionale Wanderungen, zum Beispiel der ‚Ruhrpolen', die, preußisch-deutscher Staatsangehörigkeit, aber polnischer Nationalkultur und Muttersprache, im kaiserlichen Deutschland aus dem preußischen Osten ins Ruhr- und Emscherrevier zugewandert waren. Es galt aber auch für die politisch, kulturell, religiös oder rassistisch motivierte ‚Ausgrenzung' von Minderheiten, zum Beispiel von Juden, Sinti und Roma. Und es gilt heute für die ‚Kulturalisierung' von wirtschaftlichen, gesellschaftlichen und politischen Interessengegensätzen, für ‚Ethnogenesis', ‚Re-Ethnisierung' und andere kollektive Prozesse von ethno-kultureller Entfremdung und Desintegration. Davon wird noch zu reden sein.

Das Verständnis von Kultur und damit auch von Multikulturalität geht in der Gegenwart weit auseinander.[8] Erschwert wird dadurch der in Wissenschaft, Publizistik und politischer Debatte national und international ausgetragene Streit darüber, was Multikulturalität historisch war, gegenwärtig ist, künftig sein sollte oder auf keinen Fall werden oder bewirken dürfe.

Das Hieb- und Stichwort ‚Multikulturalismus' machte in den 1980er Jahren auch in Deutschland rasch Karriere. Die ‚Rede von der multikulturellen Gesellschaft'[9] ging in Europa aus von der Frage nach der Übertragbarkeit überseeischer Modelle. Konsens ist nach wie vor nicht erreicht, aber die Skepsis wächst: Jenseits der Debatten intellektueller Zirkel wirkt das verblassende Modewort ‚Multikulturalismus' in der öffentlichen und politischen Diskussion um Einwanderungsfragen in Deutschland oft sogar kontraproduktiv und bestärkt, was abzubauen eine seiner Botschaften war – fremdenfeindliche Abwehrhaltungen in der Einwanderungssituation.

Im „homerischen Schlachtenlärm der Multikulturalismus-Debatte"[10] wurden und werden hochdifferenzierte Theoriediskussionen und der dumpfe Schlagabtausch von politischen Positionssockeln aus begleitet von der Begegnung infernalischer Horrorvisionen (‚multikriminelle Gesellschaft') mit sozialromantischer Schwärmerei. Fast beziehungslos daneben stand lange die pragmatische Beschäftigung mit Fragen von Einwanderungsgesetzgebung und Einwanderungspolitik, die manchen als ordnungspolitischer Mummenschanz, anderen als inhumane Menschenverwaltung erschien. Nur langsam wuchs auch in Deutschland die Einsicht, daß Multikulturalismus und Einwanderungspolitik zwei Seiten der gleichen Medaille sind.

Multikulturalität als gesellschaftlicher Prozeß ist eine permanente gesellschaftspolitische Herausforderung. Auch eine Einwanderungsgesellschaft, die sich als multikulturell versteht, braucht klare einwanderungspolitische Verkehrs- und Vorfahrtsregeln, gerade zum Schutz ihrer Wertvorstellungen und Lebensformen – zum Beispiel gegen von ‚kultureller Homogenität' träumende Einwanderungswillige.[11] Transparente Einwanderungsgesetzgebung und flexible Eingliederungspolitik bei aktivem Minderheitenschutz sind deshalb unumgängliche Orientierungshilfen und Steuerungsmittel für den permanenten Balanceakt im Bemühen um multikulturelle Toleranz und sozialen Frieden in der Einwanderungssituation.

Multikulturalität als Gegenentwurf zu Abschottung und Abgrenzung, gibt der Bremer Soziologe Dieter Senghaas zu bedenken, sei als axiomatische Abstraktion im sozialen und sozio-kulturellen Bereich zwar ebenso unangreifbar wie das Prinzip des Freihandels im ökonomischen Bereich. „Aber so wie Freihandel nur unter spezifischen Bedingungen entwicklungsfördernd ist, so ist aller Erfahrung nach Multikulturalität nur in gewissen Ausmaßen sozial wirklich verträglich. Es hat wenig Sinn, das Prinzip der Multikulturalität von Gesellschaften abstrakt zu vertreten, wenn nicht gleichzeitig berücksichtigt wird, wieviel von ihr in einzelnen Gesellschaften aufgrund konkreter Ausgangslagen (Bevölkerungsdichte, politische Kultur, wirtschaftliche Situation usf.) problemlos verdaubar ist. Man schadet der guten Idee, wenn man sie nicht qualifiziert vertritt."[12]

Die Welt sei immer ‚multikulturell' gewesen, lehrt eine geläufige Redensart. Sie trägt nicht allzu weit; denn das Verständnis von Kultur und die Einschätzung ihrer Bedeutung für die Bewegung von Menschen über Grenzen und von Grenzen über Menschen wechselten vielfältig in Raum und Zeit. Dabei waren die Vorstellungen von Nähe, Ferne und Fremde in der Geschichte sehr verschieden ausgeprägt. Beispiele:

Im Mittelalter und in der Frühen Neuzeit war die – durchaus nicht statische, sondern sehr mobile – Welt der kleinen Leute kulturräumlich gegliedert durch besondere Regionalbezüge mit größerer Grenznähe zu der alles umschließenden Fremde, in der das überschaubare Eigene eine Insel blieb. Der Weg in die Fremde war bedrohlich und verlockend zugleich, abenteuerlich vielleicht, aber immer riskant und eine Bereicherung nur für den, der erfolgreich und glücklich davon berichten konnte. Der wandernde Unbekannte wiederum kam aus jener bedrohlichen ‚Fremde', erschien gefährlich oder mitleidheischend und stieß deshalb auf Abwehr oder Aufnahme, je nach dem Bild, das man sich von der Rolle des ‚Fremden' gegenüber dem ‚Eigenen' zu machen pflegte.[13]

Aber es gab auch den hausgemachten ‚Fremden', der zum Gegenbild ‚christlicher Kultur' stilisiert, als ‚Sündenbock' verfolgt und gequält, vertrieben und nicht selten erschlagen wurde. Die Geschichte der Juden- und Zigeunerverfolgungen berichtet davon. Und es gab die Bruchlinien innerhalb jener ‚Kultur des christlichen Abendlandes', durch die in den ‚Glaubenskriegen' blutige Kulturfronten verliefen. Dahinter formierten sich die verschiedensten Gegensätze im Konflikt der Kulturidentitäten.[14]

Nach unten ständisch abgeschlossen, auf gleicher sozialer Ebene aber grenzüberschreitend und kulturell vielgestaltig im Innern war in Alteuropa die aristokratische Kultur der großen Höfe. Dort war ‚man' als Diplomat wie als Offizier, als Künstler wie als reisender Kavalier von Paris bis St. Petersburg und von Lissabon bis Stockholm ebenso zu Hause wie in den vielen Miniaturausgaben von Versailles, in denen kleine höfische Gesellschaften am Rande der großen Welt über ihre Verhältnisse lebten.[15]

Das schärfste Gegenbild zu der auf Rom und Paris blickenden, früher italienisch, später französisch parlierenden Glanzwelt der großen und kleinen Hofkulturen bot im deutschen Sprachraum der Frühen Neuzeit die ebenfalls grenzüberschreitende Schattenwelt der Nichtseßhaften und Gauner. Ihr ‚multikulturelles' Verständigungsmittel war das Rotwelsch, jene synonymenreiche Mischung aus dem Jiddischen, der Zigeunersprache und spanischen Elementen, die als Geheimsprache Tarnung nach außen und Identifikation nach innen bot.[16]

Dazwischen lag, am unteren Rand des zünftigen Handwerks siedelnd, die durch geschützte Bräuche und geheime Zeichen über Grenzen hinweg verbundene, auf ihre Weise ebenfalls ‚multikulturelle' Lebenswelt der weiträumig wandernden Handwerksgesellen, die im späten 18. und im frühen 19. Jahrhundert nicht ohne Grund auch als grenzüberschreitende Boten der Revolution beargwöhnt wurden.

Nicht minder vielfältig war die Rolle von Kultur auch bei der Einschätzung und Selbsteinschätzung von Schichten, Klassen (‚Arbeiterkultur') oder Nationen (‚Nationalkultur') in Europa. Sicher war auch die europäische ‚Welt' insgesamt in ihrer Geschichte stets auf die eine oder andere Weise ‚multikulturell'; aber sie war es meist unter dem Dach prägender und wechselnder Leitkulturen – von der lateinischen über die französische bis zur englischen ‚Welt'. Dabei gab und gibt es Überschneidungen und Ungleichzeitigkeiten auf den verschiedensten Ebenen – vom Französischen als Diplomatensprache noch zur Zeit der längst immer ‚englischer' geprägten Weltkultur bis hin zum heute noch gültigen professionalisierten Küchenlatein der internationalen medizinischen Fachsprache.

Die Erfahrungswelt des heute kulturell oft vielgestaltigen Berufsalltags bleibt im Vorfeld der multikulturellen Herausforderung; denn zum Teil werden kulturelle Diskrepanzen in multikulturell geprägten Organisationseinheiten schlicht als ‚gleich-gültig' ignoriert, zum Teil werden sie aber auch im Zeitalter von Jet- und Multimedia-Kommunikation geradewegs übersprungen: Die Dienstreise führt von irgendeinem Flughafen ins Hotel mit dem vertrauten, in der weltweiten Kette üblichen Interieur, dann zu der Diskussion oder Verhandlung mit einer möglicherweise aus verschiedenen Herkunftskulturen stammenden und doch zu einer politischen, geschäftlichen oder wissenschaftlichen Kultur gehörenden Gruppe und dann zurück oder weiter zum nächsten Termin. Erlebt wurde dabei weniger die Begegnung unterschiedlicher Kulturen als kulturell verschieden geprägter, aber doch wirtschaftlich und sozial nah verwandter Milieus im Dialog über gemeinsame oder konkurrierende Interessen.[17]

In der internationalen Diskussion ist ‚Multikulturalismus' weniger ein kritischer Begriff als ein zum Begriff erstarrter Appell. Bei seiner Propagierung oder Bekämpfung rutschen Analyse und Ideologie oft in eine diffuse Gemengelage. Überblicken wir einige Orientierungsversuche in der ebenso weitgespannten wie unübersichtlichen Diskussion:

Unter der Leitfrage „Multikulturelle Gesellschaft: Chance, Ideologie oder Bedrohung?“ diskutierte der Hannoversche Politikwissenschaftler Axel Schulte 1990 Vorschläge zur Gestaltung des Zusammenlebens von einheimischer Mehrheit und Einwandererminderheiten ohne Isolation und soziale Diskriminierung: „Die Einwanderungsminderheiten sollen über zureichende Möglichkeiten verfügen, ihre jeweiligen Kulturen, Identitäten, Beziehungen und Vereinigungen aufrechtzuerhalten und weiterzuentwickeln, die Einheimischen und Einwanderer sowie ihre jeweiligen Gruppen sollen in (Austausch-) Beziehungen miteinander stehen, und diese Beziehungen sollen dem Grundsatz nach vom Prinzip der Gleichberechtigung bestimmt sein.“[18] Angesprochen wurden damit auch Integrationsmodelle, die schon in den frühen 1980er Jahren unter dem Stichwort „Multikulturelle Gesellschaft als Alternative zu Isolation und Assimilation“ eingebracht worden waren.[19] Was ihre Befürworter als Chance zur Gestaltung betrachteten, galt Gegnern von rechts als Bedrohung durch „kulturelle Überfremdung“ und Kritikern von links als Ideologie im Sinne einer „Romantisierung und Idyllisierung realer gesellschaftlicher Verhältnisse“ beziehungsweise einer „Verkürzung alles Gesellschaftlichen auf Kultur“.[20]

Andere Politik- und Sozialwissenschaftler schlugen andere Schneisen durch das Dickicht der ineinander verwachsenen Konzepte, Definitionen und Kriterien zum Thema ‚multikulturelle Gesellschaft‘. Der Frankfurter Soziologe Frank-Olaf Radtke hat, nicht ohne kritische Ironie, vier Konzepte von ‚Multikulturalismus‘ konturiert:

Ein *„programmatisch-pädagogischer Multikulturalismus“* nimmt Ideen der interkulturellen Erziehung auf und bemüht sich um gegenseitige Respektierung, um die Anerkennung der Gleichwertigkeit zwischen einheimischer „Mehrheitskultur“ und der „Herkunftskultur“ der Zugewanderten mit dem Ziel, „das tolerante Nebeneinander von Lebensformen nach dem Pluralismusmodell zu organisieren.“ Jenseits des engeren Bereichs der Erziehung indes erscheinen solche Bemühungen als Teil einer „allgemeinen Tendenz zur Pädagogisierung von sozialen Problemen, die immer dann einsetzt, wenn andere gesellschaftliche Instanzen ein neu entstehendes Problem nicht bearbeiten können oder wollen." Die Umdeutung von gesellschaftlichen Strukturfragen in mehr oder minder subjektive Anpassungsprobleme „tendiert zu einer sozial-romantischen Verklärung der in der Gesellschaft virulenten Widersprüche, sie neigt zu einem Kulturalismus, der die strukturellen Gegebenheiten und materiellen Konflikte unterschätzt und steht in der Gefahr, bei Folklorisierung zu enden".[21]

Als *„kulinarisch-zynischer Multikulturalismus"* erscheint jenes „Mittelschichtprojekt" junger Dienstleister und Modernisierungsgewinner, die die „Cross-Culture" als Zukunftskonzept für das nächste Jahrtausend feiern und die sozialen Probleme multikultureller Gesellschaften als „Preis der Freiheit" akzeptieren – „in der Haltung des abgeklärten Postmodernen, dem der missionarische Eifer der Veränderung gesellschaftlicher Zustände längst abhanden gekommen ist."[22] Das erinnert an die gar nicht so wirklichkeitsfremde Kunstfigur des politisch-korrekten postmodernen „Homo aestheticus", der „weiß, daß in einer Welt ohne moralische Normen nur noch Tischsitten und Umgangsformen [...] Halt zu geben vermögen".[23]

Ein *„demographisch-instrumenteller Multikulturalismus"* fügt sich mit nüchternem Kalkül in die bevölkerungspolitischen Gegebenheiten: Einsicht in die Gefährdung der sozialen Sicherungssysteme im Generationenvertrag durch Bevölkerungsabnahme und ‚Vergreisung' führt zur „Forderung nach *bedarfsgerechter* Einwanderung" unter „Befreiung von nationalstaatlichen Fesseln". Multikulturalismus funktioniert hier als eine Art Legitimationsideologie zur besänftigenden Einstimmung „der Bevölkerung, die auf die Fremden mit Angst, Verunsicherung und Feindlichkeit reagiert, sich am Arbeits-, Wohnungs- und Bildungsmarkt unter Konkurrenz gesetzt oder ihre kulturelle Hegemonie bedroht sieht".

Als ein *„reaktiv-fundamentalistischer Multikulturalismus"* schließlich wird die Selbstabgrenzung von Minderheiten gegen eine als „feindlich und abweisend erlebte Mehrheitsgesellschaft“ umschrieben. Mögliche Ergebnisse des Rückzugs in die Selbstorganisation sind „Subgesellschaften (Gettos) und eigenständige Machtpotentiale (Clans)“.[24] Solche Tendenzen zur Selbst- bzw. Re-Ethnisierung, wie sie in der Bundesrepublik der späten 1980er und frühen 1990er Jahre zunächst als Minderheitenreaktion auf Abwehrhaltungen der Mehrheitsgesellschaft erkennbar wurden, stützen ihrerseits Vorurteile nationalkonservativer und nativistischer Strömungen. Sie forcieren damit deren Selbstabgrenzung gegenüber angeblich nicht integrierbaren oder sogar nicht integrationsbereiten Minderheiten. Hier liegt mithin eine gefährliche Brücke zwischen Multikulturalismus und ethnischem Neo-Nationalismus.[25] Ergebnis kann ein integrationsfeindlicher ‚Circulus vitiosus‘ von wechselseitiger Ausgrenzung[26] sein, der den Eingliederungsprozeß blockiert, weil Eingliederung, trotz aller unterschiedlichen Lastenverteilung zwischen Mehrheit und Minderheiten, immer ein gesellschaftliches Geschäft auf Gegenseitigkeit ist.

Die von Radtke konturierten vier Konzepte des Multikulturalismus sind, mehr oder minder stark ausgeprägt, auch „Formen der Ethnisierung“ gesellschaftlicher Probleme dergestalt, daß „das Konzept einer *Pluralität von Interessen* in eine *Pluralität von Herkünften*“ umgewandelt wird. Der Rekurs auf gemeinschaftsbildende Charakteristika wie Religion, Sprache, Herkunft und Tradition aber hat „enorme suggestive und deterministische Kraft: Aus seiner Kultur kann man, wenn man sich einmal identifiziert hat, nicht so einfach austreten, wie man sich aus einer Gewerkschaft oder einer Bürgerinitiative gegen den Bau einer Straße zurückziehen könnte.“

Das aber ist für Radtke eine genuine „Folge der dem Multikulturalismus eingeschriebenen Ambivalenz von Partikularismus und Universalismus“ – Quadratur des Kreises: auf der einen Seite der Rekurs auf die als kultureller Pluralismus eingeführte Revitalisierung ethnokultureller Identitäten, auf der anderen Seite der Versuch, ethnokulturelle nicht zu sozialen Grenzen werden zu lassen. Radtke: „Die Sozialtechniker, die mit dem Instrument des Multikulturalismus hantieren, können die Verwendung der von ihnen in die Gesellschaft entlassenen ethnischen Unterscheidungen nicht kontrollieren. Sie geraten in eine selbst aufgebaute Falle", nämlich in eben jene „Ethnisierung sozialer Konflikte, die damit zusehends unlösbar werden".[27]

Zuletzt hat der Berliner Ethnologe Wolfgang Kaschuba eindringlich vor einer „Ethnisierung des Sozialen" im alle internationalen und interdisziplinären Kommunikationsebenen überwuchernden „Kulturalismus" gewarnt.[28] Er sieht eine wachsende „Instrumentalisierung von Kultur", eine „unmittelbare Indienstnahme des moralischen Kapitals der Kultur für politisch-ideologische Zwecke", die vor allem in vier Formen alltäglich in den Medien erlebbar ist:

1. „*Kultureller Rassismus*": An die Stelle des rückläufigen biologistischen tritt ein kulturalistisch argumentierender Rassismus. In seinem Zentrum steht ein von der angeblichen „Unvereinbarkeit der Kulturen" ausgehender, gegen „Kulturvermischung" als Gefahr gerichteter „statischer Kulturbegriff", der „Kultur als eine geschlossene Identität vorstellt, als etwas vorgeblich Authentisch-Gemeinsames, das nun in der Gefahr stehe, an seinen Rändern aufzubrechen durch Modernisierung und Migration. Beide, die europäischen Integrationsprozesse und die europäischen Wanderungsbewegungen, werden zum Vorwand genommen, um das Warnsignal hochzuziehen: ‚bedrohte Eigenkultur'." Die Folgen sind „Belagerungsmentalität", Fremdenangst und fremdenfeindliche Abwehrhaltungen, die die Einsicht blockieren, daß Kulturbegegnung durchaus zur Bereicherung führen kann in Gestalt einer Art „Eingemeindung und Einfärbung von Kultur, die so ihr Formen- und Schattierungsspektrum erweitert, ohne damit ihre Wurzeln zu verlieren".[29]

2. „*Fundamentalismus*": Die herkömmliche, in der europäisch-westlichen Kultur gängige Definition pflegt ‚Fundamentalismus' denunziativ anderen Kulturen zuzuschreiben: Heute ist in vielen Spektren der öffentlichen Diskussion ein solches Gegenbild ‚der' Islam, der als ‚unvereinbar' mit ‚der' christlichen Kultur angesehen wird, was der These von der „bedroh-

ten Kultur" weitere Nahrung bietet. Zu solchen Vorstellungen liefern religiös-fanatische islamische Bewegungen selbst die zitablen Stichworte. Dabei wird oft übersehen, daß ‚die' islamische Kultur genauso wie ‚die' christliche weltweit verschiedenst ausgeprägt ist und daß es fundamentalistische Bewegungen auch auf christlicher Seite gab und gibt – vom anti-aufklärerischen Pietismus seit dem 18. Jahrhundert bis zum radikalen protestantischen Fundamentalismus in den USA heute.[30]

3. „Ethnisierung politisch-sozialer Konflikte" – Beispiel Ex-Jugoslawien: Der Ethnopsychoanalytiker Paul Parin, im Weltkrieg bei den jugoslawischen Partisanen unter Tito, hat die politische, ideologische und propagandistische Entwicklung seit dem Ende des Titoismus aufmerksam verfolgt: „Längst bevor die militärische Belagerung begann, wurde auch hier ‚Belagerungsmentalität' systematisch erzeugt, indem Besitz, Sprache, Religion, indem ‚Kultur' insgesamt als durch die jeweils anderen bedroht dargestellt wurde. Die Greuelnachrichten gingen den Gewalttaten voraus, und sie bereiteten diese zugleich vor." Hinter dieser Strategie der „Ethnisierung" standen „politisch-ökonomische Machtinteressen alter und neuer Eliten, Verteilungskämpfe um Ressourcen und Einflußgebiete." Die weltweit verbreitete Bildschirm-Wirklichkeit war, so betrachtet, in vieler Hinsicht Ergebnis einer „gezielten Konstruktion, in der die propagandistisch entworfenen ethnischen Selbst- und Feindbilder" sich zu einer eigenständigen medialen Wirklichkeit verdichteten.[31]

4. „Neo-Nationalismen" – Beispiel Tschechoslowakei: Nach der Teilung der ČSFR in die Tschechische und die Slowakische Republik gibt es die beidseitige „Rückbesinnung auf real oder vermeintlich Trennendes in Herkunft, Sprache, Alltagskultur". Es geht um die „Teilung gemeinsamer historischer und kultureller Erbschaften im Sinne nationalstaatlicher Neulegitimation" durch eine „Unterfütterung der neuen nationalen Existenz mit ethnischen und kulturellen Argumenten".[32]

Über diese Fallbeispiele hinaus wuchern Neo-Nationalismen in verschiedenster Ausprägung und oft unter Berufung auf historische oder fiktive ethno-kulturelle Traditionen geradezu wildwüchsig, auch im euro-atlantischen und im eurasischen Raum, freilich mit ganz unterschiedlichen Stoßrichtungen bzw. Abwehrtendenzen: In Europa gibt es Neo-Nationalismen mit beschwörenden, Katastrophenängste weckenden Hinweisen auf angebliche kulturelle Unvereinbarkeiten im europäischen Einigungsprozeß. Dahinter stehen vorwiegend die ökonomischen und sozialen Befürchtungen der Reichen oder doch vergleichsweise Wohlhabenden gegenüber den neu hinzugekommenen oder noch zu erwartenden Ärmeren oder Ärmsten im Süden und Osten Europas – nach der Devise: „Arm sein ist hart, arm werden ist grausam". Von den Befürchtungen vor angeblichen oder tatsächlichen zentrifugalen oder zentripetalen Kräften reicht der Bogen neo-nationalistischer Strömungen bis weit in die tektonischen Bewegungen im ehemaligen Sowjetimperium. Sie werden forciert durch ethnische Neo-Nationalismen, die sich als Einheits- und Freiheitsbewegungen verstehen und zugleich Kämpfe um territorialen Besitz und wirtschaftliche Ressourcen, um gesellschaftliche und politische Macht legitimieren oder verschleiern.

Immer deutlicher wurde auch in Deutschland seit den späten 1980er und frühen 1990er Jahren die Tendenz zur „Ethnisierung des Sozialen" in der Überformung der Multikulturalismus-Debatte einerseits durch die Diskussion um ‚Ethnizität'[33] und andererseits durch die allgemeine und international ausgreifende ‚Kulturalisierung' von Konflikten beziehungsweise durch kulturalistische Konfliktprognosen, die zu sich selbst erfüllenden Prophezeiungen zu geraten drohen. Das galt zum Beispiel für das Menetekel des Harvard-Politologen Samuel P. Huntington über den künftigen Krieg der Kulturen („clash of civilizations") nach dem Ende des Kalten Krieges. Huntington dachte dabei nicht nur an internationale, sondern, im Blick auf Einwanderungen, auch an innergesellschaftliche Konflikte. Er glaubte sie in seinem eigenen Land, den Vereinigten Staaten, schon beginnen zu sehen.[34]

Die ‚Huntington-These' löste eine weltweite Debatte aus. Nach dem Ende des Kalten Krieges habe „ein nahtloser Feindbild-Wechsel stattgefunden – das eine Gespenst geht, das andere kommt", kommentierte eine kritische Pressestimme: „Huntingtons Kultur-Knall-Theorie hat das Ihre dazugetan, daß die Religionsgrenze in den Köpfen den Eisernen Vorhang abgelöst hat. [. . .] Die Sehnsucht nach einfachen Formeln wie Huntingtons Prognose ‚*the west against the rest*' ist verständlich. [. . .] Handliche Begriffe, simpler Inhalt, Nachfrage des Publikums – kein Wunder, daß sich Huntingtons These rasch auf dem Ideenmarkt durchsetzen konnte."[35] Der Soziologe Wolf Lepenies (Berlin) bezog in der Huntington-Kontroverse Position im Blick auf eine verhängnisvolle eurozentrische Kulturtradition: „Zu lange haben die Europäer geglaubt, der Siegeszug von Technik und Wissenschaft werde weltweit auch zu einer Anpassung der Kulturen an das westliche Vorbild führen. Die Folgen dieses Irrglaubens werden am Ende unseres Millenniums sichtbar; es ist in der Tat absehbar, daß im kommenden Jahrhundert die Kriege der Könige, der Nationen und der Ideologien vom *clash of civilizations*, dem Kampf der Kulturen, abgelöst werden, wie Samuel Huntington prophezeit. Fatal an dieser Vision der kommenden Kulturkriege ist freilich der Eindruck, daß die westliche Zivilisation nur überleben kann, wenn sie den ideologischen Gürtel enger schnallt und es lernt, noch nachdrücklicher als zuvor Stereotypen als Waffen einzusetzen. Besser wäre es, ‚der' Westen gäbe die Illusion auf, die Welt werde unaufhaltsam zu einem einzigen Abendland. Zukunftsträchtiger wäre es, die Europäer nutzten ihr Talent zum Verständnis fremder Kulturen und machten das Kulturverstehen zu einem vorrangigen Bildungsziel."[36]

In eine Huntington verwandte Richtung zielten die Thesen des amerikanischen Historikers Arthur M. Schlesinger jr. über die „Enteinigung der Vereinigten Staaten" („The disuniting of America") in partikularistischem Multikulturalismus und einem neuen Kult der Ethnizität, der einer Selbstgettoisierung gleichkomme: Ethnozentrismus als Folge von und zugleich als Gefahr für Multikulturalität dort, wo ethnische Gruppenrechte gegen die fundamentalen Individualrechte ins Feld geführt werden, von denen eine multikulturelle Gesellschaft lebt.[37] Aber nicht nur Ethnozentrismus ist eine Gefahr in der multikulturellen Herausforderung. Schon wo integrativer Multikulturalismus als Eingliederungshilfe zu einer diffusen ‚multiethnischen Sammelidentität' verkommt, kann das Energiezentrum ‚Ethnizität' zerstörerische Sprengkraft entfalten. Das gilt besonders im Blick auf aus- beziehungsweise abgrenzende Ethnisierungs- beziehungsweise Selbst-Ethnisierungstendenzen: Einwanderer werden dabei nicht als Individuen, sondern als Kollektive verstanden. Und ‚ethnische Gemeinschaften' werden, über ihre Schutzfunktion in der Identitätskrise im Einwanderungsprozeß hinaus, zu den Adressaten von Gesetzgebung und Rechtsprechung – anstelle der einzelnen Bürger selbst.

Das war im vereinigten Deutschland eines der Leitargumente im Kampf gegen die von der gemeinsamen Verfassungskommission von Bundestag und Bundesrat vorbereitete Grundgesetzänderung, die einen Artikel 20b mit dem Wortlaut umfaßte: „Der Staat achtet die Identität der ethnischen, kulturellen und sprachlichen Minderheiten." Der Entwurf scheiterte praktisch schon im Vorfeld der parlamentarischen Entscheidung am öffentlichen Einspruch einer negativen Koalition, in der sich, durchaus unbeabsichtigt, wertkonservative Republikaner und Vordenker einer für Multikulturalität ‚offenen Republik' ohne ethnische Kollektive, wie in vorderster Front der Freiburger Politikwissenschaftler Dieter Oberndörfer[38] und Kritiker der ‚Multikulturalisten', wie die Politikwissenschaftler Erwin Faul (Trier) und Bassam Tibi (Göttingen), trafen. „Multikulturalität ist eine Illusion und eine gefährliche Ideologie", schrieb Bassam Tibi, selbst Einwanderer in Deutschland, und fragte: „Kann Europa das leisten, woran Amerikaner scheinbar gescheitert sind?"[39]

„Multikulturalität als gesellschaftliche Praxis und alltagskulturelle Wirklichkeit muß in Deutschland überhaupt erst gelernt werden, als Erfahrung selbstverständlich werden", urteilte 1994 der Philosoph Gernot Böhme (Darmstadt).[40] „Multikulturalismus bleibt ein Projekt. Es kann keine Rede davon sein, daß Multikulturalismus auf irgendeiner Ebene sich schon als politische Form durchgesetzt hätte", bestätigte zeitgleich der Politik- und Sozialwissenschaftler Jochen Blaschke (Berlin).[41] Skepsis ist an die Stelle von zuweilen naiv-romantischen Hoffnungsbildern und Visionen getreten, wenn es um das Stichwort ‚Multikulturalismus' geht. Das begann nach dem Ende der Systemkonkurrenz im Kalten Krieg in den späten 1980er Jahren im Schatten der ‚multiethnischen' Krisen und Kriege in den Vielvölkerstaaten der früheren Sowjetunion und des ehemaligen Jugoslawien, aber auch in den USA, in Afrika, Asien und nicht zuletzt auch in der Konfrontation mit den fremdenfeindlichen Exzessen auf deutschen Straßen der frühen 1990er Jahre.[42]

Verallgemeinerungen sollten unterbleiben, zu groß sind die Unterschiede im einzelnen. Allen Fällen gemeinsam aber ist ein wachsendes Maß an Gewaltbereitschaft und Gewaltakzeptanz. Bevor noch mancherlei multikulturelle Visionen zu Konzepten gereift waren, trat schon der Ernstfall ein – wenn man so will, der multikulturelle ‚Verteidigungsfall'. Er hat längst der Geschichte anheimgegebene Gespenster zu neuem Leben erweckt, in der Neuen wie in der Alten Welt, ganz zu schweigen von der ‚Dritten Welt', die längst nicht mehr auf die südliche Halbkugel beschränkt ist, sondern in Gestalt des zerfallenen Sowjetimperiums im Osten an Europa grenzt. In dieses Gespensterreich ideologischer Wiedergänger gehört auch die den asketisch gebliebenen republikanischen Verfassungspatriotismus fett umwuchernde, historisch dreiste Renaissance von ethno-nationalem Denken und völkisch-nationalem ‚Fühlen', von Strömungen mithin, die in der Geschichte blutige Spuren hinterlassen haben.

Um so dringlicher erscheint es, in der öffentlichen Diskussion wieder zurückzufinden zu einem pragmatischen Verhältnis zu den anstehenden Fragen. Das widerwillige Einwanderungsland Deutschland, in dessen Grenzen große und wachsende Einwandererminoritäten leben, hat seine seit den 1950er Jahren zugewanderten Minderheiten[43] durch Ausländerrecht und Ausländerpolitik, durch die prekäre Mischung von ‚sozialer Integration auf Zeit' und ,Pflege der Rückkehrbereitschaft' lange auf Distanz gehalten. Deshalb kann es nicht wundernehmen, wenn oft – und meist uneingestanden – mental tief verletzte Minderheiten dann nicht mit ein paar rechtstechnischen Verbesserungen in glückliche Deutsche zu verwandeln sind. Defensive Erkenntnisverweigerung hat überfällige gesellschaftspolitische Lernprozesse lange erschwert. Was man verdrängt, kann man weder gestalten noch reparieren. Nötig ist deshalb die Verschrottung von Sichtblenden und Denkblockaden in diesem spannungsreichen Feld der Gesellschaftspolitik.[44]

Das Buch will dazu Denkanstöße geben, sachlich fundiert, aber in menschenfreundlicher Prosa. Es verbindet historische Entwicklungslinien mit aktuellen Bestandsaufnahmen, länder- und kulturgeschichtliche Aspekte mit systematischen Fragestellungen. Nicht leicht war die Wahl der Themen und der Autoren, die ihre Einschätzungen selbstverständlich allein verantworten. Eine Spur Willkür und Mut zur Lücke mußten die Entscheidung erleichtern. In der Sache selbst gibt es nach wie vor mehr offene Fragen als klärende Antworten und schon gar keine Patentrezepte. Auch die Frage, was aus den Erfahrungen anderer allgemeinhin ,gelernt' oder konkret auf die eigenen Verhältnisse übertragen werden kann, ist nicht leicht zu beantworten. Die Suche nach Antworten aber setzt Information voraus. Dazu will dieses Buch beitragen. Die einzelnen Beiträge können in beliebiger Folge gelesen werden. Geboten ist nur die Gelassenheit, die aus der Bereitschaft kommt, andere Erfahrungen und Perspektiven zu verstehen.

Patria Gentium – das Imperium Romanum als Vielvölkerstaat

Von Alexander Demandt

„Als Mutter und Amme aller Länder hat Italien gemäß dem Willen der Götter die Staaten geeinigt und die Sitten gemildert, für viele Völker mit ihren rohen Sprachen eine Verständigung geschaffen und durch friedlichen Umgang die Menschen zur Humanität herangebildet; kurz: Es wurde zum Vaterland aller Völker auf dem Erdkreis." Dieser Gedanke des älteren Plinius[1] kehrt im antiken Romlob vielfach wieder: bei Römern wie Seneca, bei Griechen wie Dionysios von Halikarnassos und bei spätantiken Autoren heidnischer wie christlicher Prägung. Rom ist die Burg der Völker, das Licht der Völker, Mutter der Völker, ihre andere Sonne.[2]

Dieser Anspruch weckt Fragen: Wie sind die Völker unter Roms Herrschaft gelangt? Wie ist es ihnen ergangen? Wie hat sich die Völkervielfalt auf die Stabilität der Politik und diese sich auf die Identität der Völker ausgewirkt?

Expansion

Vorab: Was ist ein Volk? Die griechischen Quellen verwenden *ethnos* und *genos,* die lateinischen *populus, gens* oder *natio* unterschiedslos für eine Gruppe von Menschen, die zusammen wohnen und wirtschaften, untereinander heiraten, durch Sprache, Sitte und Religion verbunden sind und sich durch einen gemeinsamen Volksnamen von anderen Völkern abgrenzen. Da der Zusammenhalt im engeren Umkreis größer, im weiteren geringer ist, wird die ethnische Taxonomie mehrstufig. Völker zerfallen in Stämme, diese bisweilen in Städte, ohne daß die antiken Quellen dies immer terminologisch differenzieren.

Über den Ursprung der Völker wissen wir zumeist nichts. Soweit die schriftliche Überlieferung zurückreicht, sind immer schon Völker da. Die späteren Veränderungen zeigen indes ihre Wandelbarkeit, so daß sie nicht nur als Subjekte, sondern ebenso als Resultate von Geschichte zu sehen sind. Diese Einsicht hat dem Begriff ‚Ethnogenese' Konjunktur verschafft[3]; doch führt er irre, da er suggeriert, daß die Volkwerdung irgendwann abgeschlossen sei. Tatsächlich sind Völker immer im Wandel, nicht zuletzt durch die Politik.

Die antiken Völker bildeten in der Regel keine politischen Einheiten, sie wurden nur in Ausnahmefällen durch Staatsgrenzen geeint. Der Begriff ‚Nationalstaat' – von Mommsen für die Antike schlechthin verworfen – ließe sich allenfalls für jeweils kurze Zeit auf die ägyptische, persische, jüdische und makedonische Geschichte anwenden. Sonst waren die Staaten kleinräumiger als die Lebensräume der Völker, umfaßten nur einen Stamm oder eine Stadt. Wenn deren Macht durch Bündnisse oder Eroberungen wuchs, entstanden ethnisch gemischte Staatswesen. Die Vielvölkerstaaten der späteren Assyrer, Perser und Makedonen sind der römischen Reichsbildung vorausgegangen. Der Versuch einer übernationalen Großraumordnung ist in der Antike mehrfach unternommen worden.

Alle Reichsbildungen des Altertums wurden an Umfang und Stabilität durch das Imperium Romanum übertroffen.[4] Die Römer haben im 4. Jahrhundert vor Christus die Völker Italiens durch ein differenziertes Bündnissystem zu einer Wehrgemeinschaft vereinigt; die von Rom ausgeübte Herrschaft wurde weniger stark empfunden als der durch Rom gewährte Schutz. Im 3. Jahrhundert vor Christus hat Rom die rivalisierende Vormacht im Westen, Karthago, niedergerungen und die Hegemonie über Nordafrika, Spanien und Südgallien gewonnen. Im 2. Jahrhundert vor Christus griff Rom in die Diadochenkämpfe im hellenistischen Osten ein und gewann als Schutzmacht des jeweils angegriffenen Staates allmählich die Oberhand im gesamten Ostmediterraneum, wo die Nachfolger

Alexanders um die Hegemonie stritten. Rom hat sich stets für die Schwächeren eingesetzt, wie wir aus dem Ersten Buch der Makkabäer[5] wissen. Pompeius gewann die Euphratgrenze, Caesar die Rheingrenze, Augustus die Donaugrenze und das Nilland – damit war das Reich im wesentlichen komplett.

Die Erfolge Roms erklären sich durch einige Besonderheiten, die mit dem Ursprung des *populus Romanus* beginnen. Er ist ausnahmsweise, wenn auch in sagenhafter Form, überliefert.[6] Anders als die übrigen Völker des Altertums verstanden sich die Römer nicht primär als Abstammungsgemeinschaft und fanden ihren Zusammenhalt nicht in ethnischen Traditionen, historischen Gemeinsamkeiten oder dynastischen Loyalitäten. Der *populus Romanus* war in erster Linie eine Rechtsgemeinschaft, die durch den Willen und das Verhalten ihrer Teilnehmer gestiftet wurde. Cicero definierte in seiner Schrift ‚De re publica'[7] *populus* überhaupt ohne Rückgriff auf gemeinsame Geschichte und Kultur als *coetus multitudinis iuris consensu et utilitatis communione sociatus,* als Zusammenschluß einer Gruppe unter Gesetzen zum gemeinsamen Vorteil. Diese durch Rechte und Pflichten verbundene, das heißt politisch definierte Körperschaft war grundsätzlich jedem zugänglich, den die Volksversammlung als Mitglied aufnahm.

Die daraus folgende Offenheit für Fremde spiegelt sich in den beiden Gründungssagen Roms. Die bei Vergil kanonisierte Aeneas-Tradition läßt den Stammvater der Römer aus dem brennenden Troja nach langen Irrfahrten in Latium landen und verknüpft so die Römer mit der kulturell überlegenen griechischen Welt Homers. Einerseits wurde dadurch der Barbarenvorwurf von den Römern abgewandt, andererseits erleichterte das den Griechen ihre Abhängigkeit – wurden sie doch eigentlich von Landsleuten beherrscht, so Dionysios von Halikarnassos.[8] Diese Sage macht mithin die Römer selbst zu Ankömmlingen in Italien und nimmt damit der ausländischen Herkunft den Makel, nicht dazuzugehören.

Dazu kommt die Tradition des *Asylum Romuli.* Diese bei Livius[9] zur klassischen Form gebrachte Geschichte besagt, daß Romulus, um seine neugegründete Stadt mit Einwohnern zu füllen, auf dem Kapitol eine Zufluchtsstätte eröffnet habe. Alle möglichen Leute hätten sich dort zusammengefunden, Abenteurer und Raufbolde, entlaufene Sklaven und flüchtige Verbrecher. Wer sich als tüchtig erwies, der war willkommen. Um dieser Männergesellschaft Frauen zu verschaffen, inszenierte Romulus den Raub der Sabinerinnen, die es dann, als sie von ihren Angehörigen befreit werden sollten, vorzogen, bei den Römern zu bleiben. Diese Sage ist vielleicht von Anbeginn, sicher aber in späterer Zeit verwendet worden, um die Römer als Gesindel bloßzustellen, so bei den Kirchenvätern Augustinus[10] und Orosius.[11] Vergil[12] und Livius hatten sie aber in der Zeit des Augustus positiv interpretiert, indem sie den Wert eines Menschen nicht auf seine Herkunft, sondern auf seine Leistung gründeten.

Die Aufnahme von Fremden war in Rom nicht nur mythische Tradition, sondern auch historische Praxis. Das erste, noch halb sagenhafte Beispiel ist die Übertragung der Königswürde an den Sabiner Numa, den Nachfolger des Romulus. Einem Fremden verdankte Rom seine Kultordnung! Tarquinius Priscus, der fünfte König Roms, galt als gebürtiger Grieche, Tarquinius Superbus war Etrusker. Zuverlässig ist die Überlieferung von der Einbürgerung der *gens Claudia* aus dem Sabinerland vielleicht 504 vor Christus. Sie trat ein in den Kreis der vornehmsten patrizischen Familien. Livius[13] formulierte das Prinzip: „Indem unsere Vorfahren keine Familie abwiesen, die sich durch Tüchtigkeit auszeichnete, ist das *Imperium Romanum* gewachsen."

In der Folgezeit kam es zu zahlreichen Bürgerrechtsverleihungen, die aus Bündnispartnern Mitbürger machten: zuerst an die Latiner, dann an die Etrusker, Griechen und an weitere Bundesgenossen. In den Jahren 91 bis 88 vor Christus erstritten sich die übrigen Italiker die Zugehörigkeit, und Caesar bezog auch die *Gallia cisalpina* in den Bürgerverband ein.

Gleichzeitig mit der regionalen vollzog sich die soziale Ausweitung der Bürgerschaft. Die Römer haben in einem für antike Verhältnisse ungewöhnlichen Maße Sklaven freigelassen und diesen Sklaven mit der Freilassung das Bürgerrecht verliehen. Die Freigelassenen traten in die Familie ihres Herren ein und erhielten dessen Gentilnamen. So hat beispielsweise Sulla Tausende von Kriegsgefangenen freigelassen, und diese *Cornelii* haben ihn mit ihrem Stimmrecht politisch unterstützt. Diese ungemein liberale Politik hat schon im 2. Jahrhundert vor Christus den Griechen Eindruck gemacht, so daß König Philipp V. von Makedonien der Stadt Larissa in Thessalien empfahl, ihren Bürgerschwund nach römischem Vorbild zu beheben. Wie aus den inschriftlich erhaltenen Namen hervorgeht, kam die größte Zahl der Sklaven Roms aus dem griechischen Osten, aus Hellas, Kleinasien und Syrien. Doch waren unter den Freigelassenen kaum weniger Menschen aus den Donauländern und Gallien. Die ethnische Herkunft war für diesen Vorgang unerheblich. Die Kaiser haben die Einbürgerungen fortgesetzt. Sie vergaben im Namen des Volkes die *civitas Romana* an zahlreiche Einzelne, die sich um den Staat verdient gemacht hatten, zumal – wie wir aus den erhaltenen bronzenen ‚Militärdiplomen' wissen – an Veteranen der Hilfstruppen, aber auch an ganze Gemeinden und Landschaften. Bei der Verleihung des Rechtes, Staatsämter zu bekleiden *(ius honorum)*, an die Gallier berief sich Kaiser Claudius 48 nach Christus auf seine eigenen Vorfahren, die in den Bürgerverband aufgenommen worden waren.[14] Im Herbst 212 nach Christus erhielten alle freien Provinzialen das Bürgerrecht durch Caracallas ‚Constitutio Antoniniana'. Die personenrechtliche Unterscheidung zwischen *cives* (Bürgern) und *peregrini* (Fremden) entfiel hinfort.

Nachdem zu Beginn der Kaiserzeit die Ausdehnung des Römerreiches zum Stillstand gekommen war, wuchs die Zahl der Bürger gleichwohl: nicht nur durch die Vergabe des Bürgerrechts an Reichsangehörige, sondern auch durch die Übernahme von größeren Gruppen, ja von ganzen Völkerschaften auf Reichsboden. Um den bedrohlichen Bevölkerungsdruck zumal auf die Nordgrenzen abzufangen, haben die Kaiser einerseits eine befestigte Militärgrenze von der Rhein- zur Donaumündung angelegt und andererseits immer wieder Barbaren im Reichsinneren angesiedelt. Zumeist gaben sie dabei den

Bitten der Fremden Gehör, seltener handelte es sich um Kriegsgefangene.

Das früheste Beispiel ist die Umsiedlung der romtreuen und daher von ihren Nachbarn angefeindeten Ubier ins Hinterland der späteren Stadt Köln durch Agrippa unter Augustus. Immer wieder waren es Germanen, die ins Reich drängten. Ihr Kinderreichtum wird von den antiken Autoren aus allen Jahrhunderten bezeugt und ist durch die Auswanderungen und die Binnenkolonisation archäologisch bestätigt. Land gab es im Barbaricum genug – aber im Reich lebte man besser. Wir hören von Ansiedlungen unter Tiberius, Nero und Marc Aurel. Im 3. Jahrhundert eroberten Franken und Alamannen römische Grenzprovinzen: Die Kaiser Probus, Diocletian, Constantin, Julian und Valentinian wiesen ihnen Ländereien an oder legitimierten die eigenmächtige Landnahme. Diese Stämme wurden zunächst rasch romanisiert, doch überstieg die Zahl der Zuwanderer ab der Mitte des 4. Jahrhunderts die Integrationskapazität. Sie waren und blieben Fremde.

Integration

Das römische Imperium ist langsamer gewachsen als die älteren Reiche der Antike, und das führte zu einer weitgehenden Integration der Völker, wie sie den Makedonen, Persern und Assyrern zuvor nicht gelungen war. Das hängt auch damit zusammen, daß die Römer ihre Kriege nicht, wie die Orientalen, im Auftrage ihres Gottes führten und nicht, wie die Griechen, als Form des Wettkampfes ansahen, sondern grundsätzlich auf den Verteidigungsfall beschränkten und dann allerdings die Unterworfenen in den Schutz- oder Staatsverband aufnahmen.[15] Die Herrschaft Roms begriff man als die Herrschaft des römischen Rechts. Immer wieder betonen die Autoren, daß Rom als ‚Mutter der Gesetze' die Herrschaft ausübe: Vergil, Properz und Ovid unter Augustus; Rutilius, Prudentius und Claudian in der Spätantike.

Dazu gehört die Versicherung, die Herrschaft milde auszuüben. Vergils *parcere subiectis*[16], der Ruf zur Schonung Unterworfener, ist mehrfach wiederholt worden. Es ist die schon an Caesar gerühmte *clementia,* bei den griechischen Autoren vielfach mit *philanthropia* (Menschenliebe) wiedergegeben. Augustus betonte in seinem Tatenbericht, daß er die Völker, mit denen er Krieg führen mußte, eher zu erhalten als zu vernichten bestrebt war. Er erbaute in Rom eine Säulenhalle, in der er Standbilder der in seinem Reich vereinigten Völker, personifiziert als Frauen, aufstellen ließ, die beim älteren Plinius[17] bezeugte *porticus ad nationes.* Erhalten sind solche Bilder als Reliefs aus dem Hadrianeum im Hof des Konservatorenpalastes in Rom und auf Münzen Hadrians, die an die von ihm besuchten Provinzen erinnern. Noch Marc Aurel spricht von den Provinzialen als *socii,* als Bundesgenossen des römischen Volkes, und Kelsos, der Christengegner, betrachtete das Imperium als einen Verband von Städten.

Das römische Recht war nur dem Ursprung, nicht der Sache nach römisch. Es wurde als unpersönliche, ethnisch indifferente Konfliktlösungstechnik gehandhabt, die wie jede Technik verbesserungsfähig war und verbessert wurde. Die Römer unterschieden ein positives Recht, das in Britannien anders aussah als in Ägypten, und ein höheres Natur- oder Vernunftrecht, das als Maßstab für jenes diente. Cicero pries in seiner Schrift über die Gesetze[18] das *ius naturale,* das bei allen Völkern und zu allen Zeiten gleich sei, unveränderlich, unverfügbar, ungeschrieben und dennoch jedem Gutwilligen einsehbar.[19] Dieses Recht mache auch an den Grenzen Roms nicht halt. „Wer erklärt, Rücksicht und Rechenschaft nur Mitbürgern schuldig zu sein, nicht aber Fremden, der zerreißt das allumfassende Band der menschlichen Gesellschaft", so Cicero.[20] „Diese unsere Welt ist ein einziger Staat, in dem Götter und Menschen beieinander wohnen".[21] Die Römer glaubten an die Evidenz der Zumutbarkeit, an die mögliche Gerechtigkeit von Zwang zugunsten der Humanität, wenn sie angriffslüsterne Barbaren zügelten, Seeraub und Menschenopfer unterbanden und die Pax Romana durchsetzten. Alle ethnischen Eigenarten wurden geduldet, solange die öffentliche Ordnung der *res publica Romana* nicht gestört wurde.

Fragen wir nach dem Schicksal der Völker im Römischen Reich, so ist nach den ethnischen Identitätskriterien, das heißt nach Kultur, Sprache und Religion, zu unterscheiden. Das Nebeneinander verschiedener Kulturen hat die geringsten Probleme aufgeworfen. Verstehen wir unter Kultur die Gesamtheit des künstlerischen Gestaltens, des technischen Könnens und des sozialen Lebens eines Volkes, so setzen wir voraus, daß sich die Individualität dieses Volkes in seiner Kultur spiegelt. Dies läßt sich jedoch für die Antike nicht unbedingt behaupten. Kultur ist kein ethnisches Identitätskriterium. Abgesehen von den Ägyptern, die ihren unverwechselbaren Stil bis in die Spätantike bewahrt und ihn erst mit der Christianisierung aufgegeben haben, stehen die übrigen Mittelmeervölker in wachsendem Maße unter dem Einfluß griechischen Kulturguts. Schrift und Münzen, Bauformen und Menschendarstellung, Medizin und Technik sind allenthalben mehr oder weniger hellenisch geprägt und nicht Ausdrucksformen von Nationalkulturen.

Die gelehrigsten Schüler der Griechen waren die Römer. Trotz ihrer militärischen und politischen Überlegenheit haben sie ihre Kulturschuld gegenüber den Griechen immer dankbar anerkannt. Darüber hinaus haben sie Errungenschaften von zahlreichen anderen Völkern übernommen: von den Karthagern die Kriegsschiffe und die Latifundienwirtschaft, von den Kelten Kleidung und Wagen, von den Etruskern die Staatssymbole und die Zukunftsdeutung, von den Spaniern Waffen und so weiter. Darin sahen sie keine Einbuße in ihrem Selbstwertgefühl, waren aber stolz darauf, das Übernommene jeweils verbessert zu haben. Dieselbe Aufnahmebereitschaft zeigen die Sach- und Lebenskultur der übrigen Völker des Altertums, so daß es nicht zur Ausprägung einzelner Sonderkulturen gekommen ist. Die Kultur der Antike ist trotz ihrer vielen Facetten eine Einheit.

Dieser Befund zeigt sich ebenso in der Begriffsgeschichte. Das Substantiv *cultura* ist zuerst um 180 vor Christus beim älteren Cato[22] belegt. Es kommt von *colere* – ‚pflegen, anbauen, kultivieren'; *agri cultura* bezeichnet den Landbau, *colonus* den Bauern, *colonia* die Siedlung. Cicero[23] sprach von *cultura animi* und meinte damit die Überwindung der urtümlichen Wildheit zugunsten menschenwürdiger Denk- und Umgangsformen. Auch Horaz[24] verwendete das Wort im Sinne von *eruditio* – ‚Entrohung, Erziehung, Bildung'. Für das universale Denken der Römer war Kultur kein je besonderes, sondern ein allgemein menschliches Phänomen, kein Resultat, sondern ein Prozeß, aber nicht der Individualisierung, sondern der Zivilisierung im Sinne einer Veredlung der Sitten auf dem Wege zur kosmopolitischen Humanität. Erst Herder und die Romantik verwendeten ‚Kultur' im Plural. Unsere Wendung ‚multikultureller Staat' läßt sich, obwohl alle drei Komponenten lateinischen Ursprungs sind, nicht ins Lateinische zurückübersetzen.

Nicht ebenso einfach wie mit den ‚Kulturen' hatten es die Römer mit den Sprachen der Völker.[25] Die Sprache war das eigentliche Merkmal der Volkszugehörigkeit. Nachdem die ersten römischen Historiker griechisch geschrieben hatten, verbot der wachsende Stolz der Römer auf ihre Erfolge eine Fortsetzung dieser Fremdsprachigkeit. Dafür sorgte nicht zuletzt der ältere Cato mit seinem nur aus Fragmenten bekannten Geschichtsbuch ‚Origines', dem ältesten lateinischen Prosawerk. Gleichwohl war die erste Forderung an den Gebildeten stets die Beherrschung des Griechischen. Schon im Jahre 155 vor Christus hatten zum Kummer Catos griechische Redner in Rom unter der Jugend großen Zulauf.

In der Folgezeit blieb Griechisch die Verkehrssprache des Ostens, die Sprachgrenze war etwa der 20. Längengrad. Africa Proconsularis und Tripolitanien, Dalmatien und die Militärgrenze an der Donau gehörten zum lateinischen Sprachgebiet, die Cyrenaika, Epirus und Thrakien zum griechischen. Die Kaiser formulierten ihre Erlasse für den Osten griechisch. Im Westen sprachen Kaufleute und Philosophen griechisch. Auch Sizilien und die Gallia Narbonensis um Massilia-Marseille bewahrten das Griechische bis in die Spätantike.

Latein war die Sprache des Rechts und des Militärs, auch im Osten. Die italischen Idiome verschwanden im 1. Jahrhundert vor Christus. Rom mußte keinen Druck ausüben; der Kampf der Italiker um das römische Bürgerrecht implizierte ihre Bereitschaft, Latein zu lernen. Die Romanisierung des Westens vollzog sich langsam. Sie ging aus von den Städten und den Oberschichten, vollendete sich aber erst im Zuge der Christianisierung, denn gepredigt wurde überwiegend lateinisch. Wie die Verbreitung des Griechischen zur Herausbildung der vereinfachten Koine als Verkehrssprache geführt hatte, entwickelte sich im Westen das vulgäre Latein, aus dem die romanischen Sprachen entstanden.

Als dritte Schriftsprache behauptete sich im Osten das Syrische (Aramäische), das auch im angrenzenden Mesopotamien gesprochen wurde. Das Hebräische überlebte als Kultsprache ähnlich dem Koptischen im christlichen Ägypten. In Zentralanatolien sprachen die Galater auf dem Lande weiter Keltisch, während in den Städten, wie der Galaterbrief des Apostels Paulus dartut, Griechisch zumindest verstanden wurde. Das Thrakische und Illyrische sind wohl schon in der Kaiserzeit ausgestorben. Das Keltische ist in Gallien bis ins 4. Jahrhundert nach Christus bezeugt, das Punische in Nordafrika bis ins 5. Jahrhundert nach Christus. Nach römischem Recht der Digesten[26] waren Testamente in diesen beiden und allen anderen Schriftsprachen zulässig. Aufs Ganze gesehen beschleunigte die römische Herrschaft das Verschwinden vieler kleiner Sprachen. An vorrömischen Idiomen überlebten nur in Rückzugsgebieten das Baskische der Vascones und das Gälische in Britannien, von wo aus die Bretagne im 6. Jahrhundert nach Christus rekeltisiert wurde.

Zum Umgang der Römer mit den Völkern im Reich gehört schließlich ihr Verhältnis zu den fremden Religionen. Seit alters waren die Römer stolz darauf, frommer als alle anderen Völker zu sein. Nachdem bereits Polybios[27] ihnen dies bestätigt hatte, schrieb Cicero[28]: „Mögen die Spanier uns an Volkszahl übertreffen, die Gallier an Kampfesmut, die Punier an Klugheit, die Griechen an Kunstsinn und die Italiker, ja selbst die Latiner an Liebe zur Heimat – eines haben wir allen Völkern voraus, die Achtung vor den höheren Mächten und die Einsicht, daß die Welt *deorum numine*, durch das Walten der Götter gelenkt wird.“ Schon der Ahnherr der Römer war der *pius Aeneas.* Im antiken Religionsverständnis ist Frömmigkeit eine Tugend, unabhängig vom Inhalt des Glaubens, sofern er nicht in Aberglauben *(superstitio)* ausartet, der freilich noch übler sei als Gottlosigkeit, so Plutarch.[29] Jedes Volk hatte seine angestammte Religion, aber die Namen der Götter bezeichneten letztlich dieselben Wesenheiten, wie man meinte, und waren daher übersetzbar. Gemäß der *interpretatio Romana* entspricht dem lateinischen Jupiter der griechische Zeus, der germanische Wotan, der ägyptische Ammon-Re, der jüdische Jahwe und so weiter.

Die Einheit der Götterwelt im polytheistischen Denken machte es verdienstvoll, neben den eigenen auch fremde Gottheiten zu verehren. Der Lyderkönig Kroisos befragte die Pythia in Delphi, Dareios opferte dem Apollon auf Delos, Alexander besuchte das Ammon-Orakel in Ägypten. Um bloß keinen Gott zu vergessen, errichtete man Altäre mit der Aufschrift: „Den unbekannten Göttern“. Diese aus der Apostelgeschichte[30] bekannte Sitte ist durch antike Autoren und Inschriften bestätigt. In Rom begegnen uns schon sehr früh griechische Götter wie Apollon und Herakles und die Dioskuren. 396 vor Christus überführten die Römer den Kult der etruskischen Juno aus dem feindlichen Veio nach Rom, im Jahre 204 vor Christus holten sie das Kultbild der Magna Mater aus Phrygien, und fortan wurden mehrfach fremde Gottheiten ins Pantheon des römischen Staatskultes aufgenommen. Rom ward zur Heimstatt der Götter, zum *domicilium deorum.*

Auch in den Provinzen haben die Römer die einheimischen Kulte gefördert. Die eindrucksvollsten gallischen Umgangstempel entstanden in Autun und Nimes. Die punische Himmelsgöttin, die *Dea Caelestis* oder Juno genannte Tanit, erhielt einen Tempel im wiedererstandenen Karthago, die Anlagen von Dendera und Kalabscha in Ägypten wurden von Augustus erbaut. Hadrian vollendete das dem Zeus geweihte Olympi-

eion in Athen, die Severer errichteten das gigantische Heiligtum von Heliopolis/Baalbek im Libanon. So konnte Goethe in der 4. Römischen Elegie schreiben: „Oh römische Sieger! Den Göttern/aller Völker der Welt bietet ihr Wohnungen an."
Zu Unrecht steht für uns die römische Religionspolitik unter dem Eindruck der Konflikte mit Juden und Christen; denn die Römer haben nur dann eingegriffen, wenn sie die öffentliche Ordnung bedroht sahen. So wurden 186 vor Christus die Bacchanalien in Rom verboten, unter den ersten Kaisern die Kinderopfer der Karthager und die Menschenopfer der Kelten abgeschafft, ebenso der damit verbundene Druidenstand. Christus starb, wie die dreisprachige Inschrift über seinem Kreuz bezeugt, als *Rex Judaeorum*, als Hochverräter, er war einer der drei oder vier Messias-Anwärter, die in der julisch-claudischen Zeit auftraten und Anhänger fanden. Zu ihnen ist wohl auch jener Chrestos zu zählen, dessen Aufruhr die Ausweisung der Juden aus Rom unter Claudius zur Folge hatte. Die Kaiser haben, solange ihnen das gestattet wurde, im Tempel Salomons Opfer bringen lassen, konzedierten den Juden das Sabbatgebot, doch nahmen die Statthalter auf das jüdische Bilderverbot nicht hinreichend Rücksicht. Die Juden verachteten die Götter der anderen Völker, wie der ältere Plinius[31] schreibt, erhoben sich in der Hoffnung auf den Messias gegen Rom und wurden 70 nach Christus durch Titus und 135 nach Christus durch Hadrian niedergeworfen. Neben der radikalen Partei hat es jedoch immer hellenisierte Juden gegeben, die sich dem Regiment Roms fügten. Einzelne, so Tiberius Alexander, haben im römischen Staatsdienst Karriere gemacht.

Nicht zu integrieren schienen die Christen. Sie verwarfen den mit kultischen Handlungen verbundenen Staatsdienst, nahmen an den Festen nicht teil und versammelten sich unter Ausschluß der Öffentlichkeit. Der Geheimbündelei verdächtigt, lebten sie bis zum Toleranzedikt des Galerius 311 nach Christus am Rande der Legalität. Die Verfolgungen blieben indes zeitlich und räumlich begrenzt. Nero verdächtigte sie der Brandstiftung in Rom.[32] Gemäß dem jüngeren Plinius munkelte man von sakralem Kannibalismus und Inzest; das zeigt sein

Christenbrief an Kaiser Trajan.[33] Decius verlangte in einer Zeit äußerer Bedrängnis einen kultischen Loyalitätsbeweis, und erst Diocletian sah im Abfall vom Glauben der Väter eine Straftat. Daß die Römer keine grundsätzlichen Einwände gegen die Verehrung Jesu haben mußten, spricht aus der von Tertullian[34] überlieferten christlichen Legende, Kaiser Tiberius habe, als Pontius Pilatus ihm die Auferstehung meldete, beim Senat die Aufnahme Jesu unter die römischen Götter beantragt, was nur aus Mangel an Zeugen gescheitert sei.

Nachdem Constantin sich 312 nach Christus für den Christenglauben entschieden und in römischer Weise die Religion seiner Wahl durch große Baustiftungen unterstützt hatte, nahm Theodosius 381 den Alleingeltungsanspruch des Christentums ernst und stellte alle anderen Kulte unter Strafe. Die Olympischen Spiele wurden eingestellt, das Delphische Orakel verstummte, die Eleusinischen Mysterien verwaisten. Ausgenommen, das heißt unfreiwillig akzeptiert blieben die arianischen Reichsgermanen. Ihr Bekenntnis verhinderte ihre Romanisierung. Hatte Constantin im Christentum ein einheitsstiftendes Band gesehen, so erwies sich das als trügerisch. In Nordafrika, Ägypten, Syrien und Kleinasien führte die Sektenbildung zu gewaltsamen Auseinandersetzungen mit der ‚rechtgläubigen' Obrigkeit.

Stabilität

Die Eingliederung der Völker ins Reich vollzog sich nicht ohne Opfer. Vielfach kam es am Beginn der römischen Herrschaft zu Aufständen – sie alle sind gescheitert. Erfolgreich war nur Arminius, *liberator haud dubie Germaniae,* „fraglos der Befreier Germaniens", wie ihn Tacitus[35] nennt. Roms Erfolg beruhte weniger auf den überlegenen Waffen als auf den Vorteilen, die den Völkern im Reich erwuchsen. Wer tüchtig war, konnte reich werden. Wer Ehrgeiz hatte, konnte aufsteigen: *nihil separatum clausumve* – „alles steht allen offen", sagte ein römischer Feldherr den Aufständischen an der Mosel, so Tacitus.[36]

Nach und nach drangen Provinziale ins Heer, in die Verwaltung und in den Senat ein. „Der ehrwürdige Senat öffnet sich dem rechtschaffenen Zuwanderer und betrachtet den, der rechtens dazugehört, nicht als Fremden", schrieb Rutilius 417 nach Christus. Selbst die Kaiser stammten seit 98 nach Christus überwiegend aus Gallien, Spanien, Syrien und den Donauländern. Septimius Severus war von dunkler Hautfarbe, seine Muttersprache war Punisch, er kam aus der nordafrikanischen Stadt Lepcis Magna. Bürgerkriege um den Thron wurden vielfach geführt, aber niemals in separatistischer Absicht. Eine Los-von-Rom-Bewegung ist nirgends bezeugt. Die sogenannten Sonderreiche in Gallien (unter Postumus) und Syrien (unter Zenobia) verstanden sich lediglich als vorläufige Gebilde und beanspruchten das Ganze. Unruhig blieben einzelne Gebirgsländer wie Isaurien in Kleinasien. Doch auch den Isauriern gelang es, einen Kaiser zu stellen.

Alles in allem verlief das Zusammenleben der Völker im römischen Reich gedeihlich. Als Dion Chrysostomos um 100 nach Christus Alexandria besuchte, fand er dort Griechen, Italiker, Syrer, Libyer, Kilikier, Aethiopier, Araber, Baktrer, Skythen, Perser und Inder – allerdings keine Ägypter.[37] Das Neben- und Miteinander der Völker wurde akzeptiert, das Durcheinander jedoch bisweilen getadelt. Es galt als rühmlich, die Vätersitten *(mores maiorum)* unverfälscht zu bewahren, die durch eine Vermischung der Völker gefährdet schienen. Schon bei Herodot und noch bei Livius traute man einem Heer, das aus vielen Völkern zusammengesetzt war *(exercitus mixtus ex colluvione omnium gentium)* keine Schlagkraft zu, und bei Tacitus[38] wird den Athenern vorgehalten, sie seien gar keine Nachkommen der echten, alten Athener – diese seien in vielen Schlachten ausgestorben, heute wohne dort bloß eine *conluvies nationum,* ein Völkermischmasch. Der Stolz auf (durchaus biologisch gemeinte) germanische Rassenreinheit und die edle Gestalt begegnet uns im vierten Kapitel der ‚Germania' des Tacitus und im Prolog zur ‚Lex Salica'.

Demgemäß kam es in der Hauptstadt Rom, wo sich Menschen aus aller Welt sammelten, hin und wieder zu fremdenfeindlichen Äußerungen. Der Dichter Martial[39] verhöhnte einen Römer, dessen sieben Kinder die Physiognomien seiner aus den Sieben Weltteilen stammenden Sklaven trugen. Juvenal klagte in seiner dritten Satire, das Leben in Rom sei unerträglich geworden infolge des dort zusammenströmenden Gesindels. Er verabscheute die Juden, Griechen, Syrer, Mauren, Sarmaten, Thraker und übrigen Fremden. Dieses bunte Gemisch, so schreibt auch Herodian[40], sei immer zu Unruhen geneigt. In der Spätantike erklärten es die Kaiser für unvereinbar mit der Würde von Rom als Hauptstadt, daß dort Leute mit Pelzen und langen Hosen herumliefen. Das erschien ihnen barbarisch und richtete sich gegen Germanen.

Das Nebeneinander der Völker hatte, wie nicht anders zu erwarten, zwei Seiten. Das bezeugt Aurelius Victor. Auf der einen Seite beklagt er die Barbarisierung des Staats[41], auf der anderen betont er stolz, daß Rom gerade dadurch gewachsen sei, daß es fremde Menschen und Einrichtungen aufgenommen habe.[42] Diese Bemerkung fiel ihm leicht, da er selbst Afrikaner war und es in Rom zu hohen Staatsämtern gebracht hatte. Gleichlautend äußerte sich um 390 nach Christus Ammian, der aus Syrien stammte und Grieche war. Er war empört über eine mit Lebensmittelknappheit begründete Fremdenausweisung aus Rom[43], zumal Rom nie Weltmacht geworden wäre, hätten sich Fremde nicht in ihren Dienst gestellt.[44]

Wenn auch die Römer nur selten Söldner angeworben haben, spielten doch die von ihren Bundesgenossen gelieferten Hilfstruppen eine bedeutende Rolle. Sie kamen zunächst aus Italien, dann aus Spanien. Caesar hat als erster Germanen ins Heer aufgenommen, und sie gewannen an Zahl und Bedeutung.[45] Die julisch-claudischen Kaiser hatten eine germanische Leibwache. Zunächst wurden die Germanen von sogenannten schlechten Kaisern gefördert, so von Nero, Caracalla und Maximinus Thrax. Unter Constantin traten sie hervor und bildeten neben den Illyrern die Hauptstütze des Reiches. In zunehmendem Umfang wurden sie aus dem freien Germanien angeworben, teils einzeln, teils in ganzen Verbänden. Zu den Friedensbedingungen gehörte regelmäßig die Stellung von Rekruten; Gefangene wurden nicht mehr als Sklaven verkauft, sondern als halbfreie Kolonen angesiedelt, die Steuern zahlten und Wehrdienst leisteten. Selbst in Ägypten dienten um 400 nach Christus Vandalen, Franken, Goten, Quaden, Alemannen und andere Germanen. Die Papyrus-Sammlung der Universität Gießen besitzt Fragmente einer lateinisch-gotischen Regimentsbibel aus jener Zeit.[46]

Die Germanisierung des Heeres ist von Ammian, Synesios und anderen Zeitgenossen kritisiert worden. Sie beklagten, daß die Römer aller Schichten den Wehrdienst verweigerten und lieber eine Rekrutensteuer *(aurum tironicum)* zahlten, von der die Germanen angeworben wurden. Da ein Teil des Geldes beim Kaiser und seinen Dienern blieb und die Germanen lieber kämpften als arbeiteten, schien dies mittelfristig eine Politik zur allgemeinen Zufriedenheit. Auf lange Sicht aber stellten sich Konsequenzen ein, die nicht in Roms Absicht lagen. Die Entwicklung führte nach Constantin zur Germanisierung des Offizierskorps. Selbst die höchsten Positionen, die Heermeister-Stellen, wurden mit Germanen besetzt, die schließlich eine solche Hausmacht gewannen, daß die Kaiser sie nicht mehr entlassen konnten.

Männer des 4. Jahrhunderts nach Christus wie Merobaudes und Arbogast machten Politik auf eigene Rechnung. Im 5. Jahrhundert nach Christus setzten Stilicho und Rikimer im Westen, Ardabur und Aspar im Osten Kaiser nach Belieben ein und ab, bis schließlich Odovacar mit dem ganzen Marionettentheater brach und den Westen nominell als Heermeister des Ostkaisers, faktisch als König der Germanen regierte. Zu einer Solidarisierung zwischen den Reichsangehörigen und den eindringenden freien Germanen ist es selten gekommen, so daß schwer auszumachen ist, ob die Germanen mehr zur Erhaltung oder mehr zur Auflösung des Imperiums beigetragen haben.

Auf zwei Wegen, bemerkte Strabon[47], verschwinden Völker: Im Kriege gehen sie physisch zugrunde, im Frieden verlieren sie *ethnikon* und *systema,* ihre völkische und staatliche Identität. Letzteres hatte er im Imperium Romanum beobachtet: Viele Völker hätten ihren Dialekt und ihren Namen aufgegeben.[48] Dies bestätigte wenig später der ältere Plinius.[49] Er erklärte: 53 Völker, die einmal nebeneinander in Latium gewohnt hätten, seien spurlos verschwunden.

Darin sah er keinen Einwand gegen seine Bezeichnung Italiens als *patria gentium.* Rom duldete und förderte die Vielfalt der Völker, diese selbst aber opferten ihre Eigenart, indem sie sich untereinander und mit den Römern vermischten, Latein lernten und die römische Lebensart annahmen. Die mehrschichtige Identität führte dazu, daß man schließlich doch eher Römer war als Gallier, Spanier oder Syrer. Als die Griechen im späten 18. Jahrhundert sich auf ihre Nationalität besannen und gegen die Türken kämpften, nannten sie sich nicht Hellenes, sondern so wie zur byzantinischen Zeit: *Rhomaioi.* Sie träumten nicht von Athen, sondern von Konstantinopel.

Das Römische Reich hat gleichwohl nicht nur zum Verschwinden, sondern ebenso zur Entstehung von Völkern beigetragen. Dies zeigt sich nach der Auflösung des Imperiums in der Völkerwanderung bei der Bildung der europäischen Nationen allenthalben, zumal bei den romanischen Völkern. Aber auch Goten und Franken haben ihr Selbstbewußtsein lateinisch formuliert. Eine frühmittelalterliche Handschrift aus Spanien zeigt das gewachsene Interesse an den Eigenarten der Völker durch einen langen Katalog von schlechten und guten Nationaleigenschaften: Die Juden sind neidisch und gescheit, die Perser treulos und hartnäckig, die Ägypter hinterhältig und geschickt, die Griechen listig und gelehrt, die Gallier gefräßig und standfest, die Langobarden prahlerisch und großzügig, die Franken ungezügelt und tapfer und so weiter. Drei Völker werden einseitig gekennzeichnet: die Sarazenen sind grimmig, die Baiern stumpfsinnig und die Römer würdevoll.[50]

Nachdem am Ende des Mittelalters die universalen Mächte römischer Herkunft, das heißt der Papst, der Kaiser und der Basileus in Byzanz, ihre Bedeutung verloren hatten, verblaßte Rom als Idee[51] – sie verlor ihren politischen Gehalt und verkümmerte zu einem Arsenal imperialer Requisiten. Dagegen erwachte im Humanismus ein Nationalbewußtsein, das sich einerseits zur Erkenntnis der eigenen Herkunft der römischen Quellen bediente und andererseits zur Beglaubigung der eigenen Geschichte die Widerstandskämpfer gegen Rom feierte. Vercingetorix in Gallien, Arminius in Deutschland, Ambiorix in Belgien, Civilis in Holland, Boudicca in Britannien, Viriathus in Portugal, Decebalus in Rumänien, Jugurtha in Tunesien, die Verteidiger von Masada in Israel – sie alle haben ihr Denkmal an prominenter Stelle gefunden.[52]

Nach einem kosmopolitischen Intermezzo in der Aufklärung entfaltete sich der Nationalstolz der europäischen Völker im Zuge der Romantik. „Wäre es den deutschen Völkern nicht gelungen, das römische Joch aufzulösen, wären [...] die Freiheit und Eigentümlichkeiten der Nationen vertilgt", so Friedrich Schlegel 1810. Den Römern wurde vorgeworfen, einen ‚Völkerfriedhof' geschaffen zu haben, der keinen Patriotismus hochkommen ließ, und damit hätten sie dem Imperium selbst das Grab geschaufelt. Lebensfähig sei allein ein Volksstaat. „Es ist das Verhängnis solcher Staatenbildungen, die von der Nationalität sich loslösen, daß es für sie keine Schranken mehr gibt", so Mommsen 1871.[53]

Der Nationalismus schlug dann um in den Rassismus. Das Zusammenleben führe, so meinte man, zur Charakterlosigkeit. Houston Stewart Chamberlain erklärte 1899 Rom zur *cloaca gentium.* Roms Schwäche beruhte nach Ulrich Wilcken 1915 auf dem Völkergemisch, nach Eduard Schwartz 1916 auf der Entnationalisierung, nach Francis Arragon 1936 auf der *cosmopolitan mixture of culture,* nach Ernst Kornemann 1940 auf der „Entvolkung".[54] Jede Mischung von Völkern und Kulturen erschien als Sünde gegen den Volksgeist und den *public spirit.*[55]

Die genannten Autoren waren sich dessen bewußt, daß Völker ihre Eigenarten am ehesten in festen Grenzen entfalten können, und nahmen in Kauf, daß jede Grenze eine mögliche Front ist. Das große Ja zum Volksstaat enthielt auch ein kleines Ja zum Volkskrieg. Er erschien um der nationalen Interessen willen gerechtfertigt, um der nationalen Identität willen notwendig.

Im gleichen Maß indes, wie seither die Vernichtungspotentiale der Waffentechnik gewachsen sind, verliert diese Haltung an Überzeugungskraft. Es ist nicht wünschenswert, daß jede Nation ihre *force de frappe* besitzt. Die *Pax Romana* ist für uns nicht mehr wie für Mommsen der Friede des Grabes, der Vielvölkerstaat nicht mehr die schlechteste Form, das Zusammenleben zu regeln – zumal, wenn es ihm wie der römischen *patria gentium* gelingt, sich auf dem zeitbedingt höchsten zivilisatorischen Niveau zu halten. Wir warten auf die Bundesrepublik Europa.

Glaubensvielfalt als Kulturkonflikt – Europa in der Frühen Neuzeit

Von Anton Schindling

Als 1914 der Erste Weltkrieg ausbrach und nach einem treffenden Wort „in ganz Europa die Lichter ausgingen", hatte in Sarajewo, der von Menschen unterschiedlicher Religionen bewohnten Hauptstadt Bosniens, ein junger orthodoxer Serbe den römisch-katholischen Thronfolger der österreichisch-ungarischen Habsburger Monarchie ermordet. Am Ende des 20. Jahrhunderts ist der Untergang dieser alteuropäisch-multikulturellen Stadt der osmanischen Sultane und des Kaisers Franz Joseph ein Flammenzeichen im ethnisch-religiösen Bruderkrieg der slawischen Balkanvölker, die dem langen Schatten des zwischenzeitlichen, serbisch dominierten Kunststaats Jugoslawien nicht entkommen können.

Sarajewo dürfte so ein symbolischer Städtename werden – für Anfang und Ende eines ‚kurzen' 20. Jahrhunderts, das in blutigen achtzig Jahren das Alte Europa umpflügte wie keine Epoche zuvor, und das nach dem Scheitern vieler Utopien an der Schwelle des dritten Jahrtausends doch wieder die Rückkehr vieler vergessener und verdrängter geschichtlicher Kräfte auf der Bühne des Geschehens erlebt. Dazu gehört die Rückkehr von religiös konturierten nationalen Leidenschaften wie überhaupt eine neue Wahrnehmung des Faktors Religion in den Gesellschaften des ehemaligen Westens und des ehemaligen Ostens. Erfahrungsgehalt und Zielrichtung von neuen Stichworten des gesellschaftlichen öffentlichen Diskurses – etwa ‚Multikulturalität' und ‚Fundamentalismus' – zeigen ein seiner selbst noch unsicheres Interesse an Phänomenen an, die bis vor kurzem noch als ‚bloß historisch', und das hieß als lebensweltlich irrelevant eingestuft wurden.

Für die neu entstandene Problemlage, die vielfach eine alte ist, kann nur geschichtliche Erinnerung die notwendige Orientierung bieten.

Religion und Identität

Der weltanschaulich neutrale Verfassungsstaat westlicher Demokratien und die säkularisierte bürgerliche Gesellschaft haben die religiösen Meinungen ihrer Mitglieder zur schützenswerten Privatsache erklärt. Toleranz und Respekt gegenüber abweichenden Glaubensüberzeugungen gelten als Voraussetzung für den demokratischen, pluralistischen Konsens. Friedliche Glaubenswerbung der Religionsgemeinschaften ist legitim. Stellungnahmen von Kirchen und Religionsgemeinschaften zu ethischen und sozialen Fragen werden begrüßt oder zumindest akzeptiert und gelten als ein Beitrag zu dem notwendigen öffentlichen Diskurs über Grundwerte in der Demokratie. Das Menschenbild, das diesem Modell westlicher Demokratie und Marktwirtschaftsgesellschaft zugrunde liegt, ist unverkennbar geprägt von den geistigen Traditionen des Christentums und der Aufklärung. Sie sollten nicht als gegensätzliche Orientierungen mißverstanden werden, sondern als in Spannung miteinander verbundene geschichtliche Prägekräfte der modernen europäisch-amerikanischen Kultur. In dem Bewußtsein der Westeuropäer und Nordamerikaner, die dem Modell der modernen säkularen Gesellschaft weltweit Geltung verschafft haben, ist freilich stets auch die geschichtliche Erinnerung an religiös durchdrungene Lebenswelten der Vorfahren präsent geblieben. Vergangene Generationen wollten sich nicht mit einer Verortung des Glaubens im Privatleben und in der Familie begnügen. Sie hatten statt dessen die religiöse Durchformung von Gesellschaft und Staat gefordert, wo ketzerisches Dissidententum mit dem Tod auf dem Scheiterhaufen bedroht war und wo im Namen des wahren Glaubens blutige Kriege und Bürgerkriege ausgefochten wurden. Für zahlreiche europäische Nationen waren die Zeiten ihrer Größe – das ‚Goldene

Zeitalter', das ,große Jahrhundert' – verbunden mit Herrschaftsbildung und Expansion im Zeichen des Kreuzes und der Bibel durch christliche Mission und Konfession.

Das gilt für die seefahrenden Kolonialmächte am Atlantik: Portugal, Spanien, Frankreich und England. Es gilt aber auch für die kontinentalen Reiche von Österreich, Polen, Schweden und Rußland. Die Macht des Staates war auch die Macht der Staatskirche. Andere, vor allem kleinere Völker erinnern sich an eine auch aus Religionskonflikten resultierende Unterdrükkungsgeschichte, an erfolgreiche oder erfolglose Aufstände und Befreiungskriege mit religiösen oder konfessionellen Leitmotiven.

Das wiederum gilt für Böhmen, Holland, Belgien, Irland, für Polen nach den Teilungen und für die orthodoxen Balkanvölker der Griechen, Serben, Rumänen und Bulgaren.

Die Geschichte des europäischen Christentums seit Spätantike und Mittelalter ist nicht nur durchzogen von Dissidententum und konfessionellen Abspaltungen, sondern auch von der identitätsstiftenden Kraft der christlichen Kirchen und Konfessionen für Völker, Volksgruppen und Nationen bis hin zur Gleichsetzung von Nation und christlicher Konfession, wie sie für Ostmitteleuropa und Osteuropa zwischen Ostsee, Adria und Kaukasus weithin kennzeichnend geworden ist. In der Wahrnehmungs- und Erfahrungsgeschichte der europäischen Völker ging fast überall die Kirche dem Staat voran, war das Bekenntnis zum Christentum in einer spezifischen Prägung eine Voraussetzung für die Staatsbildung.

Die Vielfalt der europäischen Ethnien, Völker und Nationen war immer auch eine christlich-konfessionell vorgeprägte religiöse Multikulturalität in der Spannung zwischen Konflikt und Koexistenz. Und diese gewachsene Formenvielfalt der Alten Welt fand sich dann in anderer Mischung wieder in der Neuen Welt jenseits des Atlantiks. Die schöpferischen Energien des alteuropäischen christlich-ethnischen Konfessionalismus begegneten sich aufs neue vor allem im ,Schmelztiegel' der USA in verwandelter Form und prägten dort eine pluralistische Einwanderergesellschaft, in der neuenglische Puritaner mit

Quäkern oder irisch-polnischen Katholiken das staatliche Zusammenleben organisieren mußten.

Konfession konstituiert das Fremde und das Eigene

Die westlich-säkulare Gegenwart hat vielfach aus dem Blick verloren, daß die Glaubenskonflikte der Vorfahren nicht nur verschiedenen Frömmigkeitstypen, Gebetsweisen oder theologischen ‚Subtilitäten' galten. Sie waren stets zugleich auch gesellschaftliche Kulturkonflikte zwischen gegensätzlichen Mustern theologisch begründeter Lebensauffassung, Lebensgestaltung und Verhaltensorientierung. Die großen, erschütternden Konflikte etwa über die Abbildbarkeit göttlicher Personen und die Bilderverehrung („Du sollst Dir kein Bild machen"), über Transsubstantiation und Realpräsenz im Abendmahl („Das ist mein Leib") signalisieren grundverschiedene Verstehensweisen und kulturelle Deutungspotentiale.

In Tiefenschichten des gesellschaftlichen Bewußtseins der Gegenwart ist noch immer viel an Motiven des jahrhundertelangen europäischen Grundkonflikts der Konfessionen abgelagert. Es sind Stereotypen und Vorurteile nachbarschaftlicher, lokaler, regionaler oder nationaler Fremdheit – so wenn in der Selbstwahrnehmung Protestanten mehr lesen, sich häufiger waschen und öfter Straße und Hof kehren als Katholiken; wenn Katholiken eher Karneval und Fastnacht feiern als Protestanten; wenn die Einstellung zu Familienplanung, Geburtenbeschränkung und Bevölkerungspolitik konfessionelle Hintergründe hat; wenn unsichtbare Grenzen noch immer Familien verschiedener Konfessionen trennen. Alltagsphänomene sind auf vielfältige Weise konfessionell beeinflußt – von Feiertagsbrauch und Wirtshausbesuch bis zu politischen Orientierungen.

Daß der konfessionelle Unterschied auch gefährliche Abgründe öffnen kann, zeigt ein Konfliktfeld wie Nordirland, das den religiösen Bürgerkrieg des 17. Jahrhunderts mit einer Blutspur in die zeitgenössische Erfahrung verlängert. Die ‚Rückkehr der Geschichte' in die jüngste Vergangenheit und Gegenwart Ostmittel- und Osteuropas hat den erschreckten Blick der Zeitgenossen auf die Gleichzeitigkeit des Ungleichzeitigen noch um weitere Varianten bereichert: Neben Katholiken und Protestanten in Ulster erscheinen Katholiken und Orthodoxe in der Ukraine, in Rumänien, in Albanien, in Kroatien, Serbien und Bosnien-Herzegowina als ‚Wiedergänger' vergangen geglaubter Welten, auf dem Balkan komplizierter noch durch die Muslime als dritten Konfliktpartner.

Christen, Muslime und Juden

Schienen die alten innerchristlichen konfessionellen Gegensätze in der westlichen Welt weitgehend aufgehoben, entschärft oder in Randzonen abgedrängt, so ist die neue Konfrontation zwischen christlich-säkularem Westen und Islam eine Konfliktkonfiguration des zu Ende gehenden 20. Jahrhunderts. Nicht nur zwischen Orient und Okzident über das Mittelmeer hinweg oder auf dem peripheren Balkan, sondern inzwischen auch in den Kernländern des ehemals christlichen Abendlandes ist der Islam eine religiöse Herausforderung in der Alltagswelt. Er prägt eine neue Dimension europäischer Gesellschafts- und Religionsgeschichte, deren Brisanz mit dem eher schwammigen Begriff des ‚Fundamentalismus' nur ungenau beschrieben wird. Diese neue Präsenz des Islam in West- und Mitteleuropa hat wieder verstärkt in Erinnerung gerufen, daß die Geschichte des Abendlandes nie ausschließlich vom Christentum bestimmt war. Die Auseinandersetzung mit dem Islam war eine geistige und militärische, seit dem frühen Mittelalter lange sogar auch eine gefahrvolle Rahmenbedingung europäischer Existenz.

Und ein Weiteres hat die Gegenwart nach dem Erschrecken über die Verbrechen des 20. Jahrhunderts sensibler zu erfassen gelernt: Inmitten der christlichen Völker Europas gab es die Nachbarschafts- und Leidensgeschichte der ältesten der drei monotheistischen Religionen – der Juden. Sie war über zwei

Jahrtausende hinweg ein oft verdrängter, stiller Begleiter auch der innerchristlichen Differenzierungen und Konflikte. Dabei standen sich die christlichen Konfessionen in einem religiös begründeten Antijudaismus gegenseitig meist nicht viel nach. Europa als Lebensraum und als Kulturform des Okzidents war nicht nur national vielgestaltig. Es war zugleich christlich-multikonfessionell und, von den islamischen Rändern und der jüdischen Minorität her gesehen, auch multireligiös bestimmt. Alle diese Differenzierungen bargen höchst unterschiedliche, einander ausschließende Kulturmuster, Wahrheitsansprüche und Sinndeutungsmonopole in sich.

Der konfessionell-religiöse Konflikt mehr oder weniger ‚fundamentalistischer' Ausrichtung, ebenso aber auch die Koexistenz im Nebeneinander oder sogar im partiellen pragmatischen Miteinander sind prägende Grundtatsachen europäisch-westlicher Tradition. Der Krieg war für die Europäer oft Heiden-, Ketzerkrieg oder Kreuzzug, während die Vision des Friedens in großen Entwürfen den Frieden der Religionen und Konfessionen erträumte. Die Probleme von Zwangsmission, Glaubenszwang und Glaubensfreiheit, von Konformismus und Dissidententum begleiteten die Geschichte der abendländischen Kirche und der europäischen Völker. Sie wurden zumindest von grundsätzlichen Denkern auch durch die Jahrhunderte hindurch immer wieder thematisiert: War es erlaubt, mit dem Schwert zu missionieren und die Ketzer zu richten? Durfte die Bekehrung der Juden zu Christus – ein gemäß dem Neuen Testament zu erwartendes eschatologisches Zeichen – gewaltsam befördert werden? Die Ringparabel des Aufklärers Gotthold Ephraim Lessing steht hier in einer ehrwürdigen gedanklichen Tradition.

Staatliche und religiöse Einheit

Der religiös Fremde war im Regelfall zugleich der Ausländer, die Multikonfessionalität Europas war regional und national verteilt: Der römische Katholik und der ‚schismatische' byzantinische Grieche oder Russe standen am Anfang solcher Spaltungen. Im Gegensatz zwischen dem ‚lateinischen Westen' und dem orthodox geprägten Osteuropa lebt dieser Konflikt bis heute fort – seine Schärfe ist nicht nur im ehemaligen Jugoslawien, zwischen Kroaten und Serben, zu beobachten. Die Reformation im 16. Jahrhundert brachte dann im ‚Westen' eine Vielzahl von protestantischen Landes- und Stadtkirchen. Noch immer herrschte die Norm, daß die politische Gemeinschaft auch durch Gemeinschaft der Religion ausgezeichnet sein müsse, von der einzelnen Stadt bis zum Großreich. Einheit der Religion galt den Staatstheoretikern wie den Regenten unbestritten als unabdingbare Voraussetzung für die Einheit und die Macht der Staaten. Entsprechend selbstverständlich und hart war überall das staatliche Vorgehen gegen religiöse Abweichler.

Die Reformation führte zwar zur Trennung ganzer Länder von der römischen Papstkirche, aber nicht zur individuellen Glaubensfreiheit; im Gegenteil: Die evangelische deutsche Reichsstadt zum Beispiel wollte, wie der Reformationshistoriker Bernd Moeller formuliert hat, ein „Corpus Christianum im kleinen" sein; zwei Konfessionen in einer Stadt waren zunächst noch unvorstellbar.

Fürsten und städtischen Obrigkeiten erschien es vielmehr als eine vorrangige Pflicht ihres gottgegebenen Amtes, die Einheit der Religion zu wahren, für das Seelenheil ihrer Untertanen zu sorgen und nach der Einführung der Reformation das neue protestantische Bekenntnis als Norm für Glauben und Leben aller ihnen anvertrauten Menschen durchzusetzen. Das ging in keinem der sich formierenden konfessionellen Lager ohne Glaubenszwang ab. Den Andersgläubigen blieb höchstens das Auswanderungsrecht, das beispielsweise im Augsburger Religionsfrieden von 1555 für die Territorien des Heiligen Römischen Reiches Deutscher Nation festgelegt wurde.

Konfessionalisierung als Grundzug europäischer Geschichte

Die Einheit der Kirche im Abendland als gemeinsames Band um alle christlichen Reiche – von Portugal bis Polen – unter dem Papst enthielt im Mittelalter mehr plurale Elemente, als es dem Rückblick der Neuzeit nach den Glaubensspaltungen der Reformation vielfach erscheinen wollte. Jedoch brachte die Entstehung der reformatorischen Konfessionen und Kirchen am Beginn der Neuzeit ein qualitativ neues Element in die europäische Geschichte: Die Konfessionen konstituierten sich innerlich als auf Einheit in Lehre und Leben verpflichtete Großkirchen, äußerlich als auseinanderstrebende politisch-gesellschaftliche Großgruppen und als antagonistische Kultursysteme.

Der nachreformatorische, sich selbst reformierende Katholizismus nahm, trotz seiner stärkeren Rückbindung an Vergangenheit und Tradition, hierin grundsätzlich eine ähnliche Stellung ein wie die beiden protestantischen Konfessionen des Luthertums und des Calvinismus (reformierte Kirche); eine gewisse Sonderstellung kam dem insularen Anglikanismus zu. Die Schwerkraft dieser Vorgänge hat natürlich immer viel Beachtung gefunden, und die konfessionellen Parteistandpunkte des 16. und 17. Jahrhunderts haben auch in der Geschichtsschreibung noch lange nachgewirkt. Erst die neuere Forschung zur Konfessionsgeschichte erkannte übergreifend die Prozesse der Konfessionsbildung und Konfessionalisierung als vielfach parallel verlaufende, grundlegende Vorgänge in der neuzeitlichen Entfaltung Europas und ihre strukturbildende Kraft für Gesellschaft, Politik und Kultur auch außerhalb des kirchlichen Raumes.

Der geschlossene Konfessionsstaat

Alle Konfessionen gingen zunächst von dem Modell des geschlossenen Konfessionsstaates aus – gemäß den Vorgaben der

Staatstheorie. Das „cuius regio eius religio" („Wer den Thron hat, bestimmt die Religion"), das der Augsburger Religionsfrieden von 1555 für die deutschen Reichsterritorien vorschrieb, galt fast überall in Europa, ob im katholischen Spanien König Philipps II., im lutherischen Schweden der Wasakönige, im England Königin Elisabeths I., in der Stadt Genf, dem Wirkungsort des Reformators Johannes Calvin, oder in den katholischen Stadtrepubliken Italiens. Die Ausschließlichkeit der jeweils herrschenden Kirche als Staatskirche war eines der wichtigsten politischen Grundprinzipien. Nur als Ausnahme von der Regel entstanden auch multikonfessionell geprägte Gemeinwesen, etwa in Polen-Litauen, in Ungarn, Siebenbürgen und in den nördlichen Niederlanden.

Der konfessionelle Bürgerkrieg

Der offene oder latente konfessionelle Bürgerkrieg kennzeichnete in einem langen ‚eisernen Jahrhundert' die europäische Realität. Es reichte von den Auseinandersetzungen in Deutschland und der Schweiz in den 1520er, 30er und 40er Jahren über die Religionskriege in Frankreich (1562–1598), den niederländischen Unabhängigkeitskrieg (1568–1648) bis zum Dreißigjährigen Krieg (1618–1648) sowie zu den englischen Revolutionen in den 1640er Jahren bzw. 1688/89. Das traditionelle Muster innereuropäischer Konflikte veränderte sich zum Glaubenskrieg. Am Ende der Epoche aber wurde es im Zeichen einer sich säkularisierenden Staatsräson zum Mächtekrieg, in dem das europäische Mächtesystem sich jetzt nach Regeln weltlicher Machtpolitik konstituierte.

Die Säkularisation der Staatstheorie war eine unverwechselbare Auswirkung der verheerenden konfessionellen Bürgerkriege: Mit der Souveränitätslehre des Franzosen Jean Bodin und des Engländers Thomas Hobbes sowie mit dem säkular begründeten Völker- und Naturrecht des Holländers Hugo Grotius und des Deutschen Samuel Pufendorf erhielt das politische Denken jetzt nicht-theologische Argumente, um den

Machtanspruch der Staaten jenseits der religiösen Legitimationen zu errichten. Als Zwingherr zum inneren Frieden über den streitenden Religionsparteien erhielt der starke Staat eine neue Legitimation und Dignität. Der säkulare Machtstaat und das nach Gleichgewichtsprinzipien regulierte internationale europäische Mächtesystem wiesen im Zeitalter des Absolutismus einen Ausweg aus den Sackgassen eines Übermaßes an Konfessionalisierung in Politik und Gesellschaft.

Die Wende wurde eingeleitet seit dem Westfälischen Frieden von 1648: Er beendete auf dem europäischen Kontinent den Dreißigjährigen Krieg, der zunächst als ein deutscher Konfessionskrieg begonnen hatte. Die neue Weltlichkeit und Rationalität in der Gipfelzone europäischer Mächtebeziehungen löste freilich nicht automatisch auch die Frage der Mehrkonfessionalität innerhalb der Staaten. Sie blieb vielfach ein dorniges Problem und gab Anlaß zu staatskirchlicher Repression gegenüber konfessionellen Minderheiten und Fremden. Das galt für die katholische Habsburger Monarchie ebenso wie für das Frankreich Ludwigs XIV., für das sich rekatholisierende Polen, für das anglikanisch-protestantische britische Königreich und für die lutherischen Reiche Skandinaviens.

Die zwei Kulturen

Ungeachtet aller Facettierungen unter den reformatorischen Kirchen und Konfessionen war die Haupttrennlinie der europäischen Kulturentwicklung in der Frühen Neuzeit die zwischen der katholischen und der protestantischen Welt. Die Verpflichtung der Evangelischen auf das Wort der Heiligen Schrift und der Streit um dessen rechte Auslegung ließen eine Kultur des Wortes zur Entfaltung kommen, der sich eine Kultur des Bildes entgegenstellte. Dies geschah in bewußt antiprotestantischer Akzentuierung von Sakramenteverehrung und Bilderverkündigung durch die römische Kirche. Das visuelle Gesamtkunstwerk einer katholischen Barockkirche im Zusammenklang von Architektur, Plastik und Malerei und die puristische Nüchternheit eines reformierten Bet- und Predigtsaals markieren die Spannungspole der beiden Kulturen.

Das gedruckte Wort, das über die Theologie und die religiöse Gebrauchsliteratur hinaus auch der Philosophie, der Wissenschaft und der schönen Literatur diente, trat einerseits ins Zentrum der Welterfahrung und Weltwahrnehmung. Andererseits brillierte die Formen- und Farbenvielfalt der Künste, die in der Liturgie auch Handlung, Musik und Gesang einbezog. Freilich sind diese Gegenüberstellungen nur idealtypisch: Es gab auch ein protestantisches Barock, das sich an Mustern des katholischen Italien orientierte; und die Musik entfaltete sich beiderseits der konfessionellen Trennlinien von Palestrina bis Bach zu dem polyphonen Reichtum des 17. und 18. Jahrhunderts. Grundzüge konfessioneller Kulturen sind jedoch in dem zweigeteilten Europa der Frühen Neuzeit unübersehbar, regional am markantesten in den zwischen Nord und Süd gespaltenen Niederlanden: So wie die barocke Malkunst eines Peter Paul Rubens die ganze Farbenpracht und Vitalität des flämischen Katholizismus repräsentiert, spiegelt sich in der verinnerlicht sinnenden Psychologie der Bilder Rembrandts die protestantische Kultur Hollands. Das Aufkommen der bürgerlichen, moralisierenden Genremalerei in den nördlichen Niederlanden ist zweifelsohne auch als Folge des Abbruchs einer kirchlich-liturgischen Malkunst durch das calvinistische Bilderverbot zu sehen.

Im 18. Jahrhundert schließlich waren die protestantischen Länder Europas – Holland, England, die evangelischen deutschen Territorien – der wichtigste geistige Nährboden der Aufklärung. Gerade der Weg der Aufklärung in die katholischen Länder zeigt die konfessionellen Brechungen der europäischen Kulturen sehr markant: In Frankreich radikalisierte sich die Aufklärung in einem scharf antikirchlichen, ja antichristlichen Sinne und mündete schließlich in die Revolution. In den katholischen deutschen Ländern, in der Habsburger Monarchie, in Italien, Spanien und Polen kam es dagegen zur Ausbildung einer gemäßigten katholischen Aufklärung, die vielfach den Brückenschlag zur Kulturentwicklung der protestantischen Länder suchte. Während der Konfessionalismus des 17. Jahrhunderts eine schroffe Auseinanderentwicklung und Polarisierung der konfessionell profilierten Kulturen Europas brachte, stand das 18. Jahrhundert unter dem Einfluß der Aufklärung, einer irenischen Theologie und einer voranschreitenden Säkularisierung im Zeichen konvergierender Tendenzen. Die Unterscheidung katholischer und protestantischer Bildungstraditionen blieb allerdings bis in das 19. und 20. Jahrhundert hinein von bestimmender Kraft.

Bi- und Multikonfessionalität als Notlösung

Dem als verbindlich akzeptierten Modell des geschlossenen Konfessionsstaates standen schon seit dem 16. Jahrhundert Gemeinwesen gegenüber, die Bikonfessionalität oder sogar Mehrkonfessionalität in einem meist spannungsreichen Nebeneinander zuließen. Das Heilige Römische Reich Deutscher Nation und die Schweizerische Eidgenossenschaft, einzelne Reichsstädte (zum Beispiel Augsburg), Reichsterritorien (zum Beispiel die Herzogtümer Jülich-Kleve-Berg), die Korporation der Reichsritterschaft und die Ritterorden (Deutscher Orden, Johanniter) sowie die ostmitteleuropäischen Reiche Polen-Litauen, Ungarn und Siebenbürgen waren die frühesten Beispiele für die Auflösung der staatlich verordneten Religionseinheit. Diese Bi- und Multikonfessionalität erwuchs freilich ganz selten aus grundsätzlicher Zurückhaltung der Staatsgewalt – ein Beispiel hierfür ist die von dem Humanisten Erasmus von Rotterdam inspirierte offene Religionspolitik der Herzöge in Jülich-Kleve-Berg. Multikonfessionalität war zumeist einfach Resultat politischer Zwänge, Ausdruck von Patt-Situationen, wenn keine der sich formierenden Konfessionsgruppen die Oberhand im Gemeinwesen erringen konnte. So kam es in der Schweiz nach frühen konfessionellen Bürgerkriegen zur Landfriedensregelung zwischen katholischen und reformierten Kantonen. Ähnlich führte im Reich nach dem Schmalkaldischen Krieg (1546/47) der Augsburger Religionsfrieden von

1555 einen reichsgrundgesetzlichen Ausgleich zwischen katholischen und lutherischen Reichsständen herbei. In beiden föderativen politischen Systemen lag die Konfessionshoheit fortan bei den einzelnen Gliedern (Kantone, Reichsfürsten). Sie praktizierten ihrerseits das Prinzip des geschlossenen Konfessionsstaates, mußten freilich auch an bestimmten Stellen das Nebeneinander der zugelassenen Konfessionen akzeptieren, zum Beispiel in den eidgenössischen gemeinen Herrschaften und in manchen Reichsstädten und geistlichen Fürstentümern.

In den ostmitteleuropäischen Königreichen Polen-Litauen und Ungarn konnte die relativ schwache altkirchliche Krongewalt sich nicht gegen die machtvolle ständische Stellung des Adels durchsetzen und mußte den Adeligen Religionsfreiheit für sich und ihre Untertanen zugestehen. So kam es, daß hier nicht nur die beiden protestantischen Konfessionen, sondern auch radikale religiöse Gemeinschaften wie Täufer (sogenannte Wiedertäufer) und Antitrinitarier (Unitarier), die im deutschen Reich verfolgt wurden, zeitweise toleriert waren. Hinzu kamen in diesen ostmitteleuropäischen Reichen auch griechisch-orthodoxe Bevölkerungsgruppen. Besonders das abgelegene Siebenbürgen, ein Nebenland der Krone Ungarns, konnte damals als ein Musterland religiöser Toleranz erscheinen. Dabei gab allerdings auch hier die reale politisch-soziale Machtverteilung und nicht eine aus staatstheoretischen Grundsätzen entwickelte Toleranzidee den Ausschlag für diese auffallende Entwicklung.

Die Ansprüche der konkurrierenden konfessionellen Kräfte – vor allem der regierenden katholischen Dynastien der Habsburger und der polnischen Wasa – zielten im Regelfalle auch nicht auf Toleranz, sondern auf endliche Durchsetzung der konfessionellen Geschlossenheit, die als der staatliche Normalfall angesehen wurde. Nur einzelne humanistisch gebildete Fürsten bleiben hierbei Ausnahmen. Das galt zum Beispiel in den habsburgischen Ländern für Kaiser Maximilian II. (1564–1576), den der Historiker Volker Press als den „Kaiser des Religionsfriedens" bezeichnet hat.

Aber auch der Humanismus hat, trotz seiner Abneigung gegen Glaubenszwang, kein konsequentes staatstheoretisches

Konzept zur Herstellung religiöser Toleranz in einem mehrkonfessionellen Staat entwickelt. Zu sehr wirkte gerade bei den Humanisten die aus der Antike überkommene Lehre von der notwendigen religiösen Geschlossenheit des Staates, als daß sie demgegenüber zu einem die konfessionelle Pluralität akzeptierenden theoretischen Modell bereit gewesen wären. So blieben die Beispiele für ein halbwegs geregeltes Nebeneinander von zwei und mehr Konfessionen aus der Sicht der Zeitgenossen doch vor allem Notlösungen.

Westfälischer Frieden und Paritätsprinzip

Die Not des konfessionellen Bürgerkriegs konnte freilich in Verbindung mit dem gelehrten juristischen Denken der Epoche auch zu dauerhaften Lösungen führen, wie in eindrucksvoller Weise der Westfälische Frieden von 1648 bezeugt. Der Reichs- und Religionsfrieden von Münster und Osnabrück, der fortan ein Grundgesetz des Heiligen Römischen Reiches war, fand für die deutschen Konfessionsfragen eine handhabbare Regelung und konstituierte das Reich definitiv als ein bikonfessionelles (beziehungsweise sogar trikonfessionelles) politisches System.

Die Verrechtlichung des Konflikts ermöglichte das weitere Nebeneinander und teilweise Miteinander der Konfessionen in Deutschland, dem exemplarisch multikonfessionellen Land in der Mitte Europas. Mehrere 1648 neu etablierte öffentlichrechtliche Prinzipien verhalfen zu diesem Erfolg: Da war zum einen das Prinzip der Parität zwischen Katholiken und Protestanten, das in den Reichsorganen gelten sollte. Wenn es auch nicht wirklich konsequent durchgeführt wurde – es kam beispielsweise bis zum Ende des Alten Reiches 1806 nie zu einem protestantischen Kaisertum –, so war doch der grundsätzliche Anspruch schon ein gutes Stück Rechtssicherung für beide Religionsparteien, denen Gleichberechtigung zugesagt war.

Hinzu kam das Normaljahrsprinzip, nach dem die konfessionellen Besitzstände von Katholiken und Protestanten im

Reich und seinen Territorien auf dem Stand des Normaljahrsstichtages 1. Januar 1624 eingefroren wurden; die Gemengelage der deutschen Konfessionskarte blieb bis in die Gegenwart von den Auswirkungen dieses Normaljahrs 1624 bestimmt. Durch das Normaljahr wurde auch das grundsätzlich aufrechterhaltene Prinzip des „cuius regio eius religio“ faktisch außer Kraft gesetzt. Das militärische Patt, mit dem der Dreißigjährige Krieg in Deutschland nach der Intervention der Großmächte Frankreich und Schweden geendet hatte, setzte sich in der jetzt rechtlich zementierten Abgrenzung zwischen den katholischen und den evangelischen Reichsteilen fort. Innerhalb des protestantischen Lagers wurde durch die reichsrechtliche Anerkennung des reformierten Bekenntnisses im Westfälischen Frieden ein ebenfalls schwerwiegender Konflikt bereinigt.

Das seit 1648 paritätische Reich fand seinen gültigen Ausdruck in mehreren gemäß Reichsrecht bikonfessionellen Reichsgliedern: In einigen schwäbischen Reichsstädten, vor allem in dem großen und gewerbereichen Augsburg, aber auch in Biberach, Dinkelsbühl, Kaufbeuren und Ravensburg, wurden Stadtregiment und städtische Ämter fortan paritätisch, das heißt jeweils doppelt, evangelisch und katholisch, besetzt; und für das nordwestdeutsche Fürstbistum Osnabrück wurde im Westfälischen Frieden festgelegt, daß es abwechselnd von katholischen und lutherischen Fürstbischöfen regiert werden sollte, eine Regelung, die die Juristen als verfahrensparitätisch bezeichnen. Der Frieden gewährleistete rechtlichen Schutz auch für Minderheiten in anderskonfessionellen Reichsstädten und Territorien, sofern diese ihre Existenz zurückblickend bereits für den 1. Januar 1624 nachweisen konnten.

In Deutschland gewöhnte man sich seitdem an das friedliche nachbarschaftliche Nebeneinander von Katholiken und Protestanten in einer Stadt, einem Dorf, einer Korporation oder einem Territorium – manchmal sogar in einer Simultankirche, die beiden Konfessionen diente. Und doch beeinflußten unsichtbare Grenzen für viele Generationen den Alltag der Menschen, zum Beispiel bei Eheschließungen in konfessionell abgegrenzten Heiratskreisen und bei den beiderseitigen religiösen Festen und Festbräuchen. Man blieb sich fremd, pflegte das Eigene, kam aber, selbst bei permanenten kleinen Gehässigkeiten und Sticheleien, doch schiedlich-friedlich miteinander aus. Und dies ist ein alles in allem nicht zu unterschätzendes Stück politischer Kultur des Alten Reiches als Erbe in der deutschen Geschichte.

Bi- und Multikonfessionalität als Chance

Die grundsätzliche Offenheit des deutschen Reichs-Systems für christliche Multikonfessionalität konnte sich auch als Chance für wirtschaftliche und gesellschaftliche Entwicklung erweisen: So in Reichsstädten wie Frankfurt am Main und Hamburg, die als lutherische Bürgerrepubliken reformierten und katholischen (italienischen) Kaufleuten und Juden Zuwanderung und Ansiedlung ermöglichten. Ebenso bei fürstlichen Stadtneugründungen in einzelnen Territorien, die als religiöse Freistätten eingerichtet wurden, zum Beispiel Altona, Friedrichstadt und Glückstadt in Schleswig-Holstein oder Neuwied am Rhein. Eine zumindest partielle Duldung und Religionsfreiheit begünstigte Wanderungsbewegungen, die wiederum zur Förderung des Wirtschaftslebens erwünscht waren.

Das bedeutendste Beispiel für die Verknüpfung von Migration und Multikonfessionalität im Reich ist die Zuwanderung der französischen Hugenotten nach 1685, nachdem Ludwig XIV. das Toleranzedikt von Nantes aufgehoben hatte. Die Hugenotten fanden eine neue Heimat nicht nur in glaubensverwandten reformierten Territorien wie Hessen-Kassel, sondern auch in lutherischer Umgebung, so in der Mark Brandenburg, in Magdeburg und dem fränkischen Erlangen, wo sich durch ihre Ansiedlung eine innerprotestantische Bikonfessionalität vor Ort einstellte (in Kurbrandenburg freilich bewußt gefördert durch die seit 1613 gleichfalls reformierte Hohenzollerndynastie). Der große Anteil der Hugenotten am wirtschaftlichen Aufschwung der Kerngebiete des brandenburg-preußischen Staates demonstrierte die Entwicklungspotentiale eines Gemeinwesens, welches das Modell des geschlossenen Konfessionsstaates hinter sich ließ. Der brandenburg-preußische Weg zum Toleranzstaat war dabei allerdings auch sehr viel mehr von Pragmatismus als von grundsätzlichen staatstheoretischen Überlegungen bestimmt.

Es gab im 17. Jahrhundert ein vielbeachtetes europäisches Modell für die wirtschaftlichen Früchte der Religionsfreiheit – die Republik der Vereinigten Niederlande. Obwohl bei dem niederländischen Aufstand gegen die spanisch-katholische Herrschaft und bei der Unabhängigkeit der sieben nördlichen Provinzen unter Führung Hollands der Calvinismus eine maßgebende Rolle gespielt hatte, wurde in der Republik zwar die calvinistische ‚Öffentlichkeitskirche' privilegiert, aber kein Konfessionszwang für die Gesamtheit der Bevölkerung ausgeübt. Neben den politisch dominierenden Calvinisten machten die – öffentlich diskriminierten – Katholiken in der Republik noch immer beinahe die Hälfte der Bevölkerung aus; daneben genossen Lutheraner, Arminianer (humanistisch-liberale Calvinisten), Jansenisten (eine Abspaltung von der römisch-katholischen Kirche), Täufer und Juden Freiheit der Religionsausübung. Amsterdam, die Wirtschaftsmetropole Europas im 17. Jahrhundert, war eine wahrhaft multikonfessionelle Stadt von singulärer Prägung – mit Kirchen, Bethäusern und Synagogen in großer Zahl; ein Lehrstück für jeden Besucher, wie eng Religionsfreiheit und wirtschaftlicher Reichtum zusammenhängen konnten.

Die reichen Niederlande waren ein Modell gerade für manche deutsche Territorien, so für das benachbarte Ostfriesland, in dem sich eine Bikonfessionalität zwischen Lutheranern und Reformierten herausgebildet hatte, und vor allem für Brandenburg-Preußen, dessen Großer Kurfürst Friedrich Wilhelm (1640–1688) seine Jugendeindrücke aus der niederländischen Republik nie vergaß und der die hohenzollernschen Territorien nach diesem Muster voranzubringen versuchte. In der Notsituation des Wiederaufbaus nach dem Dreißigjährigen Krieg mußte das niederländische Modell eine besondere Faszination ausüben. Die nördlichen Niederlande waren – wegen der faktischen religiösen Toleranz – eine „Vorreitergesellschaft“ in der Modernisierung Europas, wie der Historiker Heinz Schilling formuliert hat.

Bilanz der Aufklärung: Naturrecht und Toleranz

Die Trennung von Staat und staatskirchlichem Konfessionszwang wurde in der niederländischen Republik des 17. Jahrhunderts beispielhaft vor Augen geführt. Das Naturrechtsdenken der Aufklärung mit seiner Konzeption individueller Grund- und Menschenrechte hat parallel hierzu die bis dahin gültige Lehrauffassung von der notwendigen Religionseinheit des Staates aufgelöst. Der aufgeklärte Absolutismus fand zu einer Selbstbeschränkung des Staates auf Ausübung seiner äußeren Organisationsgewalt gegenüber der Kirche, wobei die Juristen von den staatlichen ‚*jura circa sacra*‘ sprachen. Die derart von der religiösen Wahrheitsfrage abgelösten Staat-Kirche-Beziehungen ermöglichten eine Anwendung grundsätzlich auf unterschiedliche christliche Konfessionen in einem Staat: Eine solche Staatskirchenrechtslehre – sie wird in der juristischen Literatur als Territorialismus bezeichnet – wurde von Naturrechtlern vor allem an preußischen Universitäten vertreten, etwa im aufgeklärten Halle an der Saale, dessen Universität 1694 gegründet worden war. Der preußische Staat hat im 18. Jahrhundert in seiner pragmatischen Toleranzpolitik gegenüber Lutheranern, Reformierten und Katholiken diese Lehre erfolgreich umgesetzt.

Unter Friedrich dem Großen (1740–1786), der „jeden nach seiner Façon selig werden“ lassen wollte, entsprach diese Praxis auch den persönlichen aufgeklärten Überzeugungen des Monarchen. Die vielzitierte Äußerung des ‚Philosophen von Sanssouci‘ bezog sich dabei auf ein ganz konkretes Problem, nämlich die Gewährleistung von katholischem Religionsunterricht für die Kinder katholischer Soldaten in der Garnison Potsdam; sie war eine Entscheidung zugunsten des Elternrechts auf religiöse Erziehung der Kinder. Eine spezifische

Schule der Multikonfessionalität war die preußische Armee, in der bereits der Soldatenkönig Friedrich Wilhelm I. (1713–1740) die Militärseelsorge aller christlichen Konfessionen ermöglicht und gefördert hatte.

Preußen hat dann auch durch die aufgeklärte friderizianische Rechtsreform das Naturrechtsdenken beispielhaft in eine große Rechtskodifikation einfließen lassen: Das Allgemeine Landrecht für die preußischen Staaten von 1794 – man hat es als das „Gesetzbuch Friedrichs des Großen" bezeichnet, obwohl der große König damals bereits verstorben war – fixierte als erstes Gesetzgebungswerk in Deutschland die individuell verstandene Religionsfreiheit als ein vom Staat garantiertes Grundrecht. Wie wirkungsstark das preußische Muster der multikonfessionellen Toleranzpolitik war, hatte zuvor schon das josephinische Österreich bezeugt, wo Kaiser Joseph II. (1780–1790) in seinem berühmten Toleranzedikt für die christlichen Konfessionen von 1781 ganz offenkundig den Weg der konkurrierenden deutschen Großmacht Preußen beschreiten wollte. Die Preisgabe des geschlossenen Konfessionsstaates in der Habsburger Monarchie sollte nach dem Willen Josephs die Zukunftsfähigkeit Österreichs in der machtpolitischen Auseinandersetzung mit Preußen absichern. Des Kaisers Toleranz beschränkte sich, neben der weiterhin dominierenden katholischen Kirche, allerdings auf Lutheraner, Calvinisten und Griechisch-Orthodoxe, ferner auf die Juden; den Anhängern anderer christlicher Gruppen und Sekten, wie etwa den hussitischen Böhmischen Brüdern in Böhmen und Mähren, blieb die offizielle Duldung versagt.

Am Ende des Jahrhunderts der Aufklärung stand die Proklamierung des Menschenrechts auf individuelle Religionsfreiheit – mit weltgeschichtlicher Wirkung in den beiden demokratischen Revolutionen in Nordamerika und in Frankreich. Die Vereinigten Staaten von Amerika wurden bewußt als ein säkularer, religiös neutraler Staat für eine multikonfessionelle Gesellschaft konstituiert – die 200jährige Erfolgsgeschichte dieses aufgeklärten Verfassungswerks verleiht ihm eine einzigartige historische Dignität.

Eine unumkehrbare Geschichte?

In Europa war der Weg von den geschlossenen Konfessionsstaaten des 16. und 17. Jahrhunderts zu Staaten der Religionsfreiheit für Christen aller Konfessionen und Juden sehr viel länger und schwieriger; hier wurden die frühneuzeitlichen Staatskirchentümer mit ihren Diskriminierungen gegenüber Andersgläubigen manchmal erst im 20. Jahrhundert endgültig abgebaut. Die Wegweisung des aufgeklärten Naturrechts zur Toleranz und Religionsfreiheit in einem säkularen, sich seiner Zuständigkeitsgrenzen bewußten Staat hat so doch langfristig die beste Sicherung auch der Kirchen, der Religionsgemeinschaften und Gläubigen gebracht.

Am Ende des 20. Jahrhunderts scheint es keine akzeptable Alternative zu diesem Weg des Westens zum liberalen Verfassungsstaat mit Grundrechteschutz zu geben, wenn innerer Frieden, Freiheit und Humanität gewährleistet bleiben sollen. Ohne die erinnernde Rückbindung an die langen geschichtlichen Erfahrungen Europas in der Frühen Neuzeit ist ein solcher Weg nicht verständlich. Allein, wer garantiert diese Voraussetzungen auch für eine globale Zukunft?

Kehren wir zurück nach Sarajewo: Wenn die Kriegsführung der Serben gegen die slawischen Brudervölker der Kroaten und der muslimischen Bosniaken planmäßig die Zerstörung von katholischen Kirchen, von Moscheen und Krankenhäusern einbezog, so zeigte dies, daß der abendländische Weg zu Rationalität, Toleranz und Religionsfreiheit auf dem Balkan gescheitert war. Oder hatte dieser Weg niemals bis in jenen Teil Europas geführt? Wenn andererseits in Frankreich die laizistische Republik ihr säkulares nationales Erziehungssystem gefährdet sieht, weil muslimische Schulmädchen aus nordafrikanischen Zuwandererfamilien mit Kopftüchern zum Unterricht kommen, dann spricht daraus die Ratlosigkeit des christlich-säkularisierten Westens gegenüber dem Islam und einer neuen gesellschaftlichen Präsenz von nicht-angepaßten Religionen. Das vage Schlagwort vom ‚Fundamentalismus' spiegelt diese

Ängste. Schnelle Lösungen wird es für die komplexen neuen Probleme von Identität, Selbst- und Fremdwahrnehmung nicht geben. Staat, Gesellschaft und Individuen haben hierzu neu entstandenen Orientierungsbedarf. Um so notwendiger ist die differenzierende geschichtliche Erinnerung, die nach einem berühmten Wort von Jacob Burckhardt zwar nicht klug für ein andermal, aber doch vielleicht weise für immer machen kann.

Islam versus Westen – historische Realität und ideologischer Reflex

Von Gernot Rotter

Im Westen ist geradezu eine Islamophobie ausgebrochen – seit der Revolution Khomeinis im Iran 1979, dem Aufkeimen der islamistischen, bei uns meist als ‚fundamentalistisch' firmierenden Gruppen und Grüppchen auch in der arabischen Welt in den 1980er Jahren und mit der wachsenden Militanz islamistischer Strömungen vornehmlich in Ägypten, Algerien und Palästina/Israel seit Beginn der letzten Dekade dieses Jahrhunderts. In verantwortungsloser Weise werden dabei sämtliche islamistischen Strömungen über einen Kamm geschoren und dann – das ist das Gefährliche daran – mit dem Islam überhaupt gleichgesetzt. Selbst ein blutrünstiger Despot wie Saddam Hussein wurde in westlichen Medien zur Ausgeburt des Islam karikiert, obwohl er damit soviel gemein hat wie Hitler mit dem Christentum (womit sich die Vergleiche zwischen den beiden auch schon erschöpfen).

Die aktuelle Lage

Seit einigen Jahren vergeht kaum ein Tag, an dem uns die Medien nicht mit Horrormeldungen aus der islamistischen Welt versorgen. So schienen auch die Rundfunknachrichten an den Weihnachtstagen 1994 – als ich mich anschickte, diesen Beitrag zu schreiben – geradezu penetrant meine Intention zu konterkarieren, unsere Sichtweisen des Phänomens ‚islamischer Fundamentalismus' etwas zurechtzurücken. Seit Heiligabend lautete die stündliche Hauptnachricht, daß islamische Fundamentalisten in Algier eine französische Verkehrsmaschine in ihre Gewalt gebracht hatten und, um ihren Forderungen Nachdruck zu verleihen, in Abständen einzelne Geiseln kaltblütig erschossen. Das grausame Geschehen dauerte zwei Tage, exakt jene beiden Tage, die im christlichen Kulturkreis als das Fest des Friedens gelten. Also doch islamischer Terror versus christliche Friedensliebe?

Die Flugzeugentführung verdrängte zwei andere Nachrichten von den Spitzenplätzen: Rußland versuchte zeitgleich, mit brutaler Gewalt die Macht über die Republik Tschetschenien zurückzugewinnen – wobei in den westlichen Medien nur am Rande vermerkt wurde, daß die Tschetschenen Muslime sind. Und trotz eines weihnachtlichen Waffenstillstands wurde in Bosnien in der Region Bihac weiter gegen die Muslime gekämpft. Auf den ersten Blick schienen alle drei Ereignisse außer dem Einsatz von Gewalt nichts miteinander gemein zu haben. Tatsächlich haben die auslösenden Motive jeweils verschiedene politische, historische und gesellschaftliche Hintergründe. Und doch werden sie in der islamischen Welt bereits in einem Atemzug genannt: Tschetschenien und Bosnien als Beispiele für den Versuch des ‚christlichen' Westens, die Muslime zu unterdrücken oder gar auszurotten; und die Flugzeugentführung als ein verzweifelter Versuch von – je nach Standpunkt – irre- oder rechtgeleiteten Glaubenskämpfern, sich mit Terror gegen die militärische und wirtschaftliche Übermacht des Westens zur Wehr zu setzen.

Seit zwei Jahren hat die These des Amerikaners Samuel Huntington Hochkonjunktur, daß die künftigen großen Kriege globale Kulturkriege sein werden. Der prognostizierten Auseinandersetzung zwischen dem Westen und der islamischen Welt wird dabei besonderes Gewicht verliehen. Es wird unterstellt, daß die Bedrohung von der islamischen Welt ausgehe – und Zwischenfälle wie die Entführung der Air France-Maschine scheinen diese Einschätzung zu bestätigen. Huntington und die Gemeinde seiner Anhänger sind sich aber wohl nicht bewußt, daß sie sich mit dieser These exakt auf das Niveau der islamischen Fundamentalisten begeben, die schon seit längerem glauben, in einem Krieg der Kulturen zu stehen, allerdings mit umgekehrtem Vorzeichen: Nicht der Westen, so ihre Standardformel, sei vom Islam bedroht, sondern die islamische Welt müsse ihre Religion und ihre Kultur seit Jahrhunderten gegen den aggressiven Expansionsdrang des christlichen Abendlandes verteidigen; der Kampf zwischen den beiden Kulturen – vom Westen angezettelt – tobe somit schon lange. Huntingtons These ist weder neu noch originell und als *self-fulfilling prophecy* ebenso gefährlich wie die islamistisch-fundamentalistischen Kaffeehausreden.

Ex Oriente Lux – aus dem Westen die Finsternis

Seit Beginn der 1980er Jahre entsteht in islamistisch-fundamentalistischen Kreisen im arabischsprachigen Raum – nur für diesen fühle ich mich innerhalb der islamischen Welt kompetent – in Form von Büchern und Artikeln geradezu eine eigene literarische Gattung der Apologetik, die man mit ‚die Verwerflichkeit des Westens' überschreiben könnte. ‚Die Konfrontation zwischen Islam und dem Westen' (Mohammed Muru) oder ‚Die größte Verschwörung' (Mustafa Mahmud)[1] sind zwei – willkürlich aus dem Bücherschrank herausgegriffene – Texte aus dem Jahr 1993, deren Titel bereits plakativ genug sind.

„Naturgemäß muß es zu einem Zusammenstoß zwischen zwei Kulturen kommen, von denen die eine Freiheit, Einheit, Gerechtigkeit, Gleichheit, Rassentoleranz und sittliche Verantwortung repräsentiert, während die andere für Unglauben, Zwang, Gewalt, Despotismus, Unterdrückung, Rassismus und sittenwidriges Profitstreben steht." Diesen Satz hat nicht etwa ein Anhänger Huntingtons gegen den Islam geschrieben – obwohl es sehr wohl sein könnte; er stammt vielmehr aus dem erwähnten Buch von Mohammed Muru[2], einer der unqualifiziertesten und undifferenziertesten neueren islamistischen Polemiken gegen den Westen. Die Illustration, die den Titel ziert, eine auf ein Minarett stürzende amerikanische Atombombe, dokumentiert anschaulich, welche der beiden Kulturen nach

Muru für Freiheit, Gleichheit, Gerechtigkeit et cetera steht, nämlich die islamische.

Es wäre zu einfach, derlei *statements* als Ausdruck mangelnden Realitätsbewußtseins oder gestörter Wahrnehmungsfähigkeit abzutun. Auch das im Orient so beliebte Schlagwort von der ‚großen Verschwörung' des Westens (und des Zionismus) gegen die islamische Welt als Symptom einer kollektiven Paranoia zu belächeln, hieße, es den Islamisten gleichzutun, die pauschal die vom Westen propagierten Bemühungen um Frieden und Menschenrechte als schlimmste Heuchelei verspotten. Doch was versetzt die islamistischen Muslime so in Angst und Haß gegen den Westen? Ein schon von 1978 datierendes Buch der arabischen Feindbildliteratur stammt aus der Feder des umstrittenen ägyptischen Predigers Mohammed al-Ghazali. Es heißt *Zalamminal-gharb* („Finsternis aus dem Westen") – eine gelungene Umkehr von *Ex oriente lux*, einer Formulierung, mit der einst unsere Aufklärer und Romantiker den kulturellen Leistungen des Orients ihre Reverenz erwiesen. Doch worin äußert sich diese ‚Finsternis'?

Es ist zunächst einmal militärische, wirtschaftliche und kulturelle Aggressivität, die man dem Westen unterstellt. Die Liste der historischen Belege, die für diese Aggressivität ins Feld geführt werden, ist lang. Und bei der Beurteilung dieser Liste ist zu berücksichtigen, daß konservative wie islamistische Muslime ein im Vergleich zum Westen wesentlich ungebrocheneres Geschichtsbewußtsein haben. Das gilt besonders für den Mangel an bewußt akzeptierten historischen Brüchen, wie sie für das westliche Geschichtsbewußtsein etwa Reformation, Aufklärung, Industrielle Revolution, die beiden Weltkriege und jüngst der Zusammenbruch des ‚real-existierenden Sozialismus' darstellen, Brüche also, in deren Folge nicht nur bestimmte politische und gesellschaftliche Rahmenbedingungen, sondern auch bestimmte Normen und Werte verschwunden sind, verändert oder ersetzt wurden. Der einzige entscheidende historische Bruch, den der islamistische Muslim kennt, ist die Offenbarung des Koran, womit die *djahiliya*, ‚die Zeit der Unwissenheit', ihren Abschluß fand. Die verschiedenen historischen Auseinandersetzungen mit dem Westen werden somit nicht als Ergebnis einer jeweils spezifischen historischen Situation betrachtet, sondern als jahrhundertelang unveränderte Strategie des Westens mit dem einzigen Ziel, den Islam zu vernichten.

Der beliebteste Topos im islamistischen Feindbildrepertoire aus dem Bereich der Geschichte sind natürlich die Kreuzzüge, und als Fortsetzung der Kreuzzüge wird heute jede Aktion des Westens gedeutet, die die Souveränität eines islamischen Staates zu tangieren scheint, sei es nun der Einmarsch Napoleons in Ägypten 1798 oder der Aufmarsch der westlichen Alliierten unter Führung der USA in Saudi-Arabien gegen den Irak 1991. Aufschlußreich für den – trotz aller gegenteiligen Rhetorik – in den einschlägigen Publikationen unverkennbaren Selbstwertverlust ist der Umstand, daß zur Zeit der Kreuzzüge die muslimischen Araber auf die christlichen Eindringlinge mit Verachtung herabsahen, fühlten sie sich diesen kulturell doch weit überlegen. Heute hat sich diese Überlegenheit umgekehrt – so zumindest aus westlicher und, uneingestanden, auch aus islamistischer Sicht.

Das Attribut ‚kreuzzüglerisch' *(salibi)*, mit dem Islamisten den westlichen Aufmarsch am Golf beschrieben, ist keine leere Propagandafloskel, sondern hat programmatischen Charakter. Das zeigt zum Beispiel eine Äußerung in der ägyptischen Islamisten-Zeitung *ash-Sha'b* vom 5. Februar 1991: „Wir betrachten diese Krise als Glied einer Kette kreuzzüglerischer Kriege des Westens, die die neuen Kreuzzügler gegen die Muslime führen."[3] Anwar al-Djundi, einer der Altmeister der modernen islamistischen Apologeten, schrieb schon zehn Jahre vor dem Aufmarsch der Alliierten am Golf: „Die Kennzeichen dieser Verschwörung zeigen sich in allen Schritten [des Westens, G. R.], denn die Westler, die in den Kriegen der Kreuzzüge geschlagen wurden, haben 800 Jahre gewartet, bis einer kommt und sagt: ‚Hier sind wir wieder, Saladin!'"[4]

Ein weiteres historisches Ereignis, das auf islamistischer Seite heute gern zur Illustration der wahren Absichten des Westens herangezogen wird, ist die Vertreibung und Vernichtung der Muslime in Spanien durch die christliche Inquisition seit dem 15. Jahrhundert. Tatsächlich hatte während der fast achthundertjährigen muslimischen Herrschaft im Süden und Westen Spaniens zwischen Muslimen, Christen und Juden zumindest zeitweise eine blühende ‚multikulturelle' Gesellschaft bestanden, und die islamistischen Autoren wissen dies. Sie wissen auch und streichen besonders heraus, daß dann die Christen in Spanien mit den Muslimen auch die Juden verfolgten und vertrieben und daß die Juden unter den Muslimen in Nordafrika sowie später auch im muslimischen-osmanischen Reich Zuflucht fanden. Die Schrecken und Grausamkeiten der christlichen Inquisition in Spanien werden heute regelmäßig im Zusammenhang mit der von den Serben propagierten ‚ethnischen Säuberung' in Bosnien beschworen, in der die Islamisten eine konsequente Fortsetzung der Inquisitionspraxis sehen.

Tatsächlich kann darauf verwiesen werden, daß in Spanien und auch auf Sizilien die muslimischen Gemeinden völlig verschwunden sind, während dort unter muslimischer Herrschaft einst Christen und Juden ungehindert ihrem Glauben hatten nachgehen dürfen. Für den Balkan wird argumentiert, daß die griechisch-orthodoxen und römisch-katholischen Kirchen die jahrhundertelange osmanisch-türkische Herrschaft ohne Verfolgung und ohne existentielle Bedrohung überlebten, während gegenwärtig die griechisch-orthodoxen Serben und die katholischen Kroaten die letzten alten geschlossenen muslimischen Siedlungen in Europa vernichten, aus der Sicht der Islamisten also das Werk der Inquisition vollenden wollen.

Anderslautende Erklärungen der Europäer werden als verlogene Lippenbekenntnisse gebrandmarkt: „Mord, Terror, Folter und Vernichtung werden den Muslimen Bosniens von den Serben angetan, während Europa schweigt oder sich auf moralische Verurteilungen, verbale Erklärungen und das Nachdenken über dies und das beschränkt, ohne auch nur irgend etwas zu tun. All dies offenbart die Gesinnung, die die europäischen Regierungen gegenüber allem hegen, was islamisch ist."[5] Ein Buchtitel zum Konflikt auf dem Balkan lautet: ‚Das Blutbad in Bosnien und Herzegowina: Ein neues Andalusien in Europa'.[6]

- Ursula Mihciyazgan[illegible],
  Migration – Integration und Biographie.
  Münster 95

Holger Matissek, Die neuen alten Deutschen, Konstanz 95

- Hans Bergel, Bekenntnisse und Erkenntnisse[illegible],
  München 95

- Andreas Baaden, Konzepte u. Modelle z. Integr.
  von Aussiedlern, Berlin 97

- Barbara Dietz, Jugendl. Aussiedler, Berlin 97

- Menschen in Rot. Geschichte eines Stuttgarter Stadtteils in Lebensbildern Margarete Baumann, Martin Frey, Tü[bingen] Silberburg Verlag 95

- Sibylle Wölfing, Wer sind wir hier eigentlich?, Münster 96

- Peter Köckeritzsch

Noch weiter geht ein Kommentator in der ägyptischen Tageszeitung *al-Gumhuriya* (21. 11. 1992), der in einer mehrteiligen Abhandlung zu Bosnien unter dem Titel ‚Die Kreuzzüge haben begonnen' unter anderem zu der Einschätzung kommt: „Diese Ausrottung ist systematisch geplant in der Absicht, die Wurzeln des Islam mitsamt den Muslimen auf dem gesamten europäischen Kontinent auszumerzen."[7]

Doch nicht erst Bosnien gilt islamistischen Apologeten als neuerlicher Beweis für die westliche Verschwörung. Die ganze Geschichte des 19. und 20. Jahrhunderts ist in ihren Augen nichts anderes als eine Aneinanderreihung westlicher Versuche, die islamische Welt zu spalten, auszubeuten, zu erniedrigen. Als Beispiel besonderer Perfidie und Doppelzüngigkeit wird dabei immer wieder auf die Vorgänge hingewiesen, die nach dem Ersten Weltkrieg zur britischen und französischen Mandatsherrschaft im Nahen Osten führten: Die Briten hatten Husain, dem Scherifen von Mekka und Urgroßvater des gleichnamigen jordanischen Königs, das vage Versprechen gegeben, sie würden den Arabern, wenn sie mit den Briten gegen die Osmanen kämpften, nach dem Sieg zu einem unabhängigen arabischen Staat verhelfen. In Wirklichkeit schlossen Briten und Franzosen jedoch einen Geheimvertrag, das sogenannte Sykes-Picot-Abkommen, mit dem sie für die Zeit nach dem Krieg den arabischen Vorderen Orient unter sich aufteilten. Auch die Balfour-Erklärung, die die Briten 1917 abgaben und mit der letztlich die Gründung des Staates Israel eingeleitet wurde, kam zustande ohne Rücksprache mit den Betroffenen, nämlich den in Palästina lebenden Arabern – Muslimen wie Christen.

Al-Islam huwa l-hall: ‚Der Islam ist die Lösung'

Bei den Beispielen aus dem Feindbildrepertoire der Islamisten habe ich mich allein auf die historische Dimension beschränkt. Sie mögen Anstoß zu kritischer Selbstbetrachtung im Westen geben, wo man einerseits vom Rest der Welt die Achtung der

Menschenrechte, demokratischer Spielregeln, religiöser Toleranz et cetera einfordert, andererseits aber schon die eigene Toleranz überfordert glaubt, wenn es – wie in Frankreich – darum geht, muslimischen Schulmädchen das Tragen des Kopftuchs zu erlauben. Die Geschichte stellt der Glaubwürdigkeit Europas ein sehr schlechtes Zeugnis aus, und in Bosnien haben Europa und die USA, in Tschetschenien nun auch das ‚christliche' Rußland, aus muslimischer – nicht nur islamistischer – Sicht den letzten Rest an Glaubwürdigkeit verspielt.

Es sind aber nicht nur die unmittelbar aggressiven Akte, die von den Islamisten dem Westen zum Vorwurf gemacht werden, es ist auch die kulturelle und ideologische Bevormundung durch den Westen, derer man überdrüssig ist. Mit aus dem Westen importierten Ideologien haben die arabischen Länder in der Tat nicht die besten Erfahrungen gemacht. Der Nationalismus, der älteste dieser Importe, hat als Arabismus bei den Arabern und als Turanismus bei den Türken Hoffnungen auf große nationale Reiche geweckt, die aber Träume blieben. Anwar Al-Djundi geht sogar so weit, darin wieder nur das Ergebnis einer europäischen Intrige zu sehen, um Araber und Türken gegeneinander auf- und vom Islam abzubringen.[8]

Daß die europäischen Ideologien des Imperialismus und Kolonialismus nicht auf Gegenliebe stießen, braucht nicht betont zu werden. Anders der Sozialismus, der zumindest in einigen Staaten der islamischen Welt zeitweilig Staatsdoktrin wurde, aber – wie auch im ehemaligen Ostblock – an den wirtschaftlichen Aufgaben scheiterte. Bleiben der Kapitalismus beziehungsweise das westeuropäisch-amerikanische Gesellschaftsmodell. Dieses Modell besitzt für die meisten Muslime immer noch ein hohes Maß an Attraktivität, doch werden zunehmend auch Schattenseiten erkannt und – gestützt auf westliche Quellen – benannt: Zerstörung der Familie, Vereinzelung des Individuums, Promiskuität, Prostitution, epidemische Verbreitung von Geschlechtskrankheiten, Pornographie, hohe Gewaltkriminalität, steigende Abtreibungsraten, Rauschgiftkonsum, Alkoholismus, psychische Erkrankungen, Ausbrüche von Fremdenhaß und Rassismus (nicht zuletzt gegen Muslime),

Atheismus, Materialismus und so weiter. Da die Konsumwelt des Westens für die meisten Muslime in Nordafrika und im Vorderen Orient ohnehin unerreichbar ist und der Westen beziehungsweise die vom Westen unterstützten Regierungen für die eigene soziale und wirtschaftliche Misere verantwortlich gemacht werden, ist der westliche Kapitalismus schnell als Ausgeburt des Bösen schlechthin entdeckt.

Damit ist die Reihe der westlichen Ideologien, mit denen die islamische Welt in den vergangenen zwei Jahrhunderten in Berührung kam und mit denen sie letztendlich schlechte Erfahrungen machte, erschöpft. Gerade die Jugendlichen aus jenen kleinbürgerlichen Schichten, aus denen noch vor wenigen Jahren die meisten Mitglieder der linken und demokratischen Bewegungen in der arabischen Welt stammten, schreiben heute an die Hauswände: *al-islam huwa l-hall* – ‚Der Islam ist die Lösung'. Adressat ist jeweils die eigene Regierung: Man verurteilt sie, weil sie gottlosen westlichen Vorstellungen verhaftet sei. Man betrachtet ihr Verhalten als Rückfall in die Zeit der *Djahiliya,* ‚die Zeit der Unwissenheit' vor der Offenbarung des Koran. Deshalb sei es geboten, diese Regierungen und den sie stützenden Westen zu bekämpfen, wie Mohammed einst das heidnische und moralisch verkommene Mekka bekämpft habe – und dies eben auch unter Einsatz von Gewalt.

Der islamische Staat und seine Schutzbefohlenen

Islamistische Apologeten berufen sich, wie schon angedeutet, in ihrer Auseinandersetzung mit dem Westen gern auf die Toleranz, mit der der Islam in seiner ruhmreichen Vergangenheit den christlichen und jüdischen Minderheiten in seinem Herrschaftsbereich begegnet sei. Alle Islamisten streben einen islamischen – in seiner Gestalt zwischen den einzelnen islamistischen Strömungen heftig umstrittenen – Staat an. Deshalb ist es aufschlußreich, Theorie und Praxis der Haltung des Islam gegenüber anderen Religionen etwas näher zu betrachten. Auf islamistischer Seite werden die Nichtmuslime eingeteilt in Angehörige anderer Offenbarungsreligionen, die nur einen Gott kennen, und die übrigen, die mehr als einen Gott verehren, die Polytheisten. Letzteren wird vom islamischen Recht theoretisch nur die Wahl gelassen zwischen Übertritt zum Islam und Versklavung oder Tod. Der historische Hintergrund dieser Bestimmung ist die religiöse Situation in Mekka zur Zeit Mohammeds im ausgehenden 6. und beginnenden 7. Jahrhundert: Es waren die einheimischen Polytheisten, die ihn und seine Anhänger bekämpften und ihn schließlich zur Emigration nach Medina zwangen. Einen völlig anderen Status haben die ‚Leute des Buches' *(ahl al-kitab),* das heißt jene, die die göttliche Offenbarung in Form einer Heiligen Schrift erhalten haben. Ursprünglich wurden darunter nur Juden und Christen verstanden, doch bald wurde dieser Status auch anderen Gruppierungen wie zum Beispiel den Zoroastriern zugebilligt, womit man sie in den islamischen Staat integrierte.

Im Zuge der Ausbreitung des islamischen Herrschaftsraumes im 7. und 8. Jahrhundert entwickelten sich rechtliche Grundsätze, die das Verhältnis von Christen und Juden innerhalb muslimischer Gesellschaften regelten. Zum historischen Hintergrund dieser Regelungen gehört, daß die Muslime in ihrem Herrschaftsraum noch für viele Generationen gegenüber den Christen in der Minderheit waren und daß verschiedene orientalische Kirchen, die zuvor etwa von Byzanz heftig bekämpft worden waren, die muslimischen Eroberer sogar begrüßt hatten. Es kam zu einer Art Vertragssystem, mit dem die nichtmuslimischen Untertanen zu ‚Schutzbefohlenen' *(ahl adh-dhimma)* wurden. Dieser Status bedeutete, daß der muslimische Staat den Nichtmuslimen seinen Schutz für Leib und Leben, Besitz und freie Ausübung des jeweiligen Kultus garantierte, während jene sich verpflichteten, eine spezielle Steuer *(djizya)* zu entrichten, keine Konvertiten aus den Reihen der Muslime zu werben und den Islam nicht herabzusetzen. Hin und wieder konnten fanatische muslimische Eiferer erreichen, daß sich Christen und Juden durch besondere Kleidung kenntlich machen mußten, bestimmte Reittiere nicht benutzen durften und einige weitere Einschränkungen beachten sollten.

Doch blieben solche Repressalien regional begrenzte und kurzlebige Erscheinungen.

Unbestreitbar ist, daß dieses Dhimma-Vertragsverhältnis die Juden und Christen nach unserem heutigen Verständnis zu Bürgern zweiter Klasse machte, auch wenn sie – gar nicht selten – durchaus zu Macht und Einfluß gelangen konnten. Doch ebenso unbestreitbar ist, daß diese Regelung das Überleben und die Identität großer jüdischer und christlicher Minderheiten innerhalb islamischer Herrschaftsgebiete über Jahrhunderte hinweg ermöglicht hat und für das Mittelalter eine beachtliche Leistung des islamischen Rechts darstellt. Pogromähnliche Verfolgungen blieben Juden und Christen tatsächlich erspart, wobei einige wenige Ausnahmen nur die Regel bestätigen.

Doch seien die Ausnahmen durchaus nicht verschwiegen, da ihr Hintergrund symptomatisch ist: Während der verheerenden Mongolenstürme im 13. und 14. Jahrhundert wurden einige christliche Gemeinden im syrischen Raum der Kollaboration mit den Mongolen – die damals teilweise dem nestorianischen Christentum anhingen – beschuldigt und von den Mameluken entsprechend verfolgt. Man muß sich die ungeheuren Zerstörungen und blutrünstigen Massenmorde, mit denen die Mongolen damals ganze Landstriche entvölkerten, vor Augen halten, wenn man derartige Reaktionen der Muslime bewerten will. Ebenfalls im syrischen Raum kam es 1860 (vor allem in Damaskus) zu einem Massaker an Christen, denen man die wachsende Protektion und Förderung durch bestimmte europäische (!) Staaten vorwarf.

In beiden Fällen konnte aus islamischer Sicht argumentiert werden, daß die Christen als Bürger eines islamischen Staatswesens den Dhimma-Vertrag verletzt hätten. Geradezu überraschend ist vor diesem Hintergrund der Umstand, daß trotz der Gründung des Staates Israel und der massiven israelischen Bemühungen, die Juden aus den arabischen Staaten zur Einwanderung nach Israel zu bewegen, letztlich zwar viele arabische Juden der Einladung folgten, in den arabischen Ländern selbst aber die verbliebenen Juden kaum Anfeindungen ausgesetzt wurden – und dies fast zur gleichen Zeit, als in Deutschland an den Juden der größte systematische Massenmord der Geschichte verübt wurde.

Der islamische Staat und seine Feinde

Der bereits zitierte radikal-islamistische Autor Mohammed Muru schrieb 1993: „Weiterhin ist es nur natürlich, daß es zu einem Zusammenstoß [zwischen dem Islam und dem Westen] kommt, weil den Muslimen von Gott befohlen ist, den Heiligen Kampf *(djihad)* zu führen, um die Menschen von Zwang, Gewalt, Raub, Willkür, Despotismus und Rassismus zu befreien, das heißt die Menschen von den Praktiken und Wertvorstellungen zu befreien, die die westliche Kultur verkörpert."[9] Derartige Vorstellungen sind im radikal-islamistischen Lager durchaus Allgemeingut. Der Begriff des Djihad wird hier tatsächlich so verwendet, wie er auch im westlichen Feindbild gegenüber dem Islam gerne verstanden wird. Doch Muru ist kein islamischer Theologe, sondern – nicht untypisch für die militante islamistische Szene – ein theologischer Laie. Er hat eine Kaufmannslehre absolviert und schmückt sich auf seinen Publikationen gerne mit dem Doktortitel. Bei einem ausgewiesenen islamischen – aber eben nicht islamistischen – Reformtheologen wie etwa Mahmud Shaltut, nach dem Zweiten Weltkrieg langjährig Rektor der Azhar-Universität in Kairo, der ältesten und heute noch bedeutendsten theologischen Hochschule der islamischen Welt, liest man dagegen über das Verhältnis des Islam und der Muslime zur übrigen Welt: „Der Islam sieht die Menschen als Einheit, woraus folgt, daß die Menschen in bezug auf ihre Rechte und Pflichten gleich sind [...]. ‚Ihr, die ihr glaubt, steht Gott gegenüber als Zeugen für die Gerechtigkeit ein. Und der Haß, den ihr gegen Leute hegt, soll euch nicht dazu bringen, ungerecht zu sein. Seid gerecht, denn dies entspricht eher der Gottesfurcht! (Koran 5/8)'. Auf diesen Grundlagen hat der Islam seine reformistische Politik begründet, sowohl hinsichtlich der Beziehungen der Muslime untereinander als auch zwischen den Muslimen und anderen Glaubensgemeinschaften. Deshalb ist Frieden der Urzustand, der den Weg bereitet zur Zusammenarbeit, zur gegenseitigen Anerkennung und zur Verbreitung des Allgemeinwohls unter den Menschen insgesamt. Auf dieser Grundlage verlangt der Islam von den Nichtmuslimen nur, daß sie der Botschaft und den Anhängern des Islam nichts Böses antun und weder Zwietracht säen noch ihm Schwierigkeiten bereiten. Der Islam lehnt strikt jeden Zwang als Mittel ab, um für ihn zu werben und seine Lehren zu verbreiten. ‚Willst du etwa die Menschen dazu zwingen, daß sie glauben?! (Koran 10/99)'. Und wenn die Nichtmuslime den Zustand des Friedens einhalten, sind sie und die Muslime aus islamischer Sicht Brüder in der Menschlichkeit."[10]

Beide Zitate berufen sich auf den Koran, doch könnten sie unterschiedlicher nicht sein: Hier der besonnene, islamischer Toleranz verpflichtete reformistische Theologe, dort der militante Fundamentalist, der – nicht unähnlich den um sich schießenden christlich-fundamentalistischen Abtreibungsgegnern in den USA – ein religiöses Halbwissen nutzt, um Gewalt zu predigen, aus welchen Motiven auch immer. Der Koran ist, wie andere Heilige Bücher auch, ein normativer Text und damit ein religiös-literarischer Steinbruch, aus dem man sich jeweils – ohne Rücksicht auf den Zusammenhang – jene Passagen herausbrechen kann, die man zur Unterstützung der eigenen Position braucht.

Der Westen und sein wiederentdeckter Feind

Das Feindbild Westen entwickelte sich in der islamischen Welt erst seit dem 19. Jahrhundert, der ‚Blütezeit' des Kolonialismus, und wurde im Grunde erst nach dem Scheitern von Nationalismus und Sozialismus in den letzten Jahrzehnten im erstarkenden islamistischen Milieu zu einem Bild unversöhnlichen Hasses. Das Feindbild Islam in der westlichen Welt hingegen ist jahrhundertealt, wurde freilich immer wieder mangels wirklicher oder eingebildeter Bedrohung verschüttet.

Daß es heute wieder so massiv die westliche Diskussion bestimmt, hat mehrere Ursachen. Zum einen ist es die wachsende Zahl von ausländischen Mitbürgern islamischen Glaubens, vor allem von Türken in Deutschland, Nordafrikanern in Frankreich und Einwanderern aus dem indisch-pakistanischen Raum in Großbritannien, die eine dumpfe Fremdenfeindlichkeit weckte. Wobei das Anderssein der Fremden in erster Linie an ihrem anderen Glauben festgemacht wurde.

Während dieser Aspekt des Feindbildes vor allem auf kleinbürgerlichem Stammtischniveau, politisch vorwiegend in bestimmten rechten Gruppierungen gepflegt wurde, hatten der Zusammenbruch des Ostblocks und damit die Zerstörung des Feindbildes Kommunismus tiefgreifende Folgen auch in manchen bürgerlichen und selbst in linken politischen Kreisen: Der alte Feind war abhanden gekommen, und man brauchte, um die Errichtung der Mauern um die ‚Festung Europa' zu begründen, einen neuen. Hier bot sich der Islam an: Einerseits mußte ein altes Feindbild nur wiederbelebt werden; andererseits war die Stimmung der ‚Straße' ohnehin schon antiislamisch aufgeheizt, und schließlich luden die militanten Islamisten mit ihrem terroristischen Treiben selbst ein zur Gleichsetzung von islamistischem Fundamentalismus und islamischer Kultur.

Untersucht man die Inhalte westlicher Feindbilder gegenüber der islamischen Welt, so stößt man auf überraschende Parallelen zu dem Feindbild, das sich islamistische Apologeten gegen den Westen zurechtlegen: Der erste Topos ist die Aggressivität, die man dem Islam generell unterstellt. Nicht nur die heutigen gewalttätigen islamistischen Gruppen in Algerien, Ägypten und anderen islamischen Staaten sowie der Begriff des Djihad dienen dafür als Beleg; man gräbt auch tief in der Geschichte der orientalisch-europäischen Beziehungen und Auseinandersetzungen, um die Bedrohung des Abendlandes durch den Islam zu beweisen.

Westliche Feindbildmaler haben es dabei indes erheblich schwerer als ihre islamistischen Gegenspieler; denn die Geschichte kennt im Grunde nur zwei Ereignisse, die sich hier als

Belege eignen – weshalb sie auch gebetsmühlenartig in Schul- und einschlägigen ‚Sachbüchern' wiederholt werden: Das gilt einerseits für die Schlacht von Tours und Poitiers im Jahre 732, in der Karl Martell angeblich das Abendland vor dem Islam gerettet hat. Es gilt andererseits für die beiden Belagerungen von Wien 1529 und 1683; Prinz Eugen, ‚der edle Ritter', gilt entsprechend als der zweite Retter Europas. All diese Ereignisse firmieren im Westen unter dem offenbar unausrottbaren Motto, daß es das einzige Bestreben des Islam sei, sich ‚mit Feuer und Schwert' auszubreiten. Daß Staaten, deren Herrscher zufällig Muslime waren, sich ebenso militärisch auszudehnen suchten wie Staaten, deren Regenten sich zum Christentum bekannten, ist im Grunde eine Binsenweisheit. Sie konnte sich aber im Bewußtsein des Abendlandes offensichtlich nicht durchsetzen. Titel von Sachbüchern aus den vergangenen Jahren wie ‚Das grüne Schwert', ‚Das Schwert des Islam', ‚Allahs Schwert', ‚Allahs Krieger' und andere sind anschauliche Belege dafür. Den Autoren beziehungsweise den Verlagen, die ihnen solche Titel empfehlen, ist gewiß nicht bewußt, daß sie sich inhaltlich nicht weit vom Mönch Beda entfernt haben, der vor rund 1300 Jahren angesichts der Araber in Spanien von der „Sarazenenseuche" *(lues Saracenorum)* sprach.[11]

Unmittelbar hinter der angeblichen Gewaltbereitschaft der Muslime rangieren im westlichen Feindbildrepertoire die Unterdrückung der Frau und Demokratiefeindlichkeit, Themen, die in den weiteren Rahmen der Menschenrechtsdiskussion gehören. Was das Verhältnis der Geschlechter anbelangt, hat sich die westliche Sicht des Islam kulturgeschichtlich bemerkenswert verschoben, ja umgekehrt: Ausgehend von den muslimischen Paradiesvorstellungen mit den ewig jungfräulichen Huris, von der Vielzahl der Frauen Mohammeds und der den Muslimen erlaubten Polygamie, wurde der Islam jahrhundertelang als lüsterne Ausgeburt des Teufels dargestellt. Angesichts der heute im westlichen Kulturkreis offen praktizierten und geduldeten Promiskuität taugt der Harem offenbar nicht mehr so recht als Inbegriff moralischer Verderbnis, weshalb nun der Schleier zum Symbol der Unterdrückung und der mangelnden sexuellen Selbstbestimmung der Frau im Vordergrund steht. Daß im Westen mit der postulierten Gleichberechtigung der Frau in Ehe und Beruf auch die Zerstörung der patriarchalisch strukturierten Familie einhergeht, wird von den Islamisten ebenso als Gegenargument vorgebracht wie von der katholischen Kirche.

Dem pauschalen Vorwurf der Unvereinbarkeit des Islam mit parlamentarischer Demokratie und Menschenrechten wird auf islamistischer Seite mit dem Argument entgegengetreten, daß es nichts mit Demokratie zu tun habe, wenn der Westen dem Rest der Welt den *american way of life* als allein zulässige gesellschaftliche Norm verordne, ein Argument, das ja auch zunehmend aus ostasiatischen Staaten zu hören ist. Abgesehen davon, daß es, ausgehend von einem Gefühl der Ohnmacht gegenüber den Parteien, auch in westlichen parlamentarischen Demokratien eine wachsende Politikverdrossenheit gibt und daß andererseits unter islamistischen Strömungen erhebliche Unterschiede im Demokratieverständnis zu beobachten sind, die von eindeutiger Zustimmung bis zu strikter Ablehnung reichen, muß sich der Westen auch hier den Vorwurf der Einäugigkeit und Heuchelei gefallen lassen.

So besitzt etwa Saudi-Arabien, das den Koran zur Verfassung erhoben hat, weniger demokratische Strukturen als der ebenfalls islamistische Iran, und Menschenrechtsverletzungen sind dort ebenso an der Tagesordnung, doch ändert dies nichts an der Tatsache, daß der Westen Saudi-Arabien aus wirtschaftlichen Gründen weiter hofiert. Andererseits klatschte der Westen den Militärs in Algerien Beifall, als sie demokratische Wahlen annullierten, weil sich ein Sieg der Islamischen Heilsfront (FIS) abzeichnete. Das Ergebnis ist eine weitere Radikalisierung des islamistischen Spektrums und ein Bürgerkrieg, der von beiden Seiten mit derselben Brutalität geführt wird. Und was die Einhaltung der Menschenrechte in der nichtislamischen Welt anbelangt, so boten die Bilder der Leichen in den Straßen von Grosny und die lauen Erklärungen westlicher Politiker zu dem Gemetzel in der tschetschenischen Hauptstadt wenig Anlaß zu Selbstgerechtigkeit.

Für Westeuropa sind die arabischen und mehrheitlich muslimischen Nachbarstaaten jenseits des Mittelmeers inzwischen ehemalige Kolonien beziehungsweise Mandate, obgleich Frankreich lange an der Vorstellung festhielt, daß Algerien ein Teil Frankreichs sei. Rußland hingegen betrachtet viele seiner ehemaligen kaukasischen und zentralasiatischen ‚Kolonien', die es im 19. Jahrhundert gegen heftigen Widerstand erobert hat, noch immer als Teil seines Staatsgebietes. Die meisten dieser russischen ‚Kolonien' sind muslimisch geprägt und haben ethnisch mit den Russen ohnehin nichts gemein. Was die islamische Welt und ihre Organisationen betrifft, so verstärken sie auf internationaler Ebene den politischen Druck und fordern Wirtschaftshilfe, aber auch Waffenlieferungen für die bedrohten muslimischen Regionen. Je heftiger sich Rußland dagegen wehrt, desto mehr werden die dortigen Muslime, auch wenn sie es gar nicht wollen, zugänglich für die islamistische Agitation, gleichgültig ob iranischer oder saudischer Prägung. Und je länger die bosnischen Muslime gegenüber den Serben alleingelassen bleiben, desto mehr werden sie den Islamisten geradezu in die Arme getrieben.

Kehren wir am Ende an den Anfang zurück: Islamischer Terror versus christliche Friedensliebe? Die Frage ist schon deshalb absurd, weil der Islam ebensowenig mit Terror gleichzusetzen ist wie der ‚christliche' Westen mit Friedensliebe. Die militanten islamistischen Gruppen und Grüppchen sind in ihrer Vielfalt so typisch – oder untypisch – für die islamische Welt wie es Opus Dei, die Rote Armee Fraktion oder die serbischen Tschetniks für westliche beziehungsweise nichtislamische Kulturen sind. Diagnosen und Prognosen eines Krieges zwischen den Kulturen leben – auf beiden Seiten – von einer bewußt vereinfachenden Sicht, die die eigene Kultur zum Maßstab aller Dinge erhebt und die andere pauschal verteufelt. Im Westen ist es die selbstgefällige Perspektive des Stärkeren, bei den Islamisten ist es die unnachgiebige Haltung derer, die sich im Besitz von Recht und Wahrheit glauben, weil ihnen alles andere schon genommen wurde.

Nordafrika in der Republik – die französische Erfahrung

Von Thankmar Freiherr von Münchhausen

Einwanderungsland Frankreich: Seit wann trifft diese Feststellung zu? Wer will, kann die Geschichte Frankreichs im ersten nachchristlichen Jahrtausend als eine Folge von Wanderungsbewegungen sehen. Über Gallien schlugen die Römer erobernd die Landbrücke nach Spanien und schufen einen lateinisch geprägten Kulturraum bis zum Rhein. Zur Zeit der Völkerwanderung strömten germanische Völkerschaften, gleichfalls als Eroberer, in das römische Gallien ein. Unter Merowingern und Karolingern entstanden die fränkischen Königreiche. Der Eroberungsversuch der Araber aus Spanien wurde abgewehrt. Doch in der heutigen Normandie ließen sich ungebeten die skandinavischen Wikinger, die Normannen, nieder. Ihr Herzogtum reichte bis nahe vor Paris. Mit der Verdrängung der normannischen Macht konsolidierte sich das Königreich Frankreich. Das Werk der französischen Könige bestand im Zusammenfassen und Zusammenhalten verschiedener Herrschaftsgebiete und Provinzen. Anders als das Heilige Römische Reich Deutscher Nation entwickelte sich Frankreich als Zentralstaat.

In der Neuzeit vollzog sich bis in die Mitte des 19. Jahrhunderts Einwanderung einzeln oder in kleinen Gruppen: Bankiers und Seidenweber aus Italien, Juden aus Spanien und Portugal, Katholiken aus Irland, englische Weinhändler und Mechaniker, niederländische Deichbauer, Schweizer Söldner, deutsche Handwerker und Tagelöhner, Glücksritter aus aller Herren Länder. Sich zu erinnern, daß die Straßenkehrer in Balzacs Paris aus dem armen Hessen kamen, mag zu unserer Bescheidenheit beitragen. Die Zahl der Fortziehenden überstieg die der Neuankömmlinge. Bei der Vertreibung der Hugenotten bezahlte die Krone die religiös-politische Einheit mit einer wirtschaftlich-sozialen Schwächung. Vor der Französischen Revolution waren nur einige zehntausend Menschen an der Einwanderung beteiligt. Die Behauptung, Frankreich sei ‚schon immer' ein Einwanderungsland gewesen (Beispiel: die Vereinigten Staaten), ist ebenso unrichtig wie die entgegengesetzte Behauptung, Frankreich sei ein Auswanderungsland gewesen (Beispiel: Großbritannien).

1851 gab die Statistik die Zahl der Ausländer in Frankreich mit 381.000, 1901 mit 1,03 Millionen an. Die dazwischenliegenden fünfzig Jahre kennzeichnen den Beginn der neuzeitlichen Einwanderungsbewegung. Die Einwanderer kamen aus europäischen Ländern. Diese Tatsache muß, im Hinblick auf die Gegenwart, betont werden. Belgier und Luxemburger (345.000), Italiener (330.000) und Deutsche (90.000) stellten im Jahr 1901 drei Viertel der Ausländer. Dabei waren nach 1870 und erneut in den 1880er Jahren viele Deutsche abgewandert. Unter den 1866 gezählten 655.000 Ausländern noch schloß die statistische Gruppe ‚andere Nationalitäten' 204.000 Deutsche, Österreicher und Ungarn ein.

Im 20. Jahrhundert erlebte Frankreich zwei große Einwanderungswellen. Die erste Welle begann nach dem Ersten Weltkrieg und endete mit der Weltwirtschaftskrise Anfang der 1930er Jahre. Innerhalb eines Jahrzehnts verdoppelte sich die Zahl der Ausländer: von 1,5 Millionen 1921 auf 2,7 Millionen 1931. Im ‚Großen Krieg' waren eineinhalb Millionen Franzosen gefallen, bei einer Bevölkerung von nicht ganz 38 Millionen ein furchtbarer Aderlaß. Frankreich brauchte Arbeitskräfte und Soldaten. Die Italiener stellten 1931 mit 808.000 mehr als ein Viertel, gefolgt von den Polen (508.000), den Spaniern (352.000) und den Belgiern (254.000). Die Polen waren eine neue Einwanderungsgruppe. Ganze Dörfer wurden unter Führung der Geistlichen ins nordfranzösische Kohlerevier verpflanzt, wo ihre Nachkommen noch heute leben. Andere waren vordem, aus dem preußischen Osten kommend, als ‚Ruhrpolen' tätig gewesen und nach dem Ersten Weltkrieg nach Frankreich abgewandert. Neu waren auch die 105.000 Einwanderer aus den französischen Kolonien in Afrika, die meisten von ihnen Algerier. Die Wirtschaftskrise setzte einen Rückfluß in Gang. 1936 wurden eine halbe Million weniger Ausländer gezählt als fünf Jahre vorher. Trotzdem fanden politische Flüchtlinge Aufnahme: nach russischen Emigranten und den Überlebenden der Armenien-Massaker Verfolgte aus Deutschland und Österreich und spanische Republikaner. Die Lager der Spanier am Fuß der Pyrenäen wurden beim Kriegsbeginn 1939 die ersten Internierungslager für ‚unerwünschte Ausländer'.

Nach dem Zweiten Weltkrieg, und verstärkt seit dem Ende der 1950er Jahre, setzte die zweite Wanderungsbewegung ein, die bis zum Ölschock im Herbst 1974 anhielt. Diesmal waren nicht Kriegsverluste der Grund für die Öffnung der Grenzen, sondern das rapide industrielle Wachstum bis in die Mitte der siebziger Jahre. Wiederum verdoppelte sich die Zahl der Ausländer: von 1,7 Millionen 1946 auf 3,4 Millionen 1974. Nun wurde Frankreich tatsächlich ein Einwanderungsland: eines der wichtigsten nach den Vereinigten Staaten. Die Veränderung war nicht nur quantitativ, sondern auch qualitativ. 1946 waren 88,7 Prozent der Ausländer Europäer (ohne Sowjetunion), 1975 nur noch 60,7 Prozent. Die Portugiesen bildeten mit 758.000 die größte Einwanderergruppe. Aber die Algerier waren fast ebenso stark: 710.000. Zusammen mit Marokkanern und Tunesiern bildeten sie einen Block von 1,1 Millionen Nordafrikanern, der sich bis heute nahezu verdreifacht hat. Neben den Maghrebinern fielen damals die 81.000 Schwarzafrikaner, deren Zahl inzwischen ein Mehrfaches beträgt, kaum ins Gewicht.[1]

Frankreich bekam die Spätfolgen der kolonialen Vergangenheit zu spüren, ähnlich wie andere ehemalige Kolonialmächte, wiewohl auch hier das Interesse an billigen Arbeitskräften aus den ehemaligen Kolonien am Beginn der postkolonialen Zuwanderungen stand. Großbritannien nahm in den letzten Jahrzehnten Zuwanderer aus Pakistan, Westindien und Hongkong auf, die soziale Spannungen eigener Art ins Land brachten, die

Niederlande Indonesier und Surinamer. Dabei schlagen sich die Neuzugänge aus den ältesten französischen Kolonien in der Ausländerstatistik nicht nieder. Die Übersee-Departements Guadeloupe, Martinique, Guyana und Réunion sind Bestandteil der Republik, ihre Einwohner französische Staatsbürger. Als Polizeibeamte, Krankenschwestern, Museumswärter, Behördenangestellte und inzwischen auch als Ärzte und Lehrer stehen viele dieser farbigen Franzosen im öffentlichen Dienst. Im Alltag außerhalb der Arbeit aber haben manche von ihnen mit ähnlichen Reaktionen zu rechnen wie Ausländer.

1956 erhielten Marokko und Tunesien die Unabhängigkeit, 1962 Algerien. Durch Abkommen mit Frankreich verbunden, stand der Einwanderung aus diesen Ländern wenig entgegen. Zum Teil war dies, wie im Falle Algeriens, auch Bestandteil der Abkommen über den Weg in die Unabhängigkeit. Die anspruchslosen Arbeitskräfte waren in der expandierenden französischen Wirtschaft der 1960er Jahre willkommen. Außerdem hatten mehrere zehntausend algerische ‚Harkis' – die ehemaligen ‚Hilfswilligen' der Kolonialmacht, die nun an Leib und Leben bedroht waren – höchst widerwillig Asyl erhalten. Für den Fall einer Machtübernahme der Islamischen Heilsfront (FIS) in Algerien befürchtet Frankreich nun eine Massenflucht von weit größerem Ausmaß. Auch wenn die Kolonialzeit immer weiter in die Vergangenheit rückt, sorgt das demographische Ungleichgewicht für anhaltenden Wanderungsdruck, obgleich die Nachfrage am Arbeitsmarkt längst nachgelassen hat. Als Algerien unabhängig wurde, lebten in Nordafrika (Algerien, Marokko, Tunesien) ungefähr halb so viele Menschen wie in Frankreich (52 Millionen); dreißig Jahre später ist die Bevölkerung diesseits und jenseits des Mittelmeers gleich groß; noch eine Generation weiter, im Jahr 2025, wird die Bevölkerung Nordafrikas doppelt so groß sein wie die Frankreichs: 110 Millionen. Es ist nützlich, sich die Drohung des algerischen Staatschefs Boumedienne in Erinnerung zu rufen: „Diese Invasion (aus Nordafrika) wird weder brüderlich noch friedlich sein."

Einen vergleichbaren Zustrom aus dem ehemaligen Französisch-Indochina (Vietnam, Laos, Kambodscha) gab es nicht, wenn auch die Zahl der Zuwanderer aus dieser Region nicht unbeträchtlich ist. Die kommunistischen Regimes dort verhinderten die Auswanderung. Die meisten südostasiatischen Flüchtlinge leben in Lagern in Thailand, die Glücklicheren erhielten ein amerikanisches Visum. In Frankreich gab es 1975 53.000 Asiaten, nur dreitausend mehr als Türken. In den 1970er Jahren nahm Frankreich 125.000 Kontingentflüchtlinge auf. Ein Teil von ihnen waren Chinesen aus Südostasien. Sie bildeten den rasch wachsenden Kern der chinesischen Diaspora. Obwohl die Kolonialzeit immer weiter zurückliegt, hält der Bevölkerungsdruck aus der ‚Dritten Welt' an. 1982 waren noch 47,6 Prozent der Ausländer Europäer (ohne Sowjetunion), 1990 nur noch 40,7 Prozent.[2] Die Einwanderung ist ‚sichtbarer' geworden und wird deshalb stärker empfunden und schärfer abgelehnt.

Das zeigt sich im Erscheinungsbild vieler französischer Städte. In manchen Pariser Métro-Linien fühlen sich die Einheimischen in der Minderzahl. Am Ausgang der Station Barbès-Rochechouart verteilt ein junger Afrikaner Handzettel, auf denen ein Marabut, ein Wunderheiler, für seine Künste Reklame macht: „Professor Salimou – afrikanischer Hellseher und Medium – löst alle Ihre Probleme." Im Kaufhaus Tati machen die ‚Gastarbeiter' und die Besucher aus deren Herkunftsländern mit Vorliebe ihre Einkäufe. Dem Tunesier Tati gehören allein in Paris drei Kaufhäuser, vier weitere in der Provinz: eine Erfolgsgeschichte der Einwanderung. Frisches Obst und Gemüse gibt es an den Ständen der nordafrikanischen Händler auf dem nahegelegenen Markt. Die Dealer, die ‚Barbès' in Verruf gebracht haben, sind vorsichtiger geworden, seit die Polizei die Streifen verstärkt hat. Das Viertel ‚Goutte d'Or' galt schon in den 1950er Jahren als die ‚Kasbah' von Paris. Dort bekämpften sich die beiden verfeindeten algerischen Untergrundorganisationen FLN und MNA ‚bis aufs Messer'. In Belleville, einst eine Vorstadt mit Arbeiterbevölkerung, überwiegen nun die Einwanderer aus Schwarz-Afrika. Selbstbewußte, füllige Frauen im bunten ‚Boubou' schlendern an den Auslagen mit Gewürzen oder den Schaufenstern mit Musikinstrumenten vorbei, ein Kind auf dem Arm, andere im Schlepptau. Doch es gibt nicht nur die Einwanderer aus den Ländern nördlich und südlich der Sahara. Die Geschäfte in der Rue du Faubourg Saint-Denis weisen indische Schriftzeichen auf. Im Sentier, dem Sitz der Billigkonfektion, die ohne fleißige, oft illegale türkische Arbeitskräfte und Subunternehmer kaum florieren würde, mehren sich die türkischen Restaurants.

An den Häuserwänden kleben die Plakate revolutionärer türkischer Parteien oder der kurdischen PKK. Die Hochhäuser an der Place d'Italie sind ‚Chinatown', nicht anders als in New York oder San Francisco. Die Chinesen sind die unauffälligste Einwanderergruppe – und wahrscheinlich die erfolgreichste. Sie regeln ihre Probleme untereinander und fallen deshalb niemandem lästig. Angeblich, so liest man im ‚Figaro', stirbt in dieser glücklichen Gemeinschaft niemals jemand: Für jeden Paß oder Personalausweis fänden sich unschwer mehrere Anwärter gleichen Alters und Aussehens. Der Tote aber – denn natürlich sind auch Chinesen nicht unsterblich – gelange auf geheimnisvollen Wegen in die Heimaterde. Aber sicher ist das nicht. Die große, gut strukturierte buddhistische Glaubensgemeinschaft hingegen wird in der Öffentlichkeit so gut wie gar nicht wahrgenommen, erzeugt weder Legenden noch politische Probleme.

Die Franzosen mißtrauen den einschlägigen offiziellen Statistiken; denn die stimmen häufig nicht überein. Außerdem wird französischen Statistikern eine gewisse Neigung nachgesagt, die harten Daten in mildem, dem Staat günstigen Licht zu beleuchten. Die Volkszählung 1982 ergab 3,7 Millionen Ausländer. Acht Jahre später waren es 3,6 Millionen. Die Gesamtbevölkerung war von 50,6 auf 53,1 gewachsen. Aber jeder weiß, daß sich nicht wenige ausländische Familien um die ‚Erfassung' zu drücken versuchen. Das Innenministerium nannte 1987 die Zahl von 4,48 Millionen. Die Verwirrung wird durch die amtliche Unterscheidung in ‚Ausländer' und ‚Einwanderer' (immigrés) noch größer. Die Zahl der Einwanderer betrug 1990 4,2 Millionen. Von diesen hatten 1,3 Millionen die französische Staatsangehörigkeit, sie treten in der Ausländerstatistik nicht in Erscheinung. Trotzdem werden auch sie als Fremde wahrgenommen.

Über die Dunkelziffer der ‚Illegalen', der Ausländer ohne Aufenthaltsgenehmigung, gibt es ohnehin nur Vermutungen. Nur ein kleiner Teil von ihnen kommt ‚schwarz' ins Land, über die kaum kontrollierten Grenzen zu Belgien, Deutschland und Italien. Die meisten ‚Illegalen' reisen – ganz legal – mit einem Dreimonatsvisum ein und bleiben dann ohne Aufenthaltsgenehmigung. Mehrmals hat die Regierung diesen Menschen in prekärer Lage Gelegenheit gegeben, sich anzumelden und damit ihren Status zu legalisieren. Auch an persönlichen Interventionen fehlt es nicht: Wenn es darum geht, eine Aufenthaltsgenehmigung für die Putzfrau von den Philippinen oder für den algerischen oder Kameruner Mittelstürmer der eigenen Fußballmannschaft zu beschaffen, gibt es auch bei Le Pen-Anhängern keine Fremdenfeindlichkeit. Nach Schätzungen beläuft sich die Zahl der ‚Illegalen' auf eine halbe Million. Jahr für Jahr kommen angeblich mindestens fünfzigtausend hinzu.

Der Regierung hilft diese – vielleicht nicht unbeabsichtigte – Unklarheit bei der ständig wiederholten Versicherung, die Zahl der Ausländer bleibe konstant, mithin bestehe kein Grund zur Beunruhigung. Um so peinlicher wirkte es, als der Leiter des staatlichen Einwanderungsbüros (OMI), Jean-Claude Barreau, die Katze aus dem Sack ließ und einen jährlichen ‚Wanderungsüberschuß' von 130.000 legalen Neuzugängen aus Ländern außerhalb der Europäischen Gemeinschaft bekanntgab. Davon sind 50.000 Asylsuchende, 30.000 Familienangehörige, 20.000 Studenten und weniger als 13.000 ‚Gastarbeiter'. Inzwischen veranschlagt dieser Fachmann die Zahl der Neuzugänge auf mindestens 150.000 im Jahr. Etwa ebenso viele Ausländer – über 112.000 im Jahr 1991 – erhalten jährlich die französische Staatsangehörigkeit. Ein Fünftel von ihnen sind in Frankreich geborene und aufgewachsene Kinder ausländischer Eltern. Alle fünf Jahre nimmt so die Zahl der Ausländer in Frankreich um eine Million zu. Alle zehn Jahre tritt eine Million Menschen aus der Minderheit der Ausländer in die Mehrheit der Staatsbürger über. Das ist die Wirklichkeit, die die Statistik verschleiert.[3] Die meisten Neuankömmlinge richten sich für ein Bleiben auf Dauer ein. Vier Fünftel der Ausländer sind seit mindestens zehn Jahren im Land. Seit der Wirtschaftskrise 1974 wurde die Anwerbung von ‚Gastarbeitern' eingeschränkt. Aber zwei Jahre später wurde, wie aus schlechtem Gewissen, die Familienzusammenführung erleichtert. Das war ein folgenschwerer Beschluß. Aus ‚Gastarbeitern', ‚travailleurs immigrés', wurden Einwanderer. Die Männer holten ihre Frauen und Kinder nach. Aus den Wohnheimen zogen sie in Sozialwohnungen. Aus einer wechselnden Belegschaft wurde ein Teil der Bevölkerung – ähnlich wie in Deutschland, wo sich Anwerbestop (1973), Integrationspolitik und die Erleichterung des Familiennachzugs, die in Frankreich allerdings sehr viel weiter ging, gegenseitig bedingten.

Viele Immigrés gehen auch im Ruhestand nicht zurück. Die Regierungen der Herkunftsländer legen auf die Geldüberweisungen größeren Wert als auf die Menschen. War vorher der Arbeitslohn des Familienvaters der Anreiz, so kommen nun die Sozialbeihilfen für die ganze Familie dazu, vor allem das Kindergeld, das doppelt so hoch sein kann wie der Arbeitslohn des ‚Ernährers'. Die Ausländer beziehen mehr Familienbeihilfen als die Einheimischen: über 40 Prozent der ausländischen Familien haben drei und mehr Kinder; bei den französischen Familien sind es nur 25 Prozent. Unter Einwanderern aus Schwarzafrika ist zudem Polygamie weitverbreitet.

Ein Beispiel: Abdoulaie aus Mali arbeitet, wie viele Afrikaner, bei der Pariser Straßenreinigung. Zusammen mit seinen zwei Frauen und zehn Kindern zwischen zwei und fünfzehn Jahren lebt er in einem Vorort in einer Wohnung mit drei Zimmern. Der soziale Wohnungsbau ist auf afrikanische Großfamilien nicht eingestellt. Der Lohn des Mannes beträgt 5.000 Francs (etwa 1.450 Mark) im Monat. Dazu kommt das Familiengeld von 7.250 Francs und verschiedene Sozialbeihilfen von 4.000 Francs. Eine der beiden Frauen verdient mit Gelegenheitsarbeiten 1.500 Francs. Von den 17.750 Francs (nicht ganz 5.200 Mark) Einnahmen müssen die Miete von

3.500 Francs, Sozialabgaben sowie der Kredit für das Auto bezahlt werden, zusammen rund 3.000 Francs. Über die verbleibenden 11.250 Francs (3.320 Mark) verfügt der Haushaltsvorstand allein. Frauen, das weiß jeder, können mit Geld nicht umgehen. Vielleicht bildet Abdoulaie auch heimlich auf seinem Konto Rücklagen für den Kauf einer dritten Frau. Für 10.000 bis 40.000 Francs ist in der Heimat schon ein Mädchen zu haben.

Die Ausländer verteilen sich nicht gleichmäßig über das Staatsgebiet. Sie sind in mehreren großen Ballungsgebieten konzentriert, wo sie besonders auffällig in Erscheinung treten. Im Departement Vendée beträgt der Anteil der Ausländer nur 0,6 Prozent; im Departement Seine-Saint-Denis hingegen sind es fast 19 Prozent, in Paris 15,8 Prozent (über 340.000 Personen). Fast zwei Drittel der Ausländer leben und arbeiten in den vier Regionen mit der größten Bevölkerungsdichte: Ile-de-France rund um die Hauptstadt (38,3 Prozent der Ausländer); Rhône-Alpen mit dem Schwerpunkt Lyon (12 Prozent); Provence-Alpen-Côte d'Azur zwischen Marseille und Nizza (8,4 Prozent); Nord-Pas-de-Calais mit Lille und Dünkirchen (4,6 Prozent). Auch im Grenzgebiet Elsaß und Lothringen ist der Ausländeranteil hoch.

In Großstädten mit über 200.000 Einwohnern bilden die Ausländer 7 Prozent der Bevölkerung, in den kleinen ländlichen Gemeinden nur 2 Prozent. Die meisten sind in den Massensiedlungen der Vorstädte zusammengedrängt. In diesen ‚Cités' sind die Grenzen neuzeitlicher Stadtplanung und die Grenzen der Integrationsfähigkeit der französischen Gesellschaft für den Zustrom aus der ‚Dritten Welt' mit Händen zu greifen. Durch die immer wieder aufflammenden Gewaltausbrüche von Jugendbanden wird den Franzosen mit Schrecken bewußt, daß ihre wichtigsten Städte wie von Belagerungsringen umgeben sind. Ganze Stadtteile werden zu Ghettos, in denen fremde oder sich fremd fühlende Gruppen leben, die wenig Berührung mit der übrigen Bevölkerung haben. Die ‚Interministerielle Delegation für Stadtprobleme' ermittelte vor einigen Jahren vierhundert gefährdete Stadtteile mit schätzungsweise zwei Millionen Einwohnern. Die idyllischen Flurnamen der ‚Cités' können über die bestenfalls triste, schlimmstenfalls hochexplosive soziale Wirklichkeit nicht hinwegtäuschen.

Anfang der 1980er Jahre erregten die wilden ‚Rodeos' von ‚Les Minguettes' in der Gemeinde Vénissieux bei Lyon Aufsehen. Junge Nordafrikaner verkürzten sich die Sommerabende durch Verfolgungsjagden mit gestohlenen Wagen, die zum Schluß unter Gejohle in Brand gesteckt wurden. Die Polizei war machtlos. Die Gemeinde entschloß sich endlich zu einer Radikalkur: Zehn verkommene Wohnblocks, die Rauschgifthändlern als Unterschlupf dienten, wurden abgerissen. Zehn Jahre später, im Herbst 1990, ‚explodierte' Vaulx-en-Velin, ein anderer Vorort von Lyon. Dabei hatten sich die Gemeindeväter mit dem Problemviertel Mas-de-Taureau besondere Mühe gegeben. 1.500 Wohnungen waren instand gesetzt, Grünflächen und Sportplätze angelegt worden. Als besondere Attraktion lockte die höchste Kletterwand Europas. Der Zusammenstoß von zwei jugendlichen Motorradfahrern algerischer und spanischer Herkunft mit einem Streifenwagen, bei dem einer der beiden Jugendlichen tödliche Verletzungen erlitt, löste eine mehrtägige Revolte aus: Das Geschäftszentrum wurde angegriffen, Läden wurden geplündert und in Brand gesteckt, der Supermarkt, ein Treffpunkt der Jugend, brannte vollständig aus. Von Vaulx-en-Velin griffen die Unruhen auf andere Randgemeinden der Wirtschaftsmetropole Lyon über. Die ‚Intifada' der jungen Palästinenser fand Nachahmer in Frankreich. Dieses Muster – die Revolte als Reaktion auf einen eher zufälligen Zusammenstoß zwischen Polizisten und Jugendlichen – spielte sich in den folgenden Jahren in allen Ballungsgebieten ein, besonders in der Pariser Region.

Von der Mitte der 1950er Jahre bis zur Mitte der 1970er Jahre galten die ‚Cités' nicht zu Unrecht als Fortschritt, als städtebauliche Lösung sozialer Probleme. Damals hausten viele der Bedürftigsten, vor allem die Einwanderer aus Nordafrika, in provisorischen Notunterkünften. Die Studenten von Nanterre schärften 1968 ihr kritisches Bewußtsein durch den Anblick der ‚Bidonvilles' vor den Fenstern des Hörsaals. In einer Zeit raschen Wirtschaftswachstums brauchte die Industrie Arbeitskräfte. Drei Millionen Wohnungen wurden gebaut. Portugiesische Bauarbeiter zogen die Mauern hoch, nordafrikanische Hilfskräfte asphaltierten die freien Flächen. Wer fragte schon nach Qualität? Bauland wurde dort erworben, wo es am billigsten war: außerhalb des gewachsenen Stadtkerns, auf Weizenfeldern und Wiesen.

Wie die Siedlungen der 1920er und 1930er Jahre, die mit ihren Einfamilienhäusern viel Bauland fraßen, sind die ‚Cités' vom Arbeitsplatz wie von der Innenstadt weit entfernt, Schlafstädte, wenig anpassungsfähig für sonstige Erfordernisse. Die Wohnblocks, die ohne Anspruch auf Schönheit in die Landschaft gestellt wurden, boten einen Komfort, wie er in den älteren Häusern in der Innenstadt nicht zu finden war. Die ersten Benutzer waren überglücklich, eine so schöne Wohnung zu beziehen. Auch die Architekten waren glücklich: Sie glaubten, die Stadt der Zukunft geschaffen zu haben. In Wirklichkeit war die Nicht-Stadt, die Unstadt, das Ghetto entstanden.

Die Sozialwohnungen der Neubauviertel waren für jene Bevölkerungsgruppen bestimmt, die in der Verwaltungssprache verschämt als ‚einkommensschwach' bezeichnet werden: zuerst junge Ehepaare mit oder ohne Kinder, später die Alten, die durch die Renovierung der Innenstadt aus den einst billigen Altbauwohnungen verdrängt wurden. Bald kamen die ‚Gastarbeiter' und ihre Familien dazu. Ihr massiver Zuzug führte vielerorts, wenn auch nicht überall, dazu, daß Einheimische diese Viertel so schnell wie möglich wieder verließen. So kam es zur Herausbildung von Slums und Ghettos, in denen Zuwanderer die Einwohnermehrheit bildeten und die Lebensverhältnisse bestimmten. In den 1980er Jahren wurden diese Viertel das unübersichtliche Asyl für die illegalen Einwanderer. Im Seine-Saint-Denis mit 1,2 Millionen Einwohnern sind 250.000 außereuropäische Immigrés gemeldet. Die Zahl der illegalen Zuzügler wird auf fünfzig- bis sechzigtausend geschätzt.

Die Einheimischen fühlen sich in diesen Vierteln als Minderheit. Sie leiden unter dem Lärm, den Gerüchen, der Verwahrlosung. Zwei Tage vor dem Ausbruch der Unruhen in Vaulx-en-Velin wurde in einer anderen Gemeinde bei Lyon ein junger Nordafrikaner von einem wütenden Nachbarn, der das Lärmen der Kinder nicht länger ertrug, durch einen ungezielten Schuß getötet. Solche Kurzschlußhandlungen kommen immer wieder vor, besonders an heißen Sommerabenden. In ‚Les Chamards' außerhalb von Dreux, an der Grenze zwischen der Ile-de-France und der Normandie, gibt es eine Moschee für die Muslime, aber keine Kirche für die Rentner, die dort eine billige Wohnung gesucht haben. Bei dem algerischen Händler, dem einzigen in der Nachbarschaft, ist kein Schinken zu finden, Gesprächsstoff für unzählige Debatten. Die rechtsradikale Nationale Front erzielt in solchen Gemeinden Stimmengewinne von mehr als zwanzig Prozent. An der hohen Fluktuation läßt sich die Unzufriedenheit messen. Wer es sich leisten kann, ob Einheimischer oder Ausländer, zieht wieder fort. Die Zurückbleibenden bilden den Bodensatz der Zukurzgekommenen. Die Konzentration der Billigwohnungen in wenigen Gemeinden – im Großraum Paris sind es fünfunddreißig von über zweihundert, im Raum Lyon fünf von sechzig Gemeinden – bewirkt eine soziale Trennung, wie sie in den alten Stadtvierteln mit ihrer Schichtung zwischen Beletage und Dachkammer undenkbar war.

So sind, ganz gegen den Willen der Planer, Ghettos entstanden, die manches mit den Städten der ‚Dritten Welt' gemein haben, aus denen der überwiegende Teil der Bewohner stammt. Wie die Großfamilie bietet die ethnische Gruppe dem einzelnen Schutz und Rückhalt, schränkt aber auch die Entscheidungsfreiheit und den sozialen Aufstieg des einzelnen ein. Es ist eine Bevölkerung ohne Wahlrecht und – wegen des geringen Einkommens – ohne Steuerpflicht. Man sieht viele Kinder und Jugendliche. Die Hälfte der Bewohner ist jünger als fünfundzwanzig Jahre. Diese Generation kennt nur das Leben in der ‚Banlieue'. Die Resignation, gar Zufriedenheit ihrer Eltern ist den jungen Leuten verächtlich. Aber wie sieht ihre Zukunft aus? Mehr als eine Million ausländischer Schüler werden an französischen Schulen unterrichtet. Dort, wo der Anteil der

Ausländer in einem Wohngebiet 55 Prozent übersteigt, sind in den Kindergärten und Grundschulen mindestens sieben von zehn Kindern fremder Herkunft. Viele dieser Jugendlichen nehmen den Lebenskampf ohne anerkannten Schulabschluß auf. Bei den Ausländern unter 25 Jahren liegt die Arbeitslosigkeit bei fast 30 Prozent (bei Nordafrikanern über 50 Prozent), bei den gleichaltrigen Franzosen bei 18,6 Prozent.

In diesen Stadtteilen ist ein Gefühl der Sinnlosigkeit und Hoffnungslosigkeit entstanden, das sich in Gewalttätigkeit entlädt. Während der 1980er Jahre hieß das Schlagwort der Ghetto-Jugend: ‚die Galeere'. Gemeint war das untätige Herumlungern, unterbrochen von Gelegenheitsarbeit oder Gelegenheitskriminalität. Rauschgift als Ablenkung und mühelose Erwerbsquelle sind ein Bestandteil des Daseins. Jetzt beschreiben die Jungen ihren Zustand mit der Klage: „Wir verrosten". Sie wissen, daß niemand sie braucht. Die grauen oder buntbemalten Mauern, die ihnen den Blick verstellen, signalisieren: no future. Das schließt das Ausnützen aller denkbaren Vorteile der Sozialgesetzgebung nicht aus. Die Leute kennen ihre Rechte und nehmen sie wahr. Der Wohlfahrtsstaat verhindert das nackte Elend – und lockt dadurch immer neue Almosenempfänger an.

Etwas Erschreckendes ist hinzugekommen: der Haß. Haß gegen die Gesellschaft, die die Eindringlinge abwehrt, Haß gegen die Reichen, die nicht teilen wollen. Haß gegen die ‚Weißen'. Eine Rap-Gruppe singt: „Wundert euch nicht, wenn sich die Gewalt Tag für Tag ausbreitet. Die Welt von morgen gehört uns. Die Macht ist in unseren Händen ... Ich bin bereit, einen neuen Bürgerkrieg zu erklären. Wir haben genug von ihren Versprechungen. Wir werden alles in die Luft jagen." Die Gruppe nennt sich ‚Nique ta mère', was man mit ‚The Motherfuckers' übersetzen kann.

Die Verwüstung der Umgebung ist ebenso ein Anzeichen der spürbaren Langeweile wie der unterschwelligen Gewaltbereitschaft. Die Wandschmierereien, die seit den 1980er Jahren keine sinnvolle Botschaft mehr enthalten, gehören zum Bild der Vorstädte. Sie breiten sich auf die Untergrundbahn und bis in die Innenstadt aus. Auf verkümmerten Grünflächen rosten schrottreife Autos. Die Fahrstühle werden mutwillig kaputtgemacht. Ein Sozialfürsorger als Sachverständiger vor Gericht: „Alle Jugendlichen in den am meisten benachteiligten Neubauvierteln müssen etwas zerschlagen. Briefkästen oder Schaufenster. Das Zerstören (‚la casse') ist die Kultur der Banlieue." Davon bleiben auch die Gemeinschaftseinrichtungen nicht verschont, die den Bewohnern dieser Stadtteile dienen sollen. Brandstifter greifen die Feuerwehr an oder locken sie mit falschem Alarm in einen Hinterhalt. Die Fahrer der Vorortbusse oder der Untergrundbahn treten nach Überfällen in Streik, um auf die alltägliche Unsicherheit aufmerksam zu machen.

Die Polizei hat es unter solchen Verhältnissen schwer. Sie soll präsent sein, Vertrauen gewinnen. Aber sie darf um Himmels willen nicht provozierend auftreten. Wenn es zu Zwischenfällen kommt, sind die Lokalpolitiker mit Vorwürfen gegen die Polizei schnell zur Hand. Andererseits sprechen die Richter Polizisten bei offensichtlichen Verstößen, auch bei solchen mit Todesfolge, in der Regel frei, was den Haß gegen die Polizei verstärkt. Die unbescholtenen Bürger haben eher das Gefühl, daß sich die Polizei zu selten sehen läßt. In die schlimmsten Ghettos wagen sich die Beamten nur zögernd. Sie laufen Gefahr, daß die Streifenwagen mit Steinen beworfen werden. Die Festnahme eines Rauschgifthändlers oder eines Autoknackers kann den allgemeinen Aufstand auslösen. Die Unsicherheit in den ‚*grands ensembles*' greift auch auf die Schulen über. Zur fortschrittlichen urbanistischen Gesinnung der 1960er Jahre gehörten Schulbauten, die sich zur Außenwelt öffneten. Jetzt sichern Schulleiter ihre Anstalt durch Drahtzäune und Kontrollen. Schulpflicht besteht bis zum Alter von 16 Jahren. Aber fast zwei Drittel der Abgänger der Gesamtschulen sind 18 Jahre alt und älter. Für viele von denen, die ohne Abschlußzeugnis abgehen – 150.000 sind es in jedem Jahr –, bleibt die Schule der Feind.

Gleichzeitig mit der Gewalt in den Schulen und in engem Zusammenhang damit ist ein anderes Phänomen entstanden:

die Jugendbanden. Hundert Jugendbanden von ‚Beurs' (die Söhne der Nordafrikaner) und ‚Blacks' (die Einwanderer aus Schwarz-Afrika und von den Antillen) mit mehreren tausend Mitgliedern treiben seit den letzten Jahren in den Pariser Vorortgemeinden ihr Unwesen. Ihr Vorbild sind die sechshundert Banden in der Megalopolis von Los Angeles. Diese Jungen zwischen 15 und 25 Jahren fallen durch ihre ‚Uniform' – Baseball-Mützen, Blousons, Tennisschuhe – und durch ihr herausforderndes Auftreten auf. Die Waffen – Klappmesser, Schlagringe, Baseballschläger und Schrotpistolen, die ohne Waffenschein zu haben sind – bleiben meist verborgen. Ihre Namen klingen gefährlich und lassen das amerikanische Vorbild erkennen: ‚Black Dragons', ‚Junior Requins', ‚Derniers Salauds', ‚Criminal Killer Crew'. Die Außenstehenden bezeichnen diese neuen Gruppierungen ohne Unterschied als ‚Zulus'. Ihre Feinde sind die weißen ‚Skinheads'. Auch untereinander liefern sich die farbigen Banden Kämpfe um Ansehen und Territorien. Wenn sie es nicht vorziehen, Supermärkte zu überfallen.

Sozialhelfer und Vereine bemühen sich um diese Jugendlichen. Es ist leicht, über den geringen Erfolg ihrer Bemühungen zu spotten. Wer sich mit den Verhältnissen auskennt, der weiß: Ohne dieses freiwillige Engagement wäre alles noch viel schlimmer. Politiker und Medien versuchten zunächst, das Phänomen der Banden als allgemeines Jugendproblem hinzustellen. Bei der Schilderung von Straftaten vermeiden die Nachrichtensprecher Angaben über die ethnische Zugehörigkeit der Übeltäter und sprechen lieber von ‚Jugendlichen' (‚jeunes'). Nur in einer Ausnahmesituation wie nach dem Großangriff plündernder Banden aus den Vorstädten auf die Pariser Innenstadt im November 1990 räumte ein Fernseh-Sprecher ein: „Man muß es leider zugeben, und das ist ein Drama: Die Banden der Plünderer haben eine ausgeprägte ethnische Zusammensetzung. Sie sind in ihrer Mehrheit Maghrebiner und Afrikaner." Frankreich wird von einer Entwicklung eingeholt, die in den Vereinigten Staaten und in Großbritannien schon länger im Gange ist. Die französische Staatsangehörigkeit, auf die die in Frankreich geborenen Kinder von Ausländern Anspruch haben, schließt das Gefühl von Fremdheit und Feindseligkeit nicht aus.

In der Vergangenheit waren aus den Fremden meist schon in der nächsten Generation Franzosen wie alle anderen geworden. Beispiele für diese gelungene Eingliederung sind die Nachkommen der Russen, der Polen, Spanier, Italiener oder der Armenier. Wer eine gute Ausbildung hat, dem stehen alle Stellen im Staatsdienst und in der Wirtschaft offen. Die ‚Assimilation', wie man bis in die 1970er Jahre sagte, oder ‚Integration', wie es seither heißt, von Ausländern ist eng mit dem französischen Selbstverständnis verbunden. Frankreich sieht in dem Gelingen einen Beweis für die Überlegenheit seiner Sprache und Kultur wie für die Gültigkeit seiner universalen Werte der Egalité und der Menschenrechte seit der Französischen Revolution. Ausländern wird es in der Regel nicht schwer gemacht, ihren Namen zu ändern oder die französische Staatsangehörigkeit zu erwerben. Ivo Livi, der Sohn eines italienischen Druckers, der nicht unter dem Faschismus leben wollte, errang als Yves Montand Weltruhm. Henri Krasucki, dessen Familie zur Zeit des Marschalls Pilsudski aus Polen eingewandert war, stieg zum Generalsekretär der kommunistischen Gewerkschaft CGT auf. Kofi Yamgnane aus Togo blieb wie so viele afrikanische Studenten in Frankreich, heiratete eine Französin und wurde zunächst Bürgermeister eines Dorfes in der Bretagne und schließlich Staatssekretär für Integration.

Seit der Mitte der 1970er Jahre ist das alles nicht mehr so selbstverständlich. Die Bevölkerungsmehrheit zeigt sich weniger aufnahmebereit, die Minderheiten schließen sich stärker ab. Denn die ‚Immigrés' stammen nun überwiegend aus der ‚Dritten Welt'. Zur gleichen Zeit verlieren die Schaltstellen der Integration – Schule, Kaserne, Fabrik – ihre Wirksamkeit. Wenn in einer Grundschulklasse Kinder aus zwanzig verschiedenen Nationen und mit ebenso vielen Sprachen nebeneinander sitzen, dann können die geplagten Lehrer ihnen kein richtiges Französisch mehr beibringen. Die Beherrschung der Sprache in Wort und Schrift aber ist die erste Voraussetzung für die selbstverständliche Anerkennung. Während die strebsamen Asiaten in einer guten Erziehung den sichersten Weg für den Erfolg ihrer Kinder sehen, haben Eltern aus Senegal oder Mali, die in die Pariser ‚Banlieue' verschlagen wurden, keine rechte Vorstellung vom Nutzen der Schule. Was die Heranwachsenden für den Alltag brauchen, lernen sie auf der Straße, in den Banden der Gleichaltrigen, beim Sport, vor dem Fernseher. Eine Lehrstelle wird nicht gesucht oder geboten. Der Weg in die Arbeitslosigkeit ist vorgezeichnet. Damit entfällt die Berührung und Anpassung am Arbeitsplatz. Gehörten die meisten Ausländer früher nach zwei Generationen zum französischen Volk, so werden in Zukunft drei oder vier Generationen nötig sein.

Das bisher gültige Integrationsmodell wird in Frage gestellt. Neben die Forderung nach Gleichberechtigung trat zu Beginn der 1980er Jahre das neue Verlangen nach dem ‚Recht auf Verschiedenartigkeit' (‚droit à la différence') von einzelnen und von Gruppen. In Grundschulen gibt es seit den 1970er Jahren Arabisch-Unterricht, anfangs mit dem unausgesprochenen Hintergedanken, die Rückkehr zu erleichtern, später, um die ‚Verschiedenartigkeit' zu betonen. Das Herkunftsland Marokko lehnt die Integration im Gastland ab und sieht in allen Marokkanern Untertanen König Hassans II.

In der Sprache verantwortlicher französischer Politiker, die bisher von ‚Minderheiten' nichts wissen wollten, bürgerten sich Worte wie ‚Ethnie' oder ‚Gemeinschaft' (‚communaut') ein. Solche Begriffe vertragen sich schlecht mit der Auffassung von der „unteilbaren, laizistischen, demokratischen und sozialen Republik", die „die Gleichheit aller Staatsbürger vor dem Gesetz ohne Unterschied von Abstammung, Rasse oder Religion" garantiert (Artikel 2 der Verfassung). Nach dem Golf-Krieg dankte Staatspräsident Mitterrand „der muslimischen und der jüdischen Gemeinschaft Frankreichs" für die „Klugheit und Kaltblütigkeit", die sie in den vorangegangenen Monaten bewiesen hatten. Die öffentliche Ordnung und Sicherheit wird auf diese Weise vom Wohlverhalten von Bevölkerungsgruppen abhängig gemacht, von denen manche einander feindselig gegenüberstehen. Die Sprecher der ethnischen Gemeinschaften treten dem Staat als anerkannte Vertreter ihrer Landsleute oder Glaubensgenossen gegenüber. Wenn es in den nördlichen Vorstädten von Marseille mit einem hohen Anteil von Nordafrikanern zu Unruhen kommt, wird der algerische Generalkonsul als Vermittler zu Hilfe gerufen. Dahinter zeichnet sich die grenzübergreifende politische Koordination ausländischer ethnischer ‚Gemeinschaften' in den westlichen Aufnahmeländern sowie die Einflußnahme von Regierungen und Oppositionsgruppen der Herkunftsländer ab: ein selbstverschuldeter Souveränitätsverlust der Aufnahmeländer. Der Nationalstaat scheint sich in ein Mosaik zu zergliedern.

Das Staatsvolk erscheint in dieser Sicht als eine ‚Gemeinschaft' neben anderen. Das Selbstbewußtsein der Franzosen wurde in vierzig Jahren durch Antikolonialismus und ‚Dritte Welt'-Ideologie geschwächt. Das ‚Recht auf Besonderheit', das auch andere gesellschaftliche Gruppen für sich geltend machen, kann im Kontext der Einwanderungspolitik als Fortsetzung des Kampfes gegen die einstigen Kolonialmächte in deren eigenem Land verstanden werden. Die nationale Identität – um die eine breite öffentliche Diskussion geführt wird, nach der zu fragen aber für viele Franzosen als rückständig gilt – soll sich in einer multikulturellen Gesellschaft auflösen, deren Aussehen und Umrisse niemand mit Sicherheit angeben kann.[4] Die Zweihundertjahrfeier der Französischen Revolution geriet zu einer großen Völkerschau auf dem Champs-Élysées. Dieses „multikulturelle, multikonfessionelle, mehrfarbige Frankreich", so läßt einer der Wortführer dieser Bewegung die Franzosen wissen, sei keine Zukunftsvision, sondern „eine Wirklichkeit, die nicht mehr bestritten werden kann". Der Soziologe Alain Touraine bestätigt, weniger frohgemut, diese Einschätzung: „Wir bewegen uns auf die Segregation in ihrer härtesten Form zu, das Ghetto. Der Mechanismus der Isolierung ist stärker als der Mechanismus der Integration."

Zwei Phänomene der letzten Jahre tragen zur Abschließung und Ghettobildung bei: der militante Islam und die Polygamie. Rund vier Millionen Muslime – Ausländer und französische

Staatsangehörige – bilden die zweitgrößte Religionsgemeinschaft Frankreichs. Die meisten stammen aus Nordafrika. Während immer mehr Kirchen ihre Türen schließen, weil es an Pfarrern fehlt, sind im ganzen Land mehr als tausend Moscheen oder Gebetsräume geöffnet. Viele Imame, muslimische Geistliche, werden von ausländischen Instanzen ernannt und entsandt. Das Gastland übt wenig Kontrolle über sie aus. Dagegen haben seit längerer Zeit fremde Regierungen – Algerien, Marokko, Saudi-Arabien und neuerdings Iran – Einfluß auf die Muslime in Frankreich.

Zu einem Präzedenzfall wurde der Versuch muslimischer Schülerinnen der Oberschule in Creil (Departement Oise), mit dem ‚Hijab', dem das Haar verhüllenden Kopftuch, am Unterricht teilzunehmen. Der Schulleiter sah in dieser äußeren Unterscheidung einen Verstoß gegen die Grundsätze des laizistischen Schulsystems. Das Oberste Verwaltungsgericht war anderer Ansicht. Das Erziehungsministerium vermeidet klare Anweisungen und schiebt die Verantwortung den Schulen zu. Die Direktive des Bildungsministeriums vom 20. September 1994 über die Vermeidung sichtbarer religiöser Symbole in den Schulen (‚Circulaire Bayrou') ist ein Beispiel dafür. Inzwischen ist der ‚Hijab' im Vormarsch. Der Druck auf minder glaubenseifrige Familien nimmt zu. Die achthundert islamischen Vereine sind ein ideales Betätigungsfeld für die Propaganda der Fundamentalisten. Der französischen Polizei macht diese Entwicklung wegen der Vorgänge in Algerien besondere Sorgen. Die jungen ‚Beurs', soweit sie nicht areligiös sind, ziehen aus der Botschaft der Fundamentalisten ein neuartiges Selbstbewußtsein.[5]

Gegenüber der Vielehe bewiesen die französischen Behörden lange Zeit viel Toleranz. Verboten war die Polygamie für Franzosen, nicht für Ausländer oder Personen mit doppelter Staatsangehörigkeit. Das Oberste Verwaltungsgericht entschied 1980, daß die Vielehe die öffentliche Ordnung nicht störe und mithin kein Ablehnungsgrund bei der Familienzusammenführung sei. Seit einigen Jahren verfahren die Behörden strenger. Der Haushaltsvorstand muß ein ausreichendes

Einkommen und eine angemessene Wohnung nachweisen. In seinem Bericht Anfang 1992 wollte der ‚Hohe Rat für die Integration' die Gepflogenheit, das Familienrecht der Herkunftsländer weitgehend anzuerkennen, nicht länger gelten lassen: im Interesse der Integration der Familie und der Rechte der Frauen. Die Polygamie ist nicht durch die Zuwanderung aus Nordafrika, sondern erst durch die aus Schwarz-Afrika zum Problem geworden. Seit Mitte der 1970er Jahre hat sich die Zahl der Afrikaner von 80.000 verdreifacht oder vervierfacht. Mindestens 10.000 Familien mit durchschnittlich 13 Familienangehörigen leben in polygamer Verbindung. Ungewollt fördert der Sozialstaat die Übertragung fremder Sitten, die mit denen des Aufnahmelandes nicht in Übereinstimmung zu bringen sind.[6]

Am 1. April 1985 trug der Präsidentenberater Jacques Attali in sein Tagebuch ein: „Harlem Désir hat SOS Racisme gestartet. Jean-Louis Bianco [der Generalsekretär des Präsidialamtes] hat alles organisiert. Christophe Riboud [der Sohn eines Freundes von Staatspräsident Mitterrand] hat es finanziert. Als guter Parteifreund unterstützt sie [der Komiker] Coluche, weil ich ihn darum gebeten habe."[7] Von Anfang an erfreute sich ‚SOS Racisme' höchster Förderung: als Verkörperung der ‚Generation Mitterrand', der der Staatspräsident seine Wiederwahl 1988 verdankte, ein von oben geweckter Nachhall der Jugendrevolte vom Mai 1968. Der erste Vorsitzende Harlem Désir wurde 1959 als Sohn eines Lehrers von der Antilleninsel Martinique und einer Elsässerin in Paris geboren. So unpolitisch, wie die Entstehungslegende behauptet, waren die Gründer von ‚SOS Racisme' nicht. Julien Dray, der Programmatiker der Bewegung, später sozialistischer Abgeordneter, und Harlem Désir lernten sich in der Jugendorganisation der Trotzkisten kennen. Fodé Sylla, der Harlem Désir 1992 ablöste, verdiente seine Sporen beim sozialistischen Studentenverband und als Fachmann der Sozialistischen Partei für die unruhigen Vorstädte. Er wurde 1963 in Senegal geboren, wuchs seit 1974 in Frankreich auf und erhielt 1991 die französische Staatsangehörigkeit.

Beim ersten Rock-Konzert, zu dem ‚SOS Racisme' im Juni 1985 einlud, strömten dreihunderttausend Teilnehmer auf der Place de la Concorde zusammen. Der Antirassismus entsprach dem Geist der Zeit. Seit den Gemeindewahlen 1983 stieg die rechtsradikale Nationale Front in der Wählergunst stetig an. Er spreche nur laut aus, was die Leute leise denken, prahlte ihr Führer Jean Marie Le Pen: „Unordnung und Unsicherheit sind die Folgen der unkontrollierten Einwanderung. In Stadtvierteln, wo Ausländer bis zu vierzig Prozent der Bevölkerung bilden, haben die Franzosen das Gefühl, überschwemmt und ausgeschlossen zu werden." Der Rechtsextremismus, der seit dem Ende des Krieges in Frankreich keine Gefahr mehr war, wurde zu einer Herausforderung für die etablierten Parteien. Im Herbst 1983 machten die ‚Beurs', die nordafrikanischen Einwanderer der zweiten Generation, mit einem ‚Marsch gegen den Rassismus' von Marseille über Lyon nach Paris auf ihre Schwierigkeiten aufmerksam. Auf dem Spruchband, das die Marschierenden vorantrugen, stand: „Mit unserer Verschiedenartigkeit zusammenleben". Eine Veranstaltung am Sitz der UNESCO in Paris nahm einige Monate später das Motto auf.

Eine Vielzahl von Organisationen leistete Hilfestellung. Dazu gehörten erprobte Vereine wie die ‚Liga für die Verteidigung der Menschenrechte', die während der Dreyfus-Affäre entstanden war, die ‚Internationale Liga gegen Rassismus und Antisemitismus' (LICRA), in den 1920er Jahren von Persönlichkeiten wie Léon Blum und Albert Einstein gegründet, oder das ‚Comité inter-mouvements auprès des évacués' (CIMADE), eine ökumenische Gruppe, die sich im Zweiten Weltkrieg der geflüchteten Elsässer und der verfolgten Juden angenommen hatte. Speziell mit den ‚Immigrés' beschäftigten sich neuere Organisationen wie der ‚Dachverband der Solidarität mit den Gastarbeitern' (FASTI) oder die ‚Gruppe für Information und Unterstützung für die Gastarbeiter' (GISTI), eine Arbeitsgruppe von Juristen und Sozialhelfern, die den Einwanderern zeigen, wie man sich im Behördenlabyrinth zurechtfindet und Beihilfen kassiert. Sie werden aus öffentlichen

Mitteln unterstützt und arbeiten mit den zahllosen Ausländervereinen – in der Pariser Region gibt es allein zwanzig Gruppen für Kurden – wie mit Parteien und Gewerkschaften zusammen. Die Linke sah in den Einwanderern lange Zeit das neue Proletariat, ihre Wähler von morgen.

Diese Hilfsorganisationen begnügen sich nicht damit, Sozialarbeit zu leisten. Als wohlkoordinierte Pressure group bekämpfen sie jeden Versuch der Regierung, die Einwanderung einzudämmen. In ihrer Propaganda wird Frankreich als ‚altes Einwanderungsland' dargestellt, obwohl die Einwanderungsbewegung erst um die Mitte des 19. Jahrhunderts begonnen hat. Daraus sollen eine Art Menschenrecht auf ungehinderte Immigration und ein globales Asylrecht abgeleitet werden: „Wir sind alle Immigrés." Ein anderes Argument mit gleicher Zielsetzung lautet, die Wanderungsbewegung sei unvermeidlich, jeder Widerstand dagegen sei nutzlos, also unsinnig. Die Anwälte der Einwanderung halten das schlechte Gewissen der Nation über die Sünden des Kolonialismus und die Ausbeutung der ‚Dritten Welt' wach: Immigration als Wiedergutmachung. Die naheliegende Frage: „Wie viele Millionen Einwanderer sollen es denn sein?" wird dabei nicht gestellt.

Das Aushängeschild ‚SOS Racisme' war den älteren Streitern auf dem Feld der Einwanderungspolitik sehr willkommen. Doch die Wirkung hat sich abgenutzt. Die ‚Intifada' der jungen Palästinenser gegen Israel verstärkte in Frankreich das latente Mißtrauen zwischen Juden und Arabern. Als ‚SOS Racisme' im Golf-Krieg für die Neutralität Frankreichs eintrat, kam es zum Bruch. Einige Förderer verziehen es Harlem Désir nicht, daß er an der Spitze der Kriegsgegner demonstrierte. Der Verband der jüdischen Studenten, eine Hauptstütze von ‚SOS Racisme', wandte sich ab. Beim Rock-Konzert in Vincennes im Juni 1991 lieferten sich ‚Blacks' und ‚Beurs' wütende Kämpfe. Das ‚Recht auf Verschiedenheit' erschien nicht mehr ganz so verlockend. In der Organisation ‚France plus', die Einwanderer mit französischer Staatsangehörigkeit zu verantwortungsbewußten Staatsbürgern erziehen will, hat ‚SOS Racisme' eine realistischere Konkurrenz bekommen.

Die zunehmenden Schwierigkeiten bei der Integration von Ausländern haben Politiker und Parteien nicht erst seit der Niederlage der Linken bei den Parlamentswahlen 1993 gezwungen, ihre Haltung zur Einwanderung zu ändern. 1981 verkündete Staatspräsident Mitterrand: „Die Einwanderer sind in Frankreich zu Hause. Sie werden nur zurückgehen, wenn sie es wollen." Zu den ersten Reformen der Linken gehörte die Abschaffung der ‚nationalen Präferenz', der Bevorzugung von Staatsangehörigen auf dem Arbeitsmarkt, die fünfzig Jahre früher, während einer anderen Wirtschaftskrise, eingeführt worden war. Taktisch geschickt warf Mitterrand mehrmals das Ausländerwahlrecht in die Debatte. Damit wollte er Unruhe schaffen und Wählerstimmen von der bürgerlichen Opposition zur Nationalen Front ablenken. Doch in seiner Neujahrsansprache 1990 wies der Staatspräsident auf die „Toleranzschwelle" gegenüber Ausländern hin. Dieser Verstoß gegen die ‚politische Korrektheit' erregte ebenso Erstaunen wie Mitte 1991 die Warnung des ehemaligen Staatspräsidenten Giscard d'Estaing vor der drohenden „Invasion" der Fremden und die Anspielung des Gaullistenführers Jacques Chirac auf die Polygamie, auf „Lärm und Gerüche" der Einwanderer.

Dergleichen wurde, ähnlich wie der Hinweis der für ihre deftige Sprache bekannten sozialistischen Ministerpräsidentin Edith Cresson auf die zu erwartenden Abschiebungen per Charterflug, als Versuche verstanden, sich dem volkstümlichen Vokabular eines Le Pen anzupassen und ihm so das Wasser abzugraben.[8] Der sozialistische Regierungschef Rocard (1988–1991) stellte fest: „Frankreich ist kein Einwanderungsland mehr [. . .]. Es kann nicht alles Elend der Welt aufnehmen."[9] Die Stimmengewinne der Rechtsradikalen schadeten nicht nur den Neogaullisten und Liberalen sowie den Kommunisten, sondern auch den Sozialisten. Ihre Sympathie für Harlem Désir und seine Hilfstruppen erkaltete. „Die Antirassisten heizen den Rassismus an", war nun zu hören.

Nach dem Regierungswechsel im März 1993 verlor der neue Innenminister Pasqua (RPR) keine Zeit, ein ‚Gesetz über die Beherrschung der Einwanderung und die Einreise-, Aufnahme- und Aufenthaltsbedingungen von Ausländern' auszuarbeiten. Damit soll der Zuzug aus Ländern außerhalb der Europäischen Union erschwert und signalisiert werden, daß Frankreich bis auf weiteres die Zuwanderung drastisch zu reduzieren beabsichtige. Mit Rücksicht auf das Schengener Abkommen über die Freizügigkeit innerhalb der Europäischen Union wurde das Asylrecht geändert. Das Verfassungsgericht erklärte einige Einzelheiten für verfassungswidrig und machte eine Verfassungsänderung notwendig. Wie so oft in Frankreich, blieb die Ausführung hinter den Ankündigungen zurück. Die Zahl von acht- bis neuntausend Ausweisungen im Jahr dürfte sich auch unter der neuen Regierung kaum verringern. Auch schadet das Schielen nach der Wählergunst der ruhigen Behandlung eines so schwierigen Problems, wie es die Einwanderungsbeschränkung ist.

Das französische Integrationsmodell, das sich in der Vergangenheit bewährt hat, soll auch in der Zukunft beibehalten werden. Die Regierung sieht in der Einwanderungsbeschränkung eine Voraussetzung für das weitere Gelingen der Eingliederung der Ausländer. Die Voraussetzung dafür ist, daß das System nicht überlastet wird. Wenn es gelingt, den jährlichen ‚Wanderungsüberschuß' von 150.000 auf 80.000 Personen zu verringern, dann kann der Mechanismus der Integration wieder greifen, hoffen die Verantwortlichen. Auf eine andere Bedingung hat die Regierung freilich wenig Einfluß: auf die Wirtschaftsbelebung. Die Arbeitslosigkeit bleibt das größte Integrationshindernis. In der Wirtschaftsdepression hat die Utopie der ‚multikulturellen' Gesellschaft ihren Glanz verloren. „Die Ghettos haben wir schon", warnt der Vorsitzende der Organisation ‚France plus', Areski Dahmani. „Es bleiben uns vielleicht noch einige Jahre, um etwas dagegen zu tun. Sonst bekommen wir hier Zustände wie in Amerika."

Das Imperium schlägt zurück – die englische Erfahrung

Von Gerd Kröncke

Nun ist er ein alter Mann von 83 Jahren. Seine Zeit ist vorbei, und Enoch Powell hat doch nicht Recht behalten. Merkwürdigerweise wird der rechthaberische Alte noch immer als einer der großen Philosophen der englischen Konservativen verklärt, aber das hat eher nostalgische Gründe. Die Gruppierungen am rechten Rand der Tories laden ihn noch immer ein, damit er bei den Parteitagen über die Gefahren einer vermeintlichen Überfremdung referieren kann; doch im breiteren politischen Spektrum wird er schon lange nicht mehr ernstgenommen. Dabei hatte dieser Enoch Powell, bevor Margaret Thatcher erst zu Einfluß und dann zur Macht kam, eine große Zukunft vor sich. Mit einer Kundgebung, mit einem Satz, war das alles beendet, fast über Nacht. Enoch Powell war verteidigungspolitischer Sprecher der Konservativen in der Opposition, als er im Frühjahr 1968 in Birmingham eine Rede zum Thema Immigration hielt. Er breitete, angeblich die Ansichten seiner weißen Wähler wiedergebend, allerlei Statistiken aus, die Geburtenrate der schwarzen Bevölkerung betreffend: „In 15 oder 20 Jahren wird der schwarze Mann die Peitsche schwingen über den weißen Mann." Und dann der Satz, für den der Name Powell bis heute steht, der ihn unter den Rassisten des Landes noch immer als populäre Figur erscheinen läßt: „Wenn ich in die Zukunft schaue, bin ich von bösen Ahnungen erfüllt. Wie die Römer scheint mir, als sähe ich ‚den Tiber überschäumend von so viel Blut'."

Mag sein, daß er, der Altsprachler, später bereut hat, die lateinische Phrase ins Englische übertragen zu haben. Zurückgenommen hat er sie nie. Edward Heath, der damalige Oppositionsführer, hat ihn sofort und endgültig aus dem Schattenkabinett verbannt. Trotz der Bewunderung, die Margaret Thatcher noch dem greisen Powell entgegenbringt, ist er nie in die erste Reihe zurückgekehrt. Seine Ansichten werden von Zeit zu Zeit hervorgekramt und sind in Britanniens Gesellschaft latent immer gegenwärtig geblieben. Sie zu äußern, ist nicht länger fashionable. Wer in der ersten Reihe steht und da bleiben will, äußert sie besser nicht öffentlich. Einer der früheren Vertrauten der einst Eisernen Lady, Lord Tebbit, traut sich noch manchmal. Während einer Konferenz im Februar 1995 warnte er vor jungen Konservativen: Falls das Vereinigte Königreich Teil eines Föderalen Vereinigten Europas werde, würden ziviler Ungehorsam und Gesetzlosigkeit um sich greifen und die Briten auf den Status einer untergeordneten Rasse zurückfallen, den Schwarzen unter der Apartheid in Südafrika vergleichbar.

Jahrhundertelang hat Britannien Flüchtlinge und Einwanderer integriert. Hugenotten kamen im 17. Jahrhundert aus Frankreich, vor religiöser und politischer Verfolgung fliehend. Juden hofften auf ein besseres Leben, als sie es in Osteuropa finden konnten. Irische Immigranten entkamen dem Hunger auf der Nachbarinsel, Flüchtlinge aus Nazideutschland fanden Aufnahme im toleranten England, Heimatlose und Versprengte suchten Zuflucht nach dem Zweiten Weltkrieg. Aber die große Einwanderungswelle aus dem ehemaligen Empire setzte erst viel später ein.

Bis 1962 hatte jeder Bürger des Commonwealth das selbstverständliche Recht, sich als Untertan Ihrer Majestät in Britannien niederzulassen. Damals entschloß sich die Regierung, den Zustrom auf ein Niveau zu reduzieren, das das Land ökonomisch und sozial verkraften konnte. Seither ist die Zuwanderung – die noch im Jahre 1975 bei 82.000 lag – ständig zurückgegangen. Die letzte vorliegende Zahl, für 1991, betrug 54.000. Heute werden im wesentlichen nur noch Zuwanderer offiziell akzeptiert, die schon Verwandte im Lande haben.

Mit rund einer Million sind die britischen Moslems die größte Gruppe von Gläubigen in England – wobei die irische

Insel und die Landesteile Schottland und Wales zu vernachlässigen sind; die meisten leben tatsächlich in London und den englischen Ballungszentren. Aufs Ganze gesehen, liegt der Anteil der ethnischen Minderheiten in Britannien mit rund drei Millionen bei 5,5 Prozent der Bevölkerung. Deshalb wird auf der Insel inzwischen von einer multikulturellen Gesellschaft gesprochen – und von einer multiracial society, wobei der Begriff ‚Rasse' nicht notwendigerweise den gleichen diskriminierenden Beigeschmack wie im Deutschen hat. Grund dafür sind vor allem die Einwanderungswellen der 1950er und 1960er Jahre, als Immigranten aus den früheren Kolonien der Karibik und von dem südasiatischen Subkontinent nach Großbritannien strömten.

Sind sie nicht inzwischen britischer als die Briten? Zaki Badawi, Professor für Islamische Theologie am Moslem College in London, veröffentlichte vor einiger Zeit eine provokante Betrachtung darüber, „wie wir Asiaten Euch Briten zeigen, wie Ihr Euch retten könnt". Ausgehend von einer Zeitungsschlagzeile – „Britanniens traditionelle Familie ist jetzt asiatisch" – hält er den Briten, das heißt in diesem Fall den weißen Alteingesessenen, ein paar durchaus nicht unbekannte, gleichwohl oft verdrängte Fakten vor. Anhand von offiziellen Zahlen des Central Statistical Office läßt sich nachweisen, welche tiefgreifenden Änderungen die britische Gesellschaft in den letzten Jahren erfahren hat. Die traditionelle Familie gibt es danach nurmehr im Moslem-Milieu oder bei den Hindus und Sikhs, sie hat ihren Ursprung in Pakistan, Bangladesch oder Indien. Von zehn Haushalten dieser Gruppe bilden sieben jeweils eine Familie mit Vater, Mutter und Kindern – eine Konstellation, die längst nicht mehr typisch ist für die weiße, britische Bevölkerung, von der nur noch ein Viertel in jener Lesebuch-Familiensituation lebt. Da ist, aus der Sicht des islamischen Gelehrten, wohl etwas faul in der weißen Gesellschaft, und der Abstand wird mit jedem Jahr größer. „Man geht nicht zu weit", meint der Professor, „wenn man sagt, daß Ihr Eure Gesellschaft zerstört, wenn Ihr dieses wachsende Problem nicht lösen könnt."

In den vergangenen zwei Jahrzehnten ist die Zahl der Eheschließungen um ein Fünftel gefallen, die der Scheidungen hingegen hat sich verdoppelt. Die uneheliche Geburt ist auch in der englischen Gesellschaft zum Glück längst kein Stigma mehr. Nur ist statt dessen, was einmal die Ausnahme gewesen ist, inzwischen in weiten Teilen zur Regel geworden. Jede dritte Mutter ist nicht mehr mit dem Vater ihres Kindes verheiratet. In der working class ist dies oft genug die Flucht junger Mädchen aus der tristen Wirklichkeit, die jungen, schlechtausgebildeten Frauen keine andere Perspektive läßt.

Hingegen ist die alleinerziehende Mutter unter Pakistanern und Indern die seltene Ausnahme; mit knapp über einem Prozent ist das Problem, wenn es denn ein Problem ist, so gut wie nicht vorhanden. „Es könnte wohl sein", wendet sich Zaki Badawi an die alten Kolonialherren, „daß wir helfen können, den Briten den Weg zurück zu ihren alten Werten zu weisen."

Badawi, britischer Staatsbürger, der sich freilich kulturell noch immer als Asiate versteht, hält den Briten ein paar familiäre Grundweisheiten vor, die auch auf der Insel einmal zu den Selbstverständlichkeiten gehört haben. Er glaubt halt noch immer an die Werte der Großfamilie, die nicht nur aus Vater-Mutter-Kind besteht, sondern zu der auch Tanten und Onkel, Brüder und Schwestern und deren Kinder gehören. Aus Ländern kommend, in denen das soziale Netz nicht vom Staat, sondern von der Familie geknüpft wird, „sind wir mit dem Gedanken groß geworden, daß wir füreinander da sind".

Der Verfall der Familie geht einher mit dem Verfall all der anderen traditionellen Ausrichtungen, die einst das britische Wertesystem bestimmt haben. „Der Trend geht dahin", sagt Badawi, „Autoritäten als einen Witz anzusehen." Die königliche Familie, die Regierung, das Schulsystem – alles ist unter Druck geraten. Die Kirche hat, wenn von der Staatsreligion der Church of England die Rede ist, keine Anziehungskraft mehr. Gemessen am Besuch der Gottesdienste dürfte die Anglikanische Kirche schon lange nicht mehr Staatskirche sein.

Zu ihr bekennen sich heute aktiv weniger Einwohner Englands als zu den Weltreligionen der vormaligen Kolonien.

Das Londoner Eastend ist ein greifbares Beispiel für die Einwanderungsschübe. Das auffälligste Gebäude an der Whitechapel Road ist längst nicht mehr das Hauptquartier der Heilsarmee, sondern die prächtige Moschee, errichtet mit saudischem Geld. Die Central Mosque und das ihr angeschlossene Islamic Cultural Centre gehören zu den wichtigsten muslimischen Einrichtungen der westlichen Welt. Aber dahinter hat die Große Synagoge in der Fieldgate Street die Zeiten überdauert, und ihre Gemeinde zählt noch an die tausend Gläubige. Trotz ihres Namens ist das jüdische Gotteshaus von bescheidenem Ausmaß, kaum größer als das Büro eines islamischen Begräbnisinstituts nebenan.

Ein paar Straßen weiter finden wir ein geschichtsträchtiges Haus, das die Geschichte des Eastends und der Fremden in London symbolisiert. Viermal am Tag eilen dorthin Männer jeglichen Alters zum Gebet, Männer, denen man ansieht, daß ihre Eltern nicht als Engländer geboren wurden, stolze Männer mit dunklem Teint, die älteren tragen weiße Bärte. Das große Haus steht für den Wandel im Eastend.

Die es bauen ließen, waren Emigranten aus Frankreich. Ein Jahrhundert lang haben die Hugenotten im engen Spitalfield, dem Herzen von Eastend, gelebt. Als sie abwanderten, und die Juden das Vakuum füllten, wurde das Haus von einem anglikanischen Verein, einer Gesellschaft zur Bekehrung der Juden, übernommen. Die war nicht sonderlich erfolgreich, konnte in sechs Jahrzehnten gerade 59 Juden zum Christentum bekehren, und nachdem sie ausgezogen war, wurde das Haus von polnischen Juden zur Synagoge umgewandelt. Danach hat es eine Weile leergestanden, aber in den achtziger Jahren haben Moslems aus Bangladesch eine Moschee daraus gemacht: die London Jamme Masjid.

Seit einem Jahrhundert schon leben Moslems in Britannien; die erste und noch existierende islamische Gemeinschaft etablierte sich oben im Norden Englands in South Shields in der Grafschaft, die heute Tyne and Wear heißt. Es waren Seeleute aus dem Jemen, die sich hier niederließen, und deren Nachkommen sich über die Jahrzehnte ins Leben der Insel integrierten, ohne ihre eigene Identität aufzugeben.

Ein paar Einwanderer haben es zu Einfluß, sogar zu Macht, ganz gewiß aber zu großem Ansehen gebracht. Mächtiger zum Beispiel als Bill Morris kann einer nicht werden. Er ist Generalsekretär der Transport and General Workers' Union, der größten Einzelgewerkschaft des Landes. Ein konziliant er Mann, dessen Bart langsam grauer wird, dessen angenehme Umgangsformen freilich leicht über seine Kompromißlosigkeit hinwegtäuschen können, wenn es um die Interessen seiner Mitglieder geht. Geboren in Jamaika, kam er als junger Mensch vor fast vier Jahrzehnten nach Birmingham und arbeitete zunächst in der Metallindustrie. Schon 1958 trat er der Gewerkschaft bei, wurde Anfang der siebziger Jahre hauptamtlicher Funktionär und machte sich schnell einen Namen. Auf dem langen Weg durch die Institutionen drang er schließlich 1992 an die Spitze vor und ist heute einer der mächtigsten Gewerkschafter.

Oder der Journalist Trevor McDonald, der seine Karriere im heimatlichen Trinidad begann, bevor er 1973 nach England kam. Die erste Station ist in solchen Fällen meist der BBC World Service, wo er als Reporter auffiel und schließlich von den privaten Independent Television News engagiert wurde. Es war nicht wirklich eine Ochsentour, die er sich zumuten mußte; vielmehr wurde der Mann mit der schokoladenfarbenen Haut schnell ein householdname, eines der vertrautesten Gesichter auf britischen Fernsehschirmen. Inzwischen ist er längst Anchorman der Ten O'Clock News, einer der populärsten TV-Nachrichtensendungen. Er ist ein Mann von lakonischem Charme, und seine Stärke sind eine sanfte Stimme und eine klassenlose Aussprache. Dies ist das neue Englisch der gebildeten Klassen, ohne Hinweis auf die Herkunft. Nicht mehr das alte Queen's English, vielmehr eine Sprache, die sich nicht anbiedert an die Nachlässigkeiten der working class, aber auch ohne die Arroganz der alten Stände.

Ganz allmählich beginnen die Briten aus den alten Commonwealth-Ländern auch in der Politik aufzusteigen. Es kann noch eine Weile dauern, bis es einer zum Minister bringen könnte, aber so aussichtslos, wie es über die Jahrzehnte hin gewesen ist, bleibt es nicht – obwohl von den 651 Unterhausabgeordneten nur vier Mitglieder zur schwarzen Minderheit gehören. Davon sitzt keiner auf den Bänken der regierenden Konservativen. Einer hatte mal kandidiert, und das war keine gute Erfahrung für den Anwalt John Taylor. Als „bloody Nigger" mußte er sich beschimpfen lassen von Ignoranten aus den eigenen Tory-Reihen. „Dies ist kein Hundert-Meter-Lauf", sagt Taylor heute, „es ist ein Marathon, und man muß ein paar Rückschläge hinnehmen."

So paßt es ins Bild, daß jemand, der schwarz ist, am ehesten seine Chance in der Labour Party findet. Zumindest einer von ihnen, Paul Boateng, könnte bei einem Wahlsieg der Linken in die Regierungsmannschaft aufrücken. Boateng, Jahrgang 1951, ist in London geboren, hat aber seine Jugend in Ghana verbracht. Er hat Jura studiert, ist Anwalt geworden, und es entspricht noch dem Klischee, daß er sich vor allem auf Menschenrechte und Sozialfragen konzentrierte. Anfang der 1980er Jahre wurde Boateng auf lokaler Londoner Ebene politisch aktiv. Er gehörte zu den ‚ersten Schwarzen' – ein Sammelbegriff, der sich in Britannien für alle Mitglieder ethnischer Minderheiten eingeschliffen hat –, die 1987 ins Parlament gewählt wurden.

Als die vier ins Unterhaus einzogen, erwarteten viele schwarze Aktivisten von ihnen, daß sie nun schwarze Politik machen und eine Fraktion innerhalb der Labour Party bilden würden. Das Gegenteil ist richtig. Boateng und sein Parteifreund Bernie Grant stehen auf entgegengesetzten Flügeln. Grant bekennt sich nach wie vor zu seinen Wurzeln in der außerparlamentarischen Opposition und tut sich gelegentlich mit radikalen Ansichten hervor – so forderte er einmal, die britische Regierung solle jedem, der es wünsche, die Rückkehr und eine Existenzgründung im Land seiner Väter finanzieren. Boateng hat sich demgegenüber auf dem Labour-Flügel der ‚Modernisierer' profiliert. Es war ihm nie daran gelegen, die Rolle des schwarzen Politikers zu spielen: „Ich bin kein eindimensionales Vorzeigeschild. Und wenn schwarze Nationalisten enttäuscht sind, werde ich darüber keinen Schlaf verlieren.“ Eine Meinungsumfrage im Auftrag der Kommission für Rassengleichheit ergab vor den Unterhauswahlen von 1992, daß die Minderheiten ihre Prioritäten nicht an der Frage der Rassen messen. Die wichtigsten Probleme sind die Erziehung ihrer Kinder, gefolgt von der Verbrechensbekämpfung, der Wirtschaft und den Arbeitsplätzen. Sie wählen nicht nach Hautfarbe.

Die Rushdie-Affäre begann damit, daß der Ajatollah Khomeini die ‚Fatwa‘ über den britischen Schriftsteller indischer Herkunft verhängte. Daß Salman Rushdie die ‚Satanischen Verse‘ verfaßt hatte, wurde zum todeswürdigen Verbrechen erklärt, und alle moslemischen Gläubigen wurden aufgefordert, ihn zu ermorden. Khomeini schloß mit den Worten, daß „der Autor des gegen den Islam, den Propheten und den Koran gerichteten Buches sowie die mit seiner Veröffentlichung Befaßten und von seinem Inhalt Unterrichteten zum Tode verurteilt“ seien. Mit dem Tode des Ajatollah hat sich die Fatwa, von der Teile der moslemischen Gemeinschaft zunehmend radikalisiert wurden, noch lange nicht erledigt.

Einer der Wortführer, der frühere Guardian-Redakteur Kalin Siddiqui, der öffentlich und nahezu hemmungslos die Fatwa guthieß, ist Direktor eines Muslim Institute of Planning and Research. Weil ihm das aber nicht genügt, hat er Anfang 1992 in London ein Moslemisches Parlament gegründet, das freilich seither nur selten zusammengetreten ist. Der größte Coup war die Eröffnung, danach hatte das öffentliche Interesse bald wieder nachgelassen. Ohnehin war die Bezeichnung ‚Parlament‘ leicht irreführend und nur deshalb gewählt worden, weil die ursprüngliche Idee eines ‚Council for British Muslims‘ weniger werbewirksam gewesen wäre. Die 155 Mitglieder waren überwiegend von Siddiquis Institut ausgewählt worden und mußten für die Ehre knapp 400 Mark Jahresbeitrag bezahlen.

Doch ist dies noch die gemäßigte Spielart. Andere Gruppierungen wie die Hizb ut Tahrir, die Befreiungspartei, gehen weiter in ihrer Unangepaßtheit und lehnen das System ihres

Gastlandes rundweg ab. Auf die Frage einer Anhängerin, was denn ein britischer Moslem für den Djihad, den heiligen Krieg, tun könne, antwortete einer der Führer, Farid Qassim: „Britische Moslems, so etwas gibt es nicht. Es gibt nur Moslems."

Das Empire schlägt zurück. Drei Generationen lang, seit der großen Immigrationswelle der fünfziger und sechziger Jahre, haben sie sich integriert, haben versucht, ihre großartigen oder bescheidenen Karrieren zu machen, haben Prosperität und ihren Platz in der britischen Gesellschaft gesucht und haben sich doch gleichzeitig ihren eigenen Lebensstil bewahrt. Aber die neuen Parteien, von denen man nur selten in den etablierten Zeitungen liest, agitieren gegen das alte Ideal der Integration. Parteien wie die Hizb ut Tahrir verkünden, daß britische Moslems nicht zur britischen Gesellschaft gehören, sondern zur großen islamischen Gemeinschaft. Sie formieren sich zum Kampf gegen die westliche „Unterdrückung". Mitglieder der Kommission für die Rassengleichheit warnen bereits davor, daß hier eine Zeitbombe tickt. Die Demonstrationen gegen Salman Rushdie, bis hin zur öffentlichen Verbrennung der ‚Satanischen Verse' in Bradford, wären demnach nur Vorboten gewesen.

Die Radikalen führen einen Kampf an zwei Fronten. Hizb ut Tahrir beherrscht nahezu alle moslemischen Studentenvereinigungen an den Londoner Colleges und der Universität. Gleichzeitig fordern sie das Establishment der eigenen Moscheen heraus, kritisieren und mokieren sich öffentlich über die Predigten der Imame. Einige der neuen Gruppen dienen als Stützpunkte für radikale Organisationen im Nahen Osten, die dafür eintreten, arabische Regierungen zu stürzen.

Die Unruhe ist Ausdruck einer neuen Unsicherheit. Die Menschen der jüngeren Generation, die nicht mehr im gleichen Maße wie Väter und Großväter ums pure Überleben kämpfen müssen, fragen sich neuerdings, was ihre Zukunft ist und ob sie wirklich in Britannien liegen kann; oder überhaupt in Europa, wo doch dieses Europa zugesehen oder weggeschaut hat, als in Bosnien Tausende von Moslems getötet wurden. „Wir sind hier erst seit dreißig Jahren", sagt der islamische Journalist

Ehsan Massoud, „aber die bosnischen Moslems haben seit 500 Jahren in Europa gelebt. Sie wollten Europäer sein. Wo also liegt meine Zukunft als Europäer?" Und ein junger Radikaler sagt, er habe sich bemüht, ein Brite zu sein, „aber wie sehr ich es auch versuche, es wird mir nicht gelingen wegen meiner braunen Hautfarbe. Früher habe ich alles unter dem Gesichtspunkt Schwarze gegen Weiße gesehen, aber nun sehe ich den Kampf der Moslems gegen die Nicht-Moslems."

Sie haben noch einen langen Weg vor sich. Aber für schwarze Youngsters gibt es wenigstens die Chance, im Sport Karriere zu machen. Linford Christie, der Sprinter und Olympiasieger, ist der schnellste Mann der Insel und Mitinhaber des Sprintweltrekords über hundert Meter. Man kann ihn durchaus für den besten britischen Sportler des Jahrzehnts halten, und doch ist er nie das Idol der britischen Jugend, sondern immer nur das der schwarzen Jungen gewesen. Bei Länderkämpfen war er der erste schwarze Kapitän der britischen Mannschaft. Nach Sprinterfolgen und seinem Olympiasieg hat er mit Stolz den Union-Jack durchs Stadion getragen. Und doch wirkt er manchmal wie ein Fremder im eigenen Land.

Ähnliches gilt auch für den Massensport Fußball. Der schwarze Stürmerstar Andy Cole war bei seinem Vereinswechsel Anfang 1995 der teuerste Fußballer auf der Insel. Niemals zuvor hat ein Verein so viel in einen Spieler investiert – Manchester United mußte 16 Millionen Mark an den FC Newcastle bezahlen, damit Cole künftig für die Mannschaft aus dem Norden Tore schießt. Zwar hatte Manchester genügend gute Stürmer, wichtig war es jedoch, daß der junge Andy Cole als Engländer geboren ist. Die Vereine können nicht zu viele Gastarbeiter aus dem übrigen Europa beschäftigen; bei Spielen auf dem Kontinent dürfen nämlich nicht mehr als drei Nichtbriten eingesetzt werden.

Der unterschwellige Rassismus wird nur allmählich überwunden. Wenn jemand sagt, daß die Nanny der Familie britisch ist, dann kann man sicher sein, daß das Kindermädchen eine dunkle Hautfarbe hat. Und daß der Fußballspieler Cole als englisch durchgeht, hat damit zu tun, daß sich die Schwarzen auf dem Spielfeld durchgesetzt haben. Dunkelhäutige Briten sind im Strafraum nicht länger unterrepräsentiert, aber Black players neigen noch immer dazu, ihre Familien zu Hause zu lassen, aus Angst, sie könnten belästigt werden. Wenn der Rassismus auf dem Rasen keinen Platz mehr hat, heißt das nicht, daß er auf den Rängen nicht mehr stattfände. Unter den Zehntausenden von Zuschauern sind braune und schwarze Gesichter kaum auszumachen. Und was die Spieler asiatischer Herkunft angeht, so sind sie derzeit auf dem Stand, den ihre schwarzen Spielkameraden vor zwei Jahrzehnten hatten. Von den rund 2.000 Fußballprofis auf der Insel sind etwa 300 schwarz – und die Zuschauer sind noch lange nicht farbenblind, ganz zu schweigen von den Hooligans.

Als Naseem Bashir am ersten Samstag des Jahres 1995 aufs Feld lief, um mit seiner Mannschaft Aylesbury United gegen die Queens Park Rangers ehrenvoll unterzugehen, war er der erste Spieler indischer Herkunft, der bis in die dritte Runde des Pokalwettbewerbs vorrückte. Für seinen Traum jedoch, eines Tages in einer richtigen Ligamannschaft zu spielen, wird die Zeit nicht mehr reichen: Er ist doch schon 25, und wenig spricht derzeit dafür, daß das Tabu in den nächsten Jahren durchbrochen werden könnte. Einmal hatte er eine kurze Phase als Semi-Professional beim Provinzklub Reading, aber „die anderen Spieler sagten immer ‚Paki-Bastard' zu mir, und wann ich denn meinen Laden aufmachen würde". So wird er sein Geld weiterhin als Fensterputzer verdienen.

Dabei ist es doch nur eine Frage der Zeit. In der Asian Football League in London, die vor ein paar Jahren mit dem Segen der Football Association eingerichtet wurde, kicken 400 Spieler. „Wir sind hier aufgewachsen", sagt Nadeem Saleemi, der Vorsitzende, „wir haben unser ganzes Leben lang Fußball gespielt." Eine Untersuchung der Universität Manchester ergab 1994, daß etwa Bangladeschi erheblich mehr Fußball spielen als ihre weißen Altersgenossen. Viv Anderson, der 1978 als erster schwarzer Spieler für England antrat, fühlt sich an seine eigenen Erfahrungen erinnert. „Es war mit schwarzen Spielern genau dasselbe. Es braucht nur einen einzigen asiatischen

Spieler, der den Durchbruch schafft, dann folgen andere automatisch."

Beim englischsten aller englischen Spiele, dem Cricket, sieht es ähnlich aus. Der Yorkshire County Cricket Club hat bis vor kurzem die Regel hochgehalten, daß kein Spieler für die ,Weiße Rose' antreten durfte, der nicht in den Grenzen der Grafschaft geboren war. Und obwohl in Sheffield, Bradford und Leeds Hunderte von jungen Männern asiatischer oder jamaikanischer Herkunft Cricket spielen, ist es noch keinem gelungen, für den Prestige-Club aufgestellt zu werden. Unvergessen ist der Auftritt eines karibischen Captains, der während einer Begegnung gegen das County Team über die Bande sprang, um einen rassistischen Zwischenrufer zur Raison zu bringen.

Wenn man mit der U-Bahn quer durch London fährt, kann man gelegentlich darüber nachdenken, wer von den Gegenübersitzenden wohl englische Eltern gehabt haben mag. Es dürfte nur wenige Städte geben, in denen so viele Ethnien und Nationalitäten anzutreffen sind wie in Britanniens Hauptstadt. Nach der Volkszählung von 1991 leben hier 37 verschiedene Gruppen mit jeweils mehr als zehntausend Mitgliedern. Jeder fünfte Bürger der Metropole, mehr als eine Million Bürger der Stadt, rechnet sich selbst zu den ethnischen Minderheiten, und das sind natürlich überwiegend Menschen, die ihre Wurzeln im ehemaligen Commonwealth haben. An der Spitze stehen die Inder (5,2 Prozent), gefolgt von den Schwarzen aus der Karibik (4,4 Prozent) und den Iren – aber die sind vor allen anderen gekommen und immer schon dagewesen. Beinahe die Hälfte der Menschen aus den ethnischen Minderheiten ist bereits in Britannien geboren. Bei der Volkszählung von 1991 war zum ersten Mal freigestellt, sich selbst ethnisch einzuordnen. Danach sehen sich mehr als 36.000 Londoner als black British. „Es gibt eine Menge Leute", sagte Herman Ousley, Vorsitzender der Kommission für Rassengleichheit, „die sich nicht länger als Jamaikaner, Afrikaner oder Asiaten verstehen. Sie betrachten sich selbst als britisch und erwarten, daß sie nicht anders als alle anderen Briten behandelt werden."

Einige Gruppen neigen dazu, zusammenzustehen und zusammenzuleben. Bangladeschi sind besonders konzentriert im Stadtteil Tower Hamlet, während die Chinesen, wenngleich ihr Zusammengehörigkeitsgefühl nicht minder ausgeprägt ist, sich über die gesamte Hauptstadt verteilen. Und dann gibt es kleinere Bezirke, wie etwa Northcote im Stadtteil Ealing, die kein Engländer mehr wiedererkennen würde, wenn er ein paar Jahrzehnte fern der Heimat zugebracht hat. 67 Prozent der Bevölkerung von Northcote sind Inder – oder besser: indischer Herkunft.

Trotz des zunehmenden Selbstbewußtseins der Minderheiten bleibt ihnen selbst in einem vergleichsweise toleranten Land wie Großbritannien Diskriminierung noch immer nicht erspart. Nur ist es längst nicht mehr opportun, wenigstens nicht in der Mittelschicht, sich zu rassistischen Tendenzen zu bekennen. Die Erfolge der British Nationalist Party waren bislang immer von kurzer Dauer. Einmal, 1993, hatte sie für Aufsehen gesorgt, als sie in einem Londoner Arbeiterviertel einen, aber halt nur einen, Sitz in einem Gemeinderat erobern konnte, der bei der nächsten Wahl wieder verlorenging.

Seinerzeit hatte der schwarze Abgeordnete Bernie Grant – ein populärer Linker, aber ohne Chance auf eine führende Position in der Labour Party – vorausgesagt, daß es zu neuen Rassenunruhen kommen könnte, wie einst in Brixton und Liverpool, Mitte der 1980er Jahre. Doch muß Grant einräumen, daß seine Sorge nicht einmal in der eigenen Partei geteilt wird.

Die alten viktorianischen Häuserzeilen, die sich die Hügel von Bradford hinaufziehen, stammen aus der Zeit, als die Stadt in den West Midlands das Zentrum der britischen Textilindustrie gewesen ist. Von den 460.000 Einwohnern sind mehr als 60.000 asiatischer, überwiegend pakistanischer Herkunft. Die Schwarzen aus der Karibik bilden eine Minderheit von lediglich 5.000. Schon bei der Ankunft fällt dem Besucher das asiatische Element sofort ins Auge – fast jeder Taxifahrer ist Pakistani. Die Moslem-Gemeinde ist, außerhalb von London, die größte in England. Bradford ist gewissermaßen die heimliche Hauptstadt des Islam in Großbritannien, und wenn die Engländer die Gegend ‚Klein Pakistan' nennen, dann ist das meist nicht freundlich gemeint.

Das Netz von Moscheen, das England überzieht, hat in Bradford seine größte Dichte. Und unter den Zusammenschlüssen dieser Gotteshäuser ist das Bradford Council for Mosques wahrscheinlich das bedeutendste. Es wird gestützt von den Moslems, die seit den 1950er Jahren aus Pakistan nach England kamen und in Bradford billige Arbeitskräfte in den Webereien stellten. Eine Moslem working class bildet noch heute das Rückgrat des Council.

Bis Ende der 1980er Jahre beschränkten sich die religiösen Führer in ihren Aktivitäten fast ausschließlich auf religiöse und soziale Fragen. Wenn sie sich politisch äußerten, dann nur, um sich gegen offenkundige Ungerechtigkeiten zu wehren. Gegen den Rassismus eines einzelnen Schulleiters konnten sich die Moslems in Bradford erfolgreich zur Wehr setzen. Es war schließlich die Salman Rushdie-Affäre, die einen Klimawechsel bewirkte. Aus dem geistigen Moscheen-Rat wurde eine politische Kraft. Ein Bild, das um die Welt ging, die ‚Satanischen Verse' brennend, änderte die Atmosphäre in Bradford. Der Moscheen-Rat ernannte einen jungen Intellektuellen zu seinem Sprecher; Shabbir Akhtar gelang es, die Affäre auf eine Weise zu präsentieren, die es wenigstens den englischen Liberalen ermöglichte, die Sache der Moslems zu verstehen.

Manchmal kommt es zum Konflikt innerhalb der etablierten politischen Klasse, die in einer Stadt wie Bradford traditionell von der Labour Party repräsentiert wird. Dann stellen sich die neuen Bürger aus den Ländern des Commonwealth, die so neu längst nicht mehr sind, gegen das Establishment der alten Arbeiterpartei. In Bradford schwelt solch ein Konflikt seit April 1993, als der Unterhausabgeordnete Max Madden erklärte, daß er bei den nächsten Wahlen nicht wieder kandidieren werde. Madden hielt es für eine gute Idee, für politisch korrekt jedenfalls, daß nach ihm eine Frau den Wahlkreis Bradford West im Unterhaus vertreten würde – eine Vorstellung, die in der pakistanischen Gemeinschaft geradezu Entsetzen auslöste. Der Wahlkreis hat den höchsten Anteil von Pakistanern in ganz

Europa, 28 Prozent der Bevölkerung stammen vom Subkontinent. In einigen der heruntergekommenen Stadtteile, den inner cities, erreicht der Anteil die Hälfte der Einwohner. Sie halten ihre alten Werte hoch, und Frauen spielen ihre tragende Rolle jedenfalls nicht im öffentlichen Leben. Die meisten Pakistaner haben immer Labour gewählt, und auf lokaler Ebene schlägt sich ihr Einfluß durchaus adäquat nieder. Im Rathaus von Bradford sitzen elf Stadtverordnete pakistanischer Herkunft.

Einer der erfolgreichsten Geschäftsleute in Bradford, ein Mann, dessen Name Rangzeb Vor- und Nachname zugleich ist, hat sich Ende der 1980er Jahre ins Rathaus wählen lassen. „Ich hätte nie gedacht, daß ich mich einmischen würde, aber ich fühlte mich dazu gezwungen." Der Rassismus sei sogar innerhalb der Labour Party beträchtlich gewesen, weiße Genossen hätten versucht, die Kandidatur von Schwarzen zu hintertreiben. Er sehe wohl, daß es eine Diskriminierung gegen Frauen gebe in Großbritannien, aber die Diskriminierung gegen ethnische Minderheiten sei immer noch erheblich größer. „Ich möchte in Westminster dienen, weil ich glaube, daß ich der beste Mann für diesen Job bin."

Der Mann, der als Kind vor fast drei Jahrzehnten nach Bradford kam, kein Wort Englisch sprach und nur den einen Namen hatte, vergleicht seine Rolle heute mit der eines Dorfältesten in Kaschmir. Pakistanische Ratsherren, sagt er, müßten zehnmal härter arbeiten als ihre weißen Kollegen. Mögen sich liberale Engländer der Mittelklasse auch um Farbenblindheit bemühen – wer sich zu einer ethnischen Minderheit zählt, dem bleibt zeitlebens bewußt, daß es einstweilen allenfalls eine theoretische Gleichheit gibt. „Wir müssen Leuten helfen", sagt Rangzeb, „die das britische System einfach nicht durchschauen."

Ein paar Erfolgsstories gibt es schon in Bradford, aber die von Mohammed Ajeeb ist noch nicht zu Ende. Ajeeb ist einer der prominenten Führer der pakistanischen Community in den West Midlands. Als Teenager ist er Mitte der 1950er Jahre nach Bradford gekommen und hat seinen Weg zum Ratsherrn gemacht. Fünfmal hat er inzwischen versucht, für einen Parlamentssitz aufgestellt zu werden, aber in den 1980er Jahren, als er die größten Chancen gehabt hätte und sein Rückhalt in der eigenen Community am größten war, war die britische Labour Party noch nicht so weit. Und daß er es nun noch jemals schaffen wird, in den exklusivsten Club des Landes, das Unterhaus, aufgenommen zu werden, wird mit jeder Wahl zweifelhafter. „Unsere Frustration endet entweder in Apathie", sagt Mohammed Ajeeb heute, „oder sie führt dazu, daß etwas sehr Drastisches passiert. Wir leben hier nun schon so lange, und wir haben immer Labour unterstützt, aber man hat uns keine Möglichkeit gegeben, uns zu artikulieren. Dies ist nun auch unser Land, und wir müssen eine Stimme haben auf jeder Ebene. Es ist doch völliger Unsinn, zu glauben, daß es in einer Bevölkerungsgruppe, die so groß ist wie unsere, keine nennenswerten Kandidaten gebe. Wenn Labour uns keine Stimme gibt, dann werden wir uns selbst Gehör verschaffen."

Immerhin ist er der erste Lord Mayor asiatischer Herkunft in einer englischen Großstadt gewesen. In früheren Zeiten stammte der Erste Bürger der Stadt meist aus besonders angesehenen oder wohlhabenden Familien, Adelige waren darunter und ein bekannter Cricketspieler. Aber als Mohammed Ajeeb in das Amt kam, hatte er nichts vorzuweisen als seine zähe Arbeit für das Zusammenleben der verschiedenen ethnischen Gruppen.

Mohammed Ajeeb ist armer Leute Kind. Als Junge mußte er täglich von seinem Dorf fünf Meilen zu Fuß in die Stadt zur Schule laufen, weil der Vater die paar Schilling für die Busfahrt nicht hatte. Bei seiner Ankunft in England hatte er sechs Pfund in der Tasche. Die Landsleute, bei denen er unterschlüpfte, lebten dichtgedrängt, teils weil es billiger war, mit 20 Menschen in einem Acht-Zimmer-Haus zu wohnen, teils weil die englische Gesellschaft noch nicht bereit war, Fremde zu akzeptieren. Vor dem Krieg hatten die Briten Leute von so weit weg allenfalls als zahlende Touristen erlebt, nun erfuhren die Neubürger, wie begrenzt die gerühmte englische Toleranz für Menschen anderer Hautfarbe sein kann. Dabei hatten in jenen Jahren die Bürger der großen Commonwealth-Familie ein verbrieftes Recht auf einen britischen Paß, und für Mohammed Ajeeb war es reine Formsache, Untertan Ihrer Majestät zu werden – schließlich waren seine Vorfahren es auch gewesen, als der Subkontinent noch von den Briten beherrscht wurde.

Seinen ersten Job in einer Seifenfabrik hatte der junge Mohammed schon drei Tage nach seiner Ankunft gefunden, aber ihn ebenso schnell wieder quittiert. Ein Vorarbeiter hatte den Pakistani weggeekelt. Bei der nächsten Arbeitsstelle, als Hilfsrangierer bei British Rail, war es nicht einfacher, da wollten die englischen Kollegen während der Teepause die Bank nicht mit dem Fremden teilen. Aber dann gab es auch Ermutigendes, was einer sein Lebtag nicht vergißt: jene Eisenbahnfahrt nach Derbyshire, als ein Mitreisender dem vor Kälte Zitternden seinen Mantel reichte. Und der Samariter war ein geborener Engländer.

Ein halbes Menschenleben später ist die multikulturelle Gesellschaft vielleicht noch nicht verwirklicht, aber Britannien ist wenigstens ein paar Schritte auf dem Weg dorthin vorangekommen. Kronprinz Charles ist fest entschlossen, wenn er denn als Charles III. einmal König sein wird, nicht mehr nur, wie alle seine Vorgänger seit Heinrich VIII., ‚Verteidiger des Glaubens' (‚Defender of the Faith') zu sein, wie es der ungeschriebenen britischen Verfassung entspricht. Vielmehr will er als solcher den Glauben schlechthin verteidigen. Bei einer Tagung (‚Britain in the World') im Frühjahr 1995 appellierte der Prinz an die Menschen des Landes, vom Islam und den moslemischen Bürgern des Königreichs zu lernen. Die Briten sollten endlich die geistigen Lehren der Zugewanderten schätzenlernen, dann hätten sie die Chance, eine einzigartige Rolle als Brückenbauer zwischen der moslemischen Welt und dem Westen zu spielen.

„Dieses aber", sagt Charles, „wird nicht möglich sein ohne unsere Bereitschaft, unseren angeborenen Pragmatismus in Einklang zu bringen mit einem Bewußtsein von der lebenswichtigen Bedeutung einer Welt des Geistes."

Bürger, Nation, Republik – Europa und die multikulturelle Gesellschaft

Von Heiner Geißler

Die Wiedergeburt des völkischen Denkens

Immanuel Kant schrieb in einer seiner nachgelassenen handschriftlichen Notizen über die Bedeutung der Vernunft und meinte, sie verhindere, daß wir unseren Instinkten und damit auch den nationalen zu sehr nachgäben. Er schreibt weiter: „Um deswillen ist dieser Nationalwahn auszurotten, an dessen Stelle patriotism und cosmopolitism treten muß.“ Nun wären das Begriffe als Basis für die staatliche Ordnung, die einem gut gefallen könnten, aber es hat den Anschein, als ob wir in Deutschland und in ganz Europa wieder in eine andere Richtung gingen.

Wenn man die Dinge objektiv betrachtet, dann ist es ein schreckliches Bild, das dieses Europa für den Außenstehenden bieten muß. Völkermordende, vergewaltigende Armeen, Konzentrationslager, faschistische Banden, Verbrecherfiguren wie Milošević, Mladić, Karadžić, Chauvinisten wie Istvan Csurka, Jean-Marie Le Pen, Gratschow und andere, ihnen gegenüber die modernen Daladiers und Chamberlains wie Mitterrand, Major und Clinton. Die Geschichte scheint sich zu wiederholen mit ihrer unheilvollen Konstellation von Pazifismus, Nationalismus und Rassismus.

Trotz der unmenschlichen Erscheinungsformen des völkischen Nationalismus in Ost- und Südosteuropa findet die Wiedergeburt des völkischen Denkens in Deutschland Widerhall, wie der Freiburger Politologe und Nationalismus-Forscher Dieter Oberndörfer feststellt, dessen Buch ‚Der Wahn des Nationalen‘ (1993) ich viele Anregungen und Formulierungen für diesen Beitrag verdanke. Der homogene Volksstaat wird wieder als die einzige natürliche und legitime Form des politischen Gemeinwesens verkündet. Wir haben gleichzeitig eine sehr militante Agitation gegen alles, was eine multiethnische oder multikulturelle Republik bedeutet, nämlich gegen die Vorstellung, daß auch Menschen nicht-deutscher Herkunft die Staatsbürgerrechte bekommen könnten und daß die Kultur der Staatsbürger in einem säkularen Staat weder völkisch noch religiös oder weltanschaulich festgeschrieben und verbindlich gemacht werden darf.

Die Suche nach der deutschen Identität

Friedrich Nietzsche hat einmal gesagt, es kennzeichne eben die Deutschen, daß die Frage: „Was ist deutsch?" niemals aussterbe. Und die Deutschen sind im Moment wieder auf der Suche nach ihrer Identität. Im Ausland kann man schon wieder hören: Schwarz-Weiß-Rot verdrängt Schwarz-Rot-Gold. Nun hatten wir in der alten Bundesrepublik eigentlich kein Problem, wie die Feiern zum vierzigjährigen Bestehen des Grundgesetzes zeigten, die Republik als Verfassungsstaat zu verstehen. Nachdem die Einheit Deutschlands wiederhergestellt ist, entfaltet sich eine innere Eigendynamik der Rückkehr zum kleindeutschen, nationalstaatlichen Denken.

Man hört häufiger die Argumentation, die Westdeutschen hätten über vierzig Jahre hindurch keine Identität gefunden, hätten sich in der von den Westmächten geschützten Nische der Weltgeschichte breitgemacht und wohlgefühlt. Jetzt sei die geschichtliche Entwicklung über sie hinweggerollt, seien sie wiedervereinigt und müßten zu einer eigenen Identität finden. Europa sei eine Schimäre, heißt es, und Arnulf Baring fordert eine große nationale Debatte. Es wird bereits wieder von der Macht als Mittel der Außenpolitik geredet, also einer Neuauflage der Politik durch Blut und Eisen. Auch der Historiker Christian Meier oder Ralf Dahrendorf klinken sich nun in diese Debatte ein. Es handelt sich nicht mehr nur um bekennende

Vertreter der sogenannten ‚Neuen Rechten'. Meier spottet über die Intelligenz, die auf dem Anstand warte, daß der deutsche Nationalismus auf der Lichtung erscheine, und sagt dann: „Unbeschäftigt, wie sie dabei sind, könnten sie sich doch einmal die Frage vorlegen, ob Nationalismus die einzige Form ist, in der ein Volk Dummheiten begeht."

Nun ist keiner so verrückt, daß er nicht einen noch Verrückteren fände, der ihm zustimmt. Die Frage, die Meier gestellt hat, kann jedenfalls für das Europa seit 1871 mit einem klaren Ja beantwortet werden. Nur mit dem Nationalismus haben die Völker Europas seitdem Dummheiten und Verbrechen begangen. Das gilt für die Flotten- und Kolonialpolitik Wilhelms II. genauso wie umgekehrt für die Urheber des Versailler Vertrages. Die Deutschen sind in ihrer Mehrheit in der Weimarer Republik keine Rassisten gewesen, aber sie waren Nationalisten. Mit dem Nationalismus hat Hitler die Deutschen verführt, und dieser Nationalismus ist auch heute der fette Nährboden für Mölln und Solingen.

Die ideologischen Bausteine des Nationalstaates

Der Nationalismus und das, was wir als Nationalstaat erlebt haben, haben ideologische Bausteine. Es sind die Sprache, das Volk, die Religion und die Geschichte. Das sind die konstitutiven Eigenschaften, die Oberndörfer ausmacht und in ihrem Zusammenwirken mit dem Nationalen und Nationalistischen analysiert. Ich beziehe mich im folgenden auf seine wissenschaftliche Arbeit.

Carl Schmitt hat diese konstitutiven Eigenschaften postuliert, indem er die Auffassung vertrat, durch Teilhabe an der „Substanz der Gleichartigkeit" werde die Nation begründet. Und solche konstitutiven Eigenschaften der Gleichartigkeit sind in einer Sprachnation die Zugehörigkeit zu einer Sprachgemeinschaft, im religiös konzipierten Nationalstaat das Bekenntnis zu einer bestimmten Religion oder Konfession, im völkischen oder auch ethnischen Nationalstaat die Zugehörigkeit zu einem Volk und in der Geschichtsnation die Prägung durch eine als gemeinschaftsstiftend wahrgenommene Geschichte. Die Geschichte dieser Nationalstaaten, gleichgültig welcher Denomination, ist eine bewegende und eindrucksvolle Geschichte unsäglicher Leiden, selbstverleugnender Opfer und auch heldenhafter Taten für die Nation.

Aber diese Arten der Nation liefern auch immer wieder die Rechtfertigung für schauerliche Verbrechen von Menschen an Menschen. Die Menschen anderer Völker werden mehr oder weniger ausgegrenzt, teilweise sogar der Welt der Tiere zugeordnet. Die schizophrene Begrenzung der Menschlichkeit auf die Angehörigen des eigenen Kollektivs bildet eben auch die geistig-psychischen Voraussetzungen für die großen neuzeitlichen Menschheitsverbrechen, für die Unterwerfung und Dezimierung der Indianer Amerikas, den Sklavenexport aus Afrika im westlichen neuzeitlichen Kolonialismus genauso wie für die Verbrechen von Auschwitz.

Die Idee der offenen Republik

Was ist zu tun? Der Nationalstaat wurde in Europa geboren. Er muß durch den Aufbau einer europäischen, toleranten, offenen, republikanischen Ordnung überwunden werden. Die ideologischen Grundlagen, die Bausteine der europäischen Nationalstaaten, die Oberndörfer aufzählt, die Geschichtsmythen, die damit verbunden sind, haben ihre intellektuelle Glaubwürdigkeit verloren. Deswegen brauchen wir eine Antwort auf diese Herausforderung. Sie kann eigentlich nur darin bestehen, daß wir die „Aufschmelzung der Nationalstaaten", wie Oberndörfer es nennt, anstreben. Das bedeutet Orientierung an der Idee der Republik, Konkretisierung einer offenen europäischen Republik und gedankliche Vorbereitung auf die notwendige republikanische Ordnung Europas und der Weltgesellschaft.

Was ist darunter zu verstehen? Oberndörfer stellt zu Recht fest, daß die Republik, die liberale Demokratie, ein weltbürgerliches Wertefundament hat. Sie leitet die Rechte, die sie ihren Bürgern gewährt, aus universal gültigen Menschenrechten ab. So ist auch unsere Verfassung konzipiert in Artikel 1. Die Grundrechte, die daraus resultieren, kommen nicht aus der Würde des Deutschen, sondern aus der Würde des Menschen. Und Republiken sind wegen ihres weltbürgerlichen Fundaments in ihrer eigenen Politik zum Engagement für den Schutz der Menschenrechte aufgerufen. Sie sind – um noch einmal mit Immanuel Kant, hier seiner Schrift über den ewigen Frieden, zu reden – langfristig auf eine republikanische Weltordnung, auf eine künftige republikanische Weltkonföderation hin angelegt.

Lebensgrundlage der Republik ist der Verfassungspatriotismus, das heißt die aktive Identifikation der Bürger mit der politischen Ordnung und den Werten der Republik. Die Zugehörigkeit zur Republik gründet nicht, wie die Mitgliedschaft im Nationalstaat, auf bloßer Abstammung und unfreiwilliger Einbindung in den mystischen Leib der Nation, sondern auf der Zustimmung der Bürger zur republikanischen politischen Ordnung in ihren Werten. Und deswegen kann man mit Ernest Renan die Republik – das ist der neue Baustein – auch als eine Willensnation bezeichnen, die sich durch tägliches Plebiszit (‚plébiscite de tous les jours') ihrer Mitglieder als politische Gemeinschaft ständig neu konstituieren, festigen und bewähren muß. Diese gemeinschaftsstiftende und staatenbildende Kraft des Verfassungspatriotismus beweist die Geschichte der Vereinigten Staaten, Frankreichs, der Schweiz und Großbritanniens. So weit Oberndörfer.

Republik und Nationalstaat

Die Republik erkennt prinzipiell alle Menschen ohne Ansehen ihrer Herkunft und Kultur als potentielle Staatsbürger an. In der Nation alter Ordnung dagegen können nur die Angehörigen des Staatsvolkes vollberechtigte Staatsbürger sein. Die Menschheit bildet infolgedessen für den Nationalismus keine

Einheit. Dies widerspricht einem humanistischen Menschenbild. Marx hat in seiner frühen Schrift ‚Zur Judenfrage' – der späte Marx hätte das vielleicht nicht mehr geschrieben – sinngemäß gesagt: Der Mensch, wie er geht und steht, sei nicht der eigentliche Mensch, sondern müsse der richtigen Klasse angehören, das richtige gesellschaftliche Bewußtsein haben. Die Nazis haben gesagt: Er muß der richtigen Rasse angehören. Heute müssen wir sagen: Der Mensch, wie er geht und steht, ist der eigentliche Mensch. Seine Würde ist unteilbar, unabhängig davon, ob er Mann oder Frau, jung oder alt, krank oder gesund, leistungsfähig oder behindert ist, aber auch unabhängig davon, ob er Deutscher oder Ausländer, Christ oder Hindu, Weißer oder Schwarzer ist. Das ist die Grundlage jeder humanen gesellschaftlichen und staatlichen Ordnung.

Natürlich hat der nationalstaatliche Rahmen auch heute noch einen Sinn, zumal in der Bundesrepublik Deutschland, nämlich als Garantie für die rechtliche Durchsetzung dieser Grundrechte. Deutsche Staatsbürger können die Verletzung der Verfassung oder die Verletzung ihrer Menschenrechte nicht in Madrid oder in Paris einklagen, sondern sie müssen dies in Karlsruhe tun. Aber: Der Nationalstaat in diesem Rahmen ist nicht mehr der Zweck der Sache, sondern Mittel zum Zweck, er hat eine dienende Funktion – im Sinne der Menschenrechte und der republikanischen Freiheiten. Diese Aufgaben können selbstverständlich auch auf einen europäischen Bundesstaat übertragen werden, wenn die Garantie dieser Verfassungsrechte im europäischen Rahmen gegeben ist.

Die Grundwerte der europäischen Revolutionen

Nun bestehen auf dem Wege zu diesem Ziel eine ganze Reihe von Hindernissen. Zunächst einmal gibt es in Deutschland und Europa insgesamt ein falsches Verständnis der Revolution, die 1989 stattgefunden hat. Im Jahre 1970, nicht in der milden Ära von Gorbatschow, sondern in der harten Breschnew-Zeit, hatten polnische Werftarbeiter in Danzig gegen die kommunistischen Milizen den Aufstand gewagt, bei dem nicht mit Platzpatronen geschossen wurde, sondern bei dem Blut floß. Über zweihundert polnische Arbeiter haben damals ihr Leben verloren, und man hat ihnen zehn Jahre später ein Denkmal errichtet, das man vor der ehemaligen Lenin-Werft heute noch besichtigen kann. Lech Walesa hat bei der Einweihung dieses Denkmals 1980 gesagt, diese Arbeiter seien für die höchsten Güter der Menschheit gestorben, nämlich für Freiheit, Gleichheit und Brüderlichkeit, also für die alten und ewig jungen Ziele der ersten großen europäischen Revolution, der Französischen Revolution. Die Deutschen in Ost-Berlin, Leipzig und Dresden sind nicht für die Wiederherstellung des deutschen Nationalstaates auf die Straße gegangen, sondern weil sie freie Menschen werden wollten, in einem Staat ohne Nomenklatura und ohne Privilegien zu leben trachteten, in einem Staat, in dem alle vor dem Gesetz gleich sind; und sie wollten in einer brüderlichen und schwesterlichen Gesellschaft leben, einer Gesellschaft der sozialen Gerechtigkeit und ohne Ausbeutung. ‚Wir sind das Volk', das war der erste Ruf, der demokratische Urschrei der Deutschen in der alten DDR. Der Ruf ‚Wir sind *ein* Volk' kam erst später. Die Deutschen in Leipzig, Dresden und Rostock wollten die nationale Einheit genauso wie die Deutschen in Hamburg, Frankfurt am Main und München. Aber sie wollten die Einheit nicht als ihr eigentliches Ziel, sondern als Garantie dafür, daß diese Grundwerte der Freiheit, Gleichheit und Brüderlichkeit ihnen von keinem sowjetischen Marschall und keinem kommunistischen Funktionär – die ja noch im Land beziehungsweise an der Regierung waren – wieder genommen werden konnten. Sie wollten die Einheit Deutschlands als Garantie für die Erhaltung der Menschenrechte und der republikanischen Freiheiten.

Die Paten des neuen Deutschland dürfen deshalb nicht Wilhelm I., Wilhelm II. oder Bismarck heißen. Preußen nach 1815 war kein guter Zeitabschnitt für Deutschland, und erst recht seit 1870/71 war Preußen ein Verhängnis, ein Unglücksfall für Deutschland. Golo Mann nennt das von Preußen dominierte, von Fürsten ohne das Volk geschaffene, vom Kulturkampf, den Sozialistengesetzen und einer erstickenden Militarisierung geprägte Kaiserreich eine Mißgeburt. Es war auch kein echter Nationalstaat, so sagt Golo Mann, insofern ein beträchtlicher Teil der Nation außerhalb blieb und nach dem Willen des Gründers für immer bleiben sollte. Die erste deutsche Spaltung ereignete sich nicht 1945, sondern 1866. Mit der Bildung des kleindeutschen Nationalstaates von 1871 begann das Verhängnis der Deutschen, das in einem katastrophalen, verbrecherischen Kataklysma endete.

Wer die Geschichte der deutschen Nation mit dem Jahr 1871 beginnen läßt, hat nicht nur das Gedächtnis, sondern auch den Verstand verloren, im übrigen auch das richtige Verständnis von der Nation.

In meinem Wahlkreis, der Südpfalz, kann man, wenn man von Edesheim nach Hainfeld fährt, den Wagen auf halber Strecke anhalten und die Straßenböschung hochgehen. Dann sieht man im Südwesten die Burg Trifels, in der zur Stauferzeit die Reichskleinodien aufbewahrt worden waren, die jetzt in der Schatzkammer der Wiener Hofburg liegen; im Nordosten sieht man die Türme des Speyerer Doms, in dem sieben deutsche Kaiser, sechs deutsche Kaiserinnen und acht deutsche Könige begraben liegen; und im Nordwesten erkennt man das Hambacher Schloß. Diese drei nationalen Monumente haben mit der deutschen Geschichte und der deutschen Nation inhaltlich wesentlich mehr zu tun als die Siegessäule in Berlin, ein Monument der ersten deutschen Spaltung. Ich nenne dieses Beispiel, weil es wichtig ist, daß das vereinigte Deutschland eben nicht an das Bismarck-Reich anknüpft, wie es viele heute wollen und schreiben. Das wäre eine verhängnisvolle Fortentwicklung.

Das Nationale ist kein Grundwert

Ein weiterer Irrtum, der mit der falschen Bewertung der zweiten europäischen Revolution einhergeht, ist eine Fehleinschätzung der Grundwerte. Das Nationale als Grundwert –

das ist der große Irrtum deutscher Geschichtsschreibung, genauso falsch wie die Festlegung, daß der Friede ein Grundwert sei, möglicherweise sogar der oberste Grundwert, wie Egon Bahr einmal gesagt hat. Wenn das wahr wäre, dann hätten die Nationalsozialisten ihre Schreckensherrschaft über die ganze Welt ausbreiten können, ohne je Widerstand finden zu dürfen. Der Friede ist kein Grundwert, sondern er ist das Ergebnis der Realisierung der wirklichen Grundwerte, nämlich Freiheit, Gleichheit und Solidarität. „Opus justitiae pax" – „Gerechtigkeit schafft Frieden", wie schon Thomas von Aquin, der große Kirchenlehrer, schrieb. Wo es keine Freiheit, Gleichheit und Gerechtigkeit gibt, da ist auch Friede nicht möglich.

Ähnlich verhält es sich mit dem Nationalen. Das Nationale ist austauschbar. Grundwerte sind immer gültig. Das Nationale kann sich mit jeder Ideologie und jeder Barbarei verbinden. National waren die Nazis, national haben sich die Kommunisten genannt; aber beide waren weder freiheitlich gesinnt, noch konnten sie gerecht sein. Das Nationale ist ein politisches Ziel, das man anstreben kann oder auch nicht. Aber es gehört nicht zum politischen Sittengesetz einer Gesellschaft, zu den Grundwerten, innerhalb derer eine Gesellschaft leben muß, wenn sie die Menschenwürde achten und zivilisiert sein will.

Natürlich gehört zu meiner persönlichen Identität, daß ich Deutscher bin. Aber meine Identität erschöpft sich nicht darin. Ich versuche, Christ zu sein, und ich will Demokrat sein. Die beiden letzteren Identitäten sind für mich wichtiger, als diejenige, Deutscher zu sein. Wenn wir eine Diktatur bekämen, wenn sich in Deutschland Nationalismus und Rassismus durchsetzten, dann müßte man diesen Staat bekämpfen. Ich möchte in keinem nationalistischen Deutschland leben, voller Rassismus und Fremdenhaß. Wer seinen Hund liebt, muß nicht auch seine Flöhe lieben. Der polnische Demokrat, der sich zur Verfassung und zur Republik bekennt, steht mir innerlich näher als ein Schönhuber und die Skinheads.

Wenn ich die Frage zu beantworten hätte, was es mir bedeutet, sagen zu können: „ich bin Deutscher", dann jedenfalls nicht, Angehöriger einer Bluts- oder Schicksalsgemeinschaft zu sein, wie wir dies auch in der politischen Diskussion, auch in der innenpolitischen, immer wieder hören, zumal dann, wenn über die Staatsbürgerrechte gesprochen wird. Der Begriff ‚Schicksal' ist in seinem fatalistischen Sinn und in seiner mißverständlichen Amorphität ein unglückliches und geschichtlich böses Wort, um das zu umschreiben, was unser Volk sein soll. Versager, Glücksritter, Diktatoren sprechen von Schicksal und Vorsehung, wenn sie nicht mehr weiter wissen. Es gibt kein Jüngstes Gericht für Kollektive, auch nicht für völkische. Und der Nationalstaat ist nichts anderes als ein völkisches Kollektiv. Wenn schon, dann sind wir in diesem Staat eine Rechts- und Verantwortungsgemeinschaft.

Dabei geht es nicht um die Negation des Nationalen, sondern um seine Relativierung und gegen seine Verabsolutierung. Das Nationale ist insoweit gut und schön, als es einem erlaubt, sich rückzubesinnen auf das Land, aus dem man kommt, das man am besten kennt, wo man am längsten gelebt hat, auf das Kulturelle, das Landschaftliche, das Geistliche, das Geistige, das Menschliche, das Sprachliche. Das Nationale ist schlecht und muß abgelehnt werden, wo es überheblich wird und zu der Vorstellung führt, das Deutsche sei besser als das Türkische, das Polnische, auch das Serbische, Deutschland sei schöner und größer als ... Die ersten neun Worte der ersten Strophe des Deutschlandliedes zum Beispiel: „Deutschland, Deutschland über alles" – das ist das falsche Nationale. Es war allerdings auch Teil der deutschen Geschichte. „Wenn die Fahne fliegt, ist der Verstand in der Trompete", sagt ein ukrainisches Sprichwort.

Republikanisches Denken dagegen, wie es den Zielen der beiden großen europäischen Revolutionen und dem Erbe der Aufklärung entspricht, ist nicht nur der Grundbaustein eines zukünftigen europäischen Bundesstaates, sondern auch Grundlage der multikulturellen Gesellschaft im Rahmen der verfassungsmäßigen Ordnung.

‚Einheitsbrei', ‚durchrasste Gesellschaft', ‚Bevölkerungsgulasch', ‚Mosaikgesellschaft', ‚multikriminelle Gesellschaft' – es gibt wohl keinen Begriff, der in den letzten Jahren mehr Sprachverbieger und Wünschelrutengänger auf der Suche nach der nationalen Identität – Nietzsche läßt nochmals grüßen – ähnlich aufgeregt hat wie der der ‚multikulturellen Gesellschaft'.

Man muß aber einräumen: Der Begriff multikulturelle Gesellschaft, den ich im politischen Sinne erstmals in einem Interview mit der Wochenzeitung ‚Die Zeit' 1988 verwendet habe, ist in der Tat schillernd, er ist, wie Daniel Cohn-Bendit und Thomas Schmid in ihrem Buch ‚Heimat Babylon' 1992 schreiben, „spektakelhaft" und „definitionsbedürftig". Aber er hat sich im politischen Sprachgebrauch eingebürgert, und man muß eben definieren, was man darunter versteht.

Die multikulturelle Gesellschaft beschreibt zunächst eine gesellschaftliche Realität in Deutschland, aber auch in Europa insgesamt. Wir zählen in unserem Land zur Zeit ungefähr 74 Millionen Deutsche und zusätzlich sieben Millionen Bürgerinnen und Bürger, die anderer als deutscher Herkunft sind: ‚Ausländer', wie man gemeinhin sagt. Infolge von Familiennachzug und der bei ausländischen Mitbürgerinnen höheren Geburtenrate werden jährlich mehrere hunderttausend hinzukommen. Diese Fakten sind völlig unbestritten und auch nicht wegzudiskutieren. Es geht also nicht um die Frage, *ob* wir mit diesen sieben, später acht, neun oder zehn Millionen Ausländern zusammenleben wollen, sondern nur noch darum, *wie.*

Die Antwort darauf ist die multikulturelle Gesellschaft. Man kann sie leicht definieren. Sie ist das Gegenteil von homogenem Nationalstaat und völkischem Nationalismus. Wesentliche Kennzeichen sind pluralistische und multikulturelle Formen des Zusammenlebens unter dem Dach der Verfassung.

Die Idee der multikulturellen Gesellschaft ist der Gegenentwurf zu dem Konzept ‚Deutschland den Deutschen'. Das bedeutet erstens, daß die Deutschen in dieser Gesellschaft der Zukunft mit Menschen anderer Herkunft gleichberechtigt, tolerant zusammenleben, ohne sie assimilieren zu wollen, und daß diese ihre kulturelle Identität nicht zu verlieren brauchen, sondern behalten können.

Das bedeutet zweitens, daß diese Ausländer – die meisten von ihnen sind schon längst Inländer ohne deutschen Paß und werden auf Dauer hierbleiben – die Verfassungsgrundsätze unseres Landes anerkennen müssen und sich in unserer Sprache verständigen können, weil sonst Kommunikation und Integration in einer hochgradig arbeitsteiligen Wirtschaft und Gesellschaft nicht möglich sind.

Das heißt drittens, daß diejenigen, die diese Bedingungen erfüllen, schnell und leicht deutsche Staatsbürger werden können. Das sind die Bedingungen für die Ausländer in einer multikulturellen Gesellschaft. Das heißt also auch: Wer zum Beispiel als fundamentalistischer Moslem die Gleichberechtigung der Frau und die Religions- und Glaubensfreiheit nicht akzeptiert, der hat in Deutschland nichts verloren.

Das mag hart klingen und von manchem als ‚eurozentristisch' angesehen werden, ist aber wichtig, um Mißverständnisse zu vermeiden. Die dogmatische Vorstellung der falschen Multikulturellen, die die kulturelle Identität des Ausländers unabhängig von den Grundregeln unserer Verfassung gelten lassen wollen, muß abgelehnt werden. Diese falschen Multikulturellen wollen zum Beispiel den Religionsimperialismus von Sikhs, Hindus oder Moslems innerhalb dieses Landes akzeptieren. Das hieße aber, das allgemeine öffentliche Schulwesen in Frage zu stellen und anstelle der öffentlich-rechtlich anerkannten Schulen beispielsweise die Koranschule zu etablieren. Die falschen Multikulturellen verlangen auch, daß die Gleichberechtigung der Frau in abgeschlossenen ethnischen Zirkeln innerhalb der Bundesrepublik außer Kraft gesetzt würde, daß sozusagen ein Moslem aus Bottrop auf dem Wege des Familiennachzugs dort einen Harem aufmachen könnte. Die falschen Multikulturellen wollen also, daß auch die kulturellen Eigenarten Bestand haben, die gegen das Erbe der Aufklärung, die

Grund- und Menschenrechte und damit gegen das Grundgesetz verstoßen. Das kann aber nicht hingenommen werden, zumal es nicht den Zielen der beiden europäischen Revolutionen entspräche.

Eine multikulturelle Gesellschaft in Deutschland und Europa hat den Primat des Grundgesetzes und der Grundrechte zur Voraussetzung. Diese Einschränkung muß gemacht werden. Sie ist konstitutiv und unabdingbar für das friedliche Zusammenleben in unserer Gesellschaft. Keine pluralistische, also auch keine multikulturelle Gesellschaft, ob in Deutschland, Frankreich, Großbritannien oder der Europäischen Union allgemein, kann auf Dauer Bestand haben, wenn keine Übereinstimmung über die Grundwerte und grundlegenden Regeln besteht, die einer Gesellschaft zugrunde liegen. Selbstverständlich garantiert das Grundgesetz die Religionsfreiheit und damit zum Beispiel auch, daß Nicht-Christen in ihren Gotteshäusern und ihrem täglichen Leben gemäß den Regeln ihres Glaubens leben können; aber die Religionsfreiheit stößt ebenfalls an die immanenten Schranken der verbrieften und garantierten Grundrechte, das heißt sie findet ihre Grenze dort, wo sie möglicherweise mit anderen Grundrechten, wie zum Beispiel der Glaubens- und Gewissensfreiheit, der Gleichberechtigung der Frau, der Meinungsfreiheit und so weiter in Konflikt gerät.

In einem Leserbrief an die ‚FAZ' schilderte Bassam Tibi, wie einer Frau in einem arabischen Land, die ein uneheliches Kind erwartete, der Embryo von ihren Brüdern mit brachialer Gewalt aus dem Leib getreten worden sei. Er knüpfte daran die Frage, ob solches auch in einer multikulturellen Gesellschaft auf deutschem Boden möglich sein würde. Die Antwort ist natürlich eindeutig: Nein. Eine derartige bestialische Gewalttat und Verletzung der Menschenwürde einer Frau hätte harte Strafen für die Täter zur Folge. Umgekehrt gilt für einen Salman Rushdie, auch wenn er mit seinen ‚Satanischen Versen' die religiösen Empfindungen vieler Moslems verletzt haben mag, die Meinungsfreiheit. Deshalb wird er in Deutschland und in anderen westlichen Ländern geschützt und nicht dem Mordaufruf Ayatollah Khomeinis und seiner Nachfolger ausgeliefert.

Dieter Oberndörfer hat es richtig ausgedrückt: „Kulturelle Freiheit bedeutet nicht Relativität der Werte." Auch in der multikulturellen Gesellschaft kann es, wie Karl Popper es in bezug auf die offenen Gesellschaften und die wehrhafte Demokratie einmal sinngemäß gesagt hat, keine Toleranz für die Intoleranten geben.

Aber Toleranz kennt nicht nur Schranken, sondern erlaubt auch, was innerhalb der Grenzen des Grundgesetzes möglich sein kann und muß. Würde es zum Beispiel einem Hindu oder Moslem verweigert, in der Bundesrepublik innerhalb der Schranken der Verfassung, die genauso für Christen gelten, seine Religion auszuüben, dann wäre damit das Grundrecht der Religionsfreiheit verletzt, und es wäre mit der Glaubwürdigkeit einer demokratischen Ordnung nicht weit her. Wer sich an die demokratische Ordnung hält, darf nicht ausgegrenzt werden.

Die multikulturelle Gesellschaft ist also kein Programm zur Aushebelung des westlichen Wertekanons, auch nicht zur Öffnung der Grenzen für ungehinderte Einwanderung, wie Uninformierte vermuten, geschweige denn ein Konzept für eine zukünftige Vielvölkerrepublik. Sie ist, wie schon erwähnt, eine Antwort auf die Frage, wie Millionen von Deutschen und Ausländern in Deutschland friedlich und frei zusammenleben können. Sie läßt sich ohne weiteres auf die anderen Länder der Europäischen Union übertragen, die in ihrem de-facto-Selbstverständnis zum Teil schon weit ‚multikultureller' sind als die Bundesrepublik.

Daß die Ängste, die gegenüber der multikulturellen Gesellschaft geschürt werden, bisweilen auf fruchtbaren Boden fallen, hängt jedoch nicht vorwiegend damit zusammen, daß der Begriff unscharf, schillernd oder spektakelhaft ist, sondern damit, daß er von Kritikern jedweder Art nach Gusto verwendet wird, ohne sich um die Inhalte zu kümmern und gegebenenfalls sogar noch darüber aufzuklären. Die Hauptstoßrichtung der Kritiker der multikulturellen Gesellschaft verläuft denn auch nicht gegen das friedliche Zusammenleben mit ausländischen Mitbürgern unter dem Dach der Verfassung, sondern gegen zwei Elemente, die ihr vorausgehen: gegen den doppelten Abschied einerseits von der Lebenslüge der Zweiten Republik ‚Deutschland ist kein Einwanderungsland' und andererseits von einem Verständnis der deutschen Nation als blutsmäßiger Abstammungsgemeinschaft zugunsten des Verfassungspatriotismus, der die Nation nicht anhand erbbiologischer Kriterien, sondern vom Bekenntnis zu den Grundwerten der Republik her definiert. In einem europäischen Bundesstaat mit europäischer Staatsbürgerschaft und europäischer Verfassung werden Abstammungskriterien ohnehin kaum noch eine Rolle spielen können.

Multikulturalismus und Einwanderungspolitik

Wir werden in Zukunft in der Bundesrepublik Deutschland nicht mit weniger, sondern mit mehr Ausländern zusammenleben. Die Freizügigkeit für alle Unionsbürger innerhalb der Europäischen Union ist der dafür noch am wenigsten ins Gewicht fallende Grund. Darauf, daß auch in den kommenden Jahren im Wege des Familiennachzugs noch Hunderttausende Ausländer in die Bundesrepublik kommen werden, habe ich bereits hingewiesen. Aber noch wichtiger ist die Tatsache, daß sich allein infolge des Geburtenüberschusses bei ausländischen Mitbürgerinnen die Zahl der hier lebenden Ausländer bis zum Jahre 2030 auf rund neun Millionen erhöhen wird. Das Statistische Bundesamt prognostiziert, daß die Bevölkerung in der Bundesrepublik Deutschland bis zum Jahre 2030 auf 69,9 Millionen Einwohner absinken wird, wobei diesen Berechnungen noch ein Wanderungsüberschuß von 4,75 Millionen Personen zugrundegelegt ist, darunter etwa zwei Drittel Ausländer, also rund 3,2 Millionen Menschen anderer Herkunft.

Diese Entwicklung ist aber alles andere als schlimm oder negativ, wenn man sich die demographische Entwicklung in unserem Land vor Augen führt. Die Deutschen sind insgesamt ein schrumpfendes, aber auch – noch schwerwiegender – vergreisendes Volk. Wenn wir uns in Zukunft nicht über ein gewisses Maß an Zuwanderung vor allem jüngerer Menschen anderer Herkunft regenerieren, dann könnten, wie der Verband der Rentenversicherer befürchtet, angesichts des Geburtendefizits der Deutschen im Jahre 2040 auf einen Rentenbezieher nicht mehr wie heute drei, sondern nur noch ein Beitragszahler kommen und die Rentenbeiträge auf 40 Prozent des Bruttoarbeitseinkommens hochschnellen, was völlig indiskutabel wäre. Nach Berechnungen des Statistischen Bundesamtes wird der Anteil der über 60jährigen von heute 20 auf fast 40 Prozent im Jahre 2030 ansteigen, der Anteil der Kinder und Jugendlichen dagegen von 30 auf 23 Prozent sinken. Auf einen Rentner kommen heute drei Beitragszahler, und im Jahre 2030 wird das Verhältnis drei zu vier sein, also fast eins zu eins.

Daß in der Zwischenzeit die meisten Experten, die sich mit der Zukunft unseres sozialen Sicherungssystems und den demographischen Defiziten in der Bundesrepublik beschäftigen, davon ausgehen, daß es etwa ab der Jahrtausendwende oder kurz danach ein gewisses Maß an Zuwanderung geben muß, um diese Defizite auszugleichen, kann angesichts der genannten Zahlen nicht verwundern. Die Autoren und Unterzeichner des von Klaus J. Bade 1994 in Buchform herausgegebenen ‚Manifests der 60' nennen die Konsequenzen: „An einer möglichst frühzeitigen Entwicklung von umfassenden Konzepten für Einwanderungsgesetzgebung und Migrationspolitik führt deshalb kein Weg vorbei."

In den letzten Jahren sind im Schnitt pro Jahr fast so viele Menschen aus dem Ausland nach Deutschland gekommen, wie dies, im Verhältnis zur Einwohnerzahl gesehen, der legalen Einwanderungsquote in den Vereinigten Staaten entspricht. Bei uns sind das – ohne Aus- und Übersiedler – rund 300.000 Zuwanderer, in Amerika sind es ungefähr 1,2 Millionen legale Einwanderer pro Jahr gewesen. Der Unterschied zwischen den Vereinigten Staaten auf der einen und der Bundesrepublik sowie den übrigen EU-Staaten auf der anderen Seite besteht lediglich darin, daß die Amerikaner ein Konzept zur Steuerung der Einwanderung haben, und die Europäer nicht.

Eine den reellen Gegebenheiten entsprechende Einwanderungspolitik hat die Bundesrepublik Deutschland bisher weder entwickelt noch definiert. Dies war infolge der zwar normativen, aber den Fakten widersprechenden Aussage ‚Deutschland ist kein Einwanderungsland' bisher subjektiv auch nicht notwendig. Aber die Fakten sind, wie so oft, auch in diesem Fall den normativen Prämissen vorausgeeilt. Wenn man davon ausgeht, daß die Bundesrepublik auch in Zukunft auf dem Weltmarkt konkurrenzfähig sein wird und die Erwerbsquote, wenn überhaupt, nicht wesentlich sinkt, dann wird dies angesichts des demographischen Defizits eine gesteuerte Zuwanderung erzwingen.

Die anderen Mitgliedstaaten der EU sind fast in demselben Maße wie die Bundesrepublik von einem Überalterungsprozeß betroffen, der sie über kurz oder lang vor dieselben Probleme stellen wird. Nach Schätzungen von ‚Eurostat', dem Statistischen Amt der Europäischen Union, werden im Jahr 2020 fast doppelt so viele ältere Menschen in den EU-Staaten leben wie noch 1960. Das Problem der Besetzung freier Arbeitsplätze nach der Jahrtausendwende, wenn die demographische Entwicklung auf dem Arbeitsmarkt spürbar wird, ließe sich nicht durch EU-interne Wanderungen regeln, wenn man davon ausginge, daß sich die Zahl der Mitgliedstaaten nicht weiter erhöhte.

Aber wahrscheinlich wird das Gegenteil der Fall sein: Die Europäische Union wird über Österreich, Schweden und Finnland hinaus weitere Mitgliedsländer, insbesondere in Mittel- und Osteuropa, hinzugewinnen. Dadurch ergibt sich ein Wanderungspotential, dessen Größe nicht abzuschätzen ist, da die wirtschaftliche Zukunft der möglichen Beitrittsländer nicht genau vorausgesagt werden kann. Es läßt sich infolgedessen auch nicht genau vorhersagen, von woher die Zuwanderer der Zukunft kommen werden. Aber es ist sicher, ob Zuwachs an EU-Mitgliedsländern oder nicht, daß die Europäische Union um eine europaweite Regelung der Einwanderung keinesfalls herumkommen wird.

Darüber hinaus läßt sich die Frage, wie viele Zuwanderer in Zukunft in die Bundesrepublik kommen werden, nicht mit einer genauen Zahl beziffern, sondern hängt zum Beispiel davon ab, wie viele Arbeitskräfte in Deutschland gebraucht werden und ob ausreichend Wohnraum für Zuwanderer vorhanden ist. Schließlich machte es keinen Sinn, Arbeitslosigkeit zu importieren oder Migranten unter Brücken übernachten zu lassen. Deshalb muß Einwanderungspolitik flexibel sein und darf nicht von starren Zahlengerüsten ausgehen.

Die Einwanderungspolitik, die wir brauchen, muß vor allem qualitativ orientiert sein. Die Frage, welche Ausländer zu uns kommen werden, ist durchaus legitim. Aber sie darf nicht rassistisch beantwortet werden. Zulassungskriterien für potentielle Zuwanderer müssen in einem Einwanderungsgesetz festgelegt werden, das zum Beispiel den Ausbildungsgrad, das Alter, das Herkunftsland oder die Frage, ob ein Zuwanderungswilliger in Deutschland familiäre Bindungen hat, berücksichtigen könnte. Davon unberührt bleibt das Grundrecht auf Asyl für politisch Verfolgte und der Primat des Grundgesetzes. Wer es nicht anerkennt, kann keine dauerhafte Aufenthaltserlaubnis bekommen, geschweige denn eingebürgert werden. Ebenfalls unberührt bleibt die Freizügigkeit für die Bürger der Europäischen Union. Ein Kriterium für die Zuwanderung von außerhalb der Europäischen Union im Rahmen einer EU-weiten Zuwanderungsregelung wird deshalb auch sein, diese EU-Binnenwanderungen vorrangig zu berücksichtigen.

Im übrigen: Die Beantwortung der Frage, mit welchen Ausländern wir zusammenleben wollen, ist bisher nicht von den Befürwortern einer kontrollierten Einwanderungspolitik erschwert worden, sondern von den Gegnern einer Einwanderungsgesetzgebung, unter denen wiederum nicht wenige sind, die die multikulturelle Gesellschaft – meist aus Unkenntnis – für einen absoluten Greuel halten. Doch mit dem Aufstellen von Tabus und Diskussionsverboten ist noch kein politisches Problem gelöst worden.

Ich erhalte immer wieder Briefe, in denen anderswo bestehende Nationalitätenkonflikte als Argument dafür angeführt werden, daß ein Zusammenleben von Menschen unterschiedlicher Herkunft oder verschiedener nationaler Zugehörigkeit in einem bestimmten Land praktisch unmöglich sei. Als Beispiel genannt werden Berg-Karabach, das frühere Jugoslawien, Nordirland, das Baskenland und Sri Lanka, wo bewaffnete Konflikte toben, aber auch Länder, in denen es ethnische Spannungen gibt wie zum Beispiel Estland, Rumänien und die USA.

Ein Beispiel fehlt in diesen Aufzählungen praktisch immer, nämlich Südafrika. Am Beispiel des Apartheid-Regimes, das erst vor kurzer Zeit überwunden worden ist, läßt sich aber am anschaulichsten zeigen, welches eigentliche Motiv ethnischen oder Nationalitätenkonflikten zugrunde liegt: nämlich die Tatsache, daß eine Volksgruppe, eine Ethnie oder Rasse die jeweils andere oder anderen diskriminiert und unterdrückt. Der eigentliche Grund für solche Konflikte liegt also nicht darin, daß Menschen unterschiedlicher Nationalität, Rasse oder Volkszugehörigkeit grundsätzlich nicht miteinander auskommen könnten, sondern darin, daß die eine Seite der anderen meist unter Anwendung oder Androhung von Gewalt Freiheitsrechte verwehrt. Dies zeigt sich nicht nur am Beispiel Südafrika, sondern auch an der serbischen Politik der ‚ethnischen Säuberungen' oder auch der langjährigen Russifizierungspolitik der KPdSU.

Die Weltgeschichte ist voll von solchen Beispielen, und diese Beispiele werden heute gegen die multikulturelle Gesellschaft ins Feld geführt, indem gesagt wird, die Geschichte habe ‚bewiesen', daß ein friedliches und freies Miteinander von Menschen unterschiedlicher Volkszugehörigkeit oder Nationalitäten nicht möglich sei. Wenn aber die europäischen Aufklärer vergangener Jahrhunderte sich danach gerichtet hätten, wie die Menschen bis damals regiert worden sind, also seit es Menschen gibt, dann hätten sie von vornherein resignieren müssen. Aber sie haben nicht resigniert, und deshalb gibt es heute auf der Welt mehr freie Menschen als jemals zuvor, deshalb konnte sich die Demokratie trotz aller gegenläufigen ‚Beweise' der Geschichte durchsetzen.

Die genannten Beispiele für ethnische Spannungen und Konflikte sind also kein Argument gegen die multikulturelle Gesellschaft, sondern bestätigen ihre Notwendigkeit, weil sie das Nationale, Ethnische, Völkische den Grundwerten Freiheit, Solidarität und Gerechtigkeit unterordnet und im Gegensatz zu Marxismus und Nationalismus die Würde des einzelnen ungeachtet seiner Herkunft oder Volkszugehörigkeit über das Kollektiv stellt. Sie ist deshalb auch nicht Ideologie oder ein Konzept vom sozialplanerischen Reißbrett, sondern steht in der geistigen Tradition der Aufklärung: Die Würde des einzelnen, die Grundrechte, gehen dem Kollektiv voraus und sind unantastbar. Die Alternative wäre die Kapitulation der Demokratie vor dem Abstammungsprinzip, die ‚ethnische Säuberung' als Voraussetzung für die Verhinderung von Bürgerkriegen.

Aber glaubt denn wirklich jemand im Ernst, man bräuchte nur jedem Volk sein eigenes Land zu geben, ethnisch unterschiedliche Staatenverbände aufzulösen – und damit würde der Friede auf Erden einkehren? Und wer garantiert eigentlich, selbst wenn die Völker jeweils unter sich lebten, daß nicht eines Tages wieder einer käme, der seinem eigenen Volk einredet, daß es ein ‚Volk ohne Raum' sei und anderswo ‚Lebensraum' beanspruchen müsse? Einfach nationalistische Aversionen zum Hauptgrund für ethnische Konflikte und Bürgerkriege zu machen, ist bei weitem zu kurz gedacht. Die wahren Ursachen sind Machtgier, Korruption, Habsucht, Egoismus und politische Unfähigkeit. Dagegen hilft nationale Abschottung nichts, demokratische Kontrolle, Grundrechte wie das Wahlrecht, die Presse- und Meinungsfreiheit dagegen aber sehr wohl.

Natürlich wird auch eine multikulturelle Gesellschaft nicht frei von Konflikten sein können, wie es im übrigen überhaupt keine Gesellschaft ohne Konflikte gibt. Aber die multikulturelle Gesellschaft hat den großen Vorteil, daß sie eine Gesellschaft gleichberechtigter Bürger ist, weshalb Konflikte demokratisch und infolgedessen leichter gelöst oder entspannt werden können. Eine Gesellschaft ohne Toleranz und Gleichberechtigung müßte zu großen Konflikten führen. Ein modernes Sparta mit Menschen erster, zweiter und dritter Klasse, also Spartiaten, Periöken und Heloten, würde in eine Diskriminierungsgesellschaft einmünden, innerhalb derer Unfriede und sogar Bürgerkriege vorprogrammiert wären – wie die Erfahrung zeigt.

Die europäische Elite des Umberto Eco

Die Gesellschaft der europäischen Union wird die multikulturelle Gesellschaft sein. Wahrscheinlich werden Historiker rückblickend einmal feststellen, daß mit der Einführung des europäischen Binnenmarktes nach 1993 und der Schaffung der Europäischen Union auf Grundlage des Maastrichter Vertrages eine Binnenwanderung innerhalb Europas begonnen hat, wobei wir Mittel- und Osteuropa einbeziehen müssen. Was wird die Folge des europäischen Binnenmarktes und der Europäischen Union sein? Die deutschen Unternehmen werden in erheblich größerem Maße als bisher gezwungen sein, innerhalb der Europäischen Union – auch mit deutschen Mitarbeitern – Produktionsstätten und Vertriebsorganisationen aufzubauen. Wer im ‚EU-Ausland' wirtschaftlich erfolgreich sein will, muß Sprache und Kultur, Lebensstil und Mentalitäten dieser Länder kennen. Dies gilt nicht nur für die Manager und Techniker, auch Facharbeiter und Angestellte werden europäisch denken und arbeiten müssen. Es wird immer mehr ausgebildete und motivierte junge Menschen geben, die eine berufliche Tätigkeit in Frankreich, Italien, Spanien, Großbritannien, Griechenland, Portugal, Polen und Ungarn als Anregung, als Chance und als Herausforderung begreifen, sie gerne nutzen und bestehen wollen. Schon heute leben rund eineinhalb Millionen europäische Bürger aus anderen EU-Staaten bei uns.

Die mentalen und sprachlichen Barrieren, die die Niederlassungsfreiheit heute noch eher behindern, werden immer weiter abgebaut werden. Der Schüler-, Studenten- und Wissenschaftleraustausch wird intensiver werden. Hunderttausende von Deutschen werden mehrere Jahre im west- und osteuropäischen Ausland verbringen. Nicht nur zwischen Studenten, sondern auch zwischen Arbeitnehmern wird es zu unzähligen menschlichen Begegnungen kommen. Umberto Eco hat einmal eine konkrete Vision für einen Teilbereich der europäischen Einigung entworfen. Er schrieb über das europäische Studentenaustauschprogramm Erasmus: „Dieses Projekt wird bewirken, daß jeder Student der Europäischen Gemeinschaft ein Jahr im Ausland verbringt. Bei dieser Wanderung von Tausenden von Studenten wird es zu Zehntausenden von Mischehen kommen. Innerhalb von dreißig Jahren wäre die europäische Elite europäisch im echten Sinne des Wortes."

Ein Europa der praktizierten Freizügigkeit kann dann dazu führen, daß man in der Bundesrepublik Deutschland geboren wird und aufwächst, in Großbritannien studiert, später in Deutschland oder in Frankreich arbeitet, um dann in Italien sein ‚aktives Alter' zu verbringen. In Deutschland werden der Nachbar Belgier, der Arbeitskollege Türke, die Schwiegertochter Dänin und der Vereinskamerad Spanier oder Ungar sein. Schon heute vollzieht sich eine Europäisierung, ja sogar eine Internationalisierung unseres Lebens. Eine europäische Vielfalt der Produkte, des Essens und des Trinkens, der Literatur, der Musik und der Malerei, wie wir sie schon seit Jahrhunderten haben, der Wissenschaft und der Forschung, der Mode, des Designs wird – und das ist neu – ein Massenerlebnis des Alltags werden. Es sind die Merkmale einer bereits existierenden und wachsenden multikulturellen Gesellschaft, wie sie dem Erbe der Aufklärung, den Zielen der beiden europäischen Revolutionen und der Idee der Republik entspricht.

Vom Bürgerrecht zum Gruppenrecht? Multikulturelle Politik in den USA

Von Hans-Jürgen Puhle

Die lange gepflegte Legende vom amerikanischen ‚Schmelztiegel' (‚melting pot'), der die überwiegend europäischen Einwanderer unterschiedlichen Herkommens miteinander verbindet, homogenisiert und zu ‚gleichen' Amerikanern macht, hat nie der Wirklichkeit entsprochen. Sie gehörte zu den harmonisierenden Mythen, die neben der Verfassung und den durch sie etablierten Institutionen die wichtigsten Instrumente und Vehikel gesellschaftlicher Integration und des amerikanischen ‚nation building' gewesen sind. Treffender war schon die Analogie der ‚Salatschüssel' (‚salad bowl'), in der zwar eine charakteristische und für viele bekömmliche Mischung entstehen konnte, deren konsistente Bestandteile aber, sozusagen als ‚harte Kerne', weiter gut unterschieden und in ihrer Eigenart erkennbar blieben.

Das entsprach der revidierten liberalen Idee von einem kulturell vielfältigen Amerika: Dessen einzelne Bürger waren auf der politischen Ebene, und wohl auch ökonomisch, durch Willensakt, durch bewußte Integration und Institutionalisierung zu gleichberechtigten Amerikanern geworden. Sie blieben aber weiterhin geprägt durch den kulturellen, religiösen und nationalen oder regionalen Hintergrund ihrer Familien und durch eine bestimmte ‚ethnicity', die vielfach zum Organisationsprinzip eines bunten subkulturellen Gruppenlebens unterhalb der Ebene der Staatsbürgerschaft wurde, aber für die Zumessung von Rechtsansprüchen unerheblich war.

In den letzten Jahrzehnten sind die USA vermehrt auch mit einem Pulverfaß verglichen worden, also einer prekären gesellschaftlichen Mischung, deren Bestandteile sich bei gegebenem

Anlaß explosiv auseinander bewegen könnten. Diese Einschätzung wurde genährt durch die in den neueren ‚Multikulturalismus'-Debatten lauter gewordenen Forderungen radikaler, gelegentlich fundamentalistischer ethnischer Gruppen (sowie einiger besonders aggressiver Feministinnen), die das Trennende mehr betonten als das Gemeinsame. Und sie wurde bestärkt durch das Bewußtsein einer fortschreitenden Fragmentierung der amerikanischen Gesellschaft und ihrer Institutionen. Davon zeugte A. M. Schlesingers vieldiskutiertes Buch ‚The Disuniting of America' (1991), das den Untertitel trägt: ‚Reflections on a Multicultural Society', ebenso wie zum Beispiel S. P. Huntingtons wie ein Zündfunke wirkender Artikel ‚The Clash of Civilizations?'. Die Kulturalisierung sozialer Konflikte griff um sich nach dem Ende der eingespielten Verteilungskämpfe im nationalstaatlichen Rahmen organisierter kapitalistischer Systeme. Die potentielle Sprengkraft der Beschwörung des radikalen neuen ‚Multikulturalismus' als Ordnungsprinzip durch oft intolerante und nur auf den eigenen Vorteil bedachte interessierte Gruppen steht dabei in einem merkwürdigen Kontrast zu der schon lange selbstverständlichen und in einem breiten liberalen Grundkonsens verankerten Multikulturalität der amerikanischen Gesellschaft. Sprengen die multikulturellen Forderungen diesen Konsens? Wie radikal sind sie wirklich?

Ein neues Konzept

Das Beispiel der Vereinigten Staaten eignet sich besonders gut dazu, das kategorial Neue des ‚Multikulturalismus' als politisches Projekt und Programm deutlich zu machen, das dennoch funktional so neu nicht ist: Die USA sind ein ‚klassisches' Einwanderungsland, dessen Urbevölkerung verdrängt und dezimiert wurde, in dem es nennenswerte feudale, ständische, korporative oder absolutistisch-bürokratische Traditionen und Schranken nicht gab und der ökonomische Erfolg am Markt ausschlaggebend war für den Erwerb gesellschaftlichen Ansehens und politischer Macht. Ob jemand dazugehörte oder nicht, wurde wesentlich nach dem egalitären und universalistischen Prinzip der Staatsbürgerschaft (‚citizenship') und den an ihr hängenden Bürgerrechten entschieden. Den in sozialer und kultureller Hinsicht sehr unterschiedlichen Neuankömmlingen, Unterprivilegierten, Entrechteten und Ausgeschlossenen haben fast zwei Jahrhunderte lang die Strategien und die im Grunde sehr formalen Mechanismen der kontinuierlichen Ausweitung der Bürgerrechte ausgereicht, um ihren ökonomischen Erfolg, ihre soziale Integration und ihre politische Partizipation zu fördern.

Es dauerte bis in die 1960er Jahre, bis alle ursprünglich noch ausgeschlossenen Gruppen nacheinander das volle Bürgerrecht einschließlich des Wahlrechts erhalten hatten, die klassischen Einwanderergruppen integriert waren und die Reformen der Regierungen Kennedy und Johnson zuletzt auch noch einen – wenn auch im Vergleich zu europäischen Sozialstaaten noch minimalen – Kernbestand ‚sozialer Bürgerrechte' (T. H. Marshall) abgesichert hatten. Erst jetzt, Anfang der 1970er Jahre, begannen die Vertreter einzelner Gruppen, insbesondere von Schwarzen, Indianern, ‚Hispanics' und Frauen, zusätzlich zu dem für alle gleichen Bürgerrecht und über dieses hinaus noch gruppenspezifische Forderungen anzumelden, die in einem neuen programmatischen Sinn ‚multikulturell' waren: Sie richteten sich auf die Förderung wirtschaftlicher Chancen, politischer Entfaltungs- und Einflußmöglichkeiten für die Mitglieder der jeweiligen Gruppe und stellten ab auf zeitlich begrenzte oder auch unbegrenzte besondere Maßnahmen, neue Institutionen, zusätzliche Finanzmittel und Ermächtigungen (‚empowerment').

Dies war konsequent und entsprach gewissermaßen der politischen Logik; denn die Probleme gravierender wirtschaftlicher, sozialer und politischer Ungleichheit bestanden weiter und ließen die Forderung nach mehr Chancengleichheit und Verteilungsgerechtigkeit einsichtig erscheinen, während gleichzeitig die Förderung des sozialen Fortschritts auf der Schiene der formal gleichen ‚citizenship', auf die sich die von Martin

Luther King geführte Bürgerrechtsbewegung noch verlassen hatte, an ihr Ende gekommen zu sein schien.

Multikulturalismus als Programm und Ideologie ist allgemein außerordentlich vieldeutig. In seiner radikalen Variante strebt er in den USA die Revolte der Beherrschten gegen die prägende Gruppenmacht der Herrschenden an. Seine Strategien richten sich grundsätzlich gegen die Mechanismen des Ausschlusses bestimmter Gruppen von gesellschaftlichen und politischen Machtpositionen. Sie wollen die geschlossene Gesellschaft aufbrechen, Teilnahme und Teilhabe erzwingen, wirkliche Chancengleichheit herstellen. Sie haben insofern auch einen utopischen Zug, sind revolutionär, jakobinisch, subversiv und für den status quo tendenziell so gefährlich wie die Öffnung der Büchse der Pandora. Der maximale Multikulturalismus ist revolutionärer Radikalismus, aber im Kern ist er noch liberal und den Idealen der Aufklärung verpflichtet.

Daneben gibt es die weniger radikale, reformistische Spielart. Sie steht für die Ausweitung staatsbürgerlicher und sozialer Integration und für einen Pluralismus gleichberechtigter Kulturen, wie wir sie seit einiger Zeit auch aus der deutschen Politik, insbesondere der Kommunalpolitik der Großstädte kennen. Dieses Konzept dominiert auch in einer dritten Variante, die man die Variante der ‚kulturalistischen Reduktion' nennen könnte. Hier geht es zunächst weniger um politische Teilhabe als vielmehr um Symbole beziehungsweise um sektorale Reformen, insbesondere im Bildungssystem: Zweisprachigkeit, Revision der Studiengänge der Schulen und Universitäten und des ‚Kanon', also jener Dinge, die verbindlich zu lernen sind. Abgelehnt werden die im westlichen Bildungssystem und insbesondere in den Einführungs- und Überblickskursen zur ‚Western Civilization' in amerikanischen Hochschulen („From Plato to NATO") übliche Weltgeschichte, Philosophie und Literatur aus der Sicht der Herrschenden und des ‚falschen', da einseitigen und unzulässig verallgemeinerten „Universalismus der toten weißen Männer". An deren Stelle soll ein breiter ‚multikultureller' Bildungskanon treten, der auch die Erfahrungen der Beherrschten und Unterdrückten –

zum Beispiel der Indianer, der schwarzen Sklaven, der asiatischen und lateinamerikanischen Einwanderer oder der Frauen – gleichberechtigt berücksichtigt beziehungsweise sie sogar aufgrund ihrer langen Vernachlässigung stärker herausstellt.

Die reformistischen Varianten des Konzepts und die entsprechenden Bemühungen multikultureller Politik waren in den USA durchweg mit den Institutionen und dem Selbstverständnis der Gesellschaft vereinbar und haben eine ganze Reihe wichtiger Reformen angestoßen. Die Forderungen des radikalen Multikulturalismus stellten dagegen für den etablierten Konsens und das hergebrachte Denken der amerikanischen Gesellschaft ein Problem dar, da sie deren Bahnen teilweise sprengten.

Besonders deutlich wurde das Problem im Verhältnis von ‚Multikulturalismus' und traditioneller ‚ethnicity'. ‚Multicultural' meint etwas kategorial anderes als bloß ‚ethnic'. Die multikulturelle Position ist anti-exklusionär. Das engere Konzept der ‚ethnicity' hat demgegenüber schon immer zu jenen besonderen Elementen der amerikanischen Ideologie gehört, die gerade dazu dienten, sich mit einer Reihe von Ausschlußmechanismen zu arrangieren. Im Gegensatz zu Lateinamerika sind in Nordamerika die Indianer von Anfang an von sozialer und politischer Partizipation ausgeschlossen (und die Mestizen nicht anerkannt) worden. Weitere Gruppen wurden deutlicher und länger ausgegrenzt als andere: die Schwarzen, die Frauen, die Eigentumslosen, die Armen. Die Bezeichnung ‚ethnic' blieb dagegen wesentlich für die nur zeitweise Ausgeschlossenen reserviert, besonders für die weißen europäischen Einwanderer. Die ‚ethnics' waren akzeptierte Minderheiten, die noch nicht zu den Herrschenden gehörten, aber nach mehr Einfluß strebten, deren soziale und politische Position noch schwach war, aber stärker wurde in dem Maße, in dem diese Gruppen die soziale Leiter aufwärts kletterten – in der Regel um so höher, je länger der Zeitpunkt ihrer Einwanderung zurücklag.

Die traditionelle politische Ideologie der amerikanischen Gesellschaft erlaubte zwar jenen neu hinzukommenden Gruppen, die wirtschaftlichen Erfolg hatten, eine schnellere Integration als die meisten europäischen Gesellschaften; sie basierte aber auch wesentlich auf Mechanismen der Ausschließung. Sie wurzelte von Anfang an in dem breiten, britisch geprägten ökonomischen und sozialen ‚consensus' marktbezogen wirtschaftender kapitalistischer Eigentümer, zu denen auch die Farmer gehörten. Ihr Kern war der hohe Stellenwert des Privateigentums und der daran hängenden Rechte (‚property rights') als Grundlage und Legitimation für politische Partizipation, der Vorrang der privaten Interessen gegenüber der Regierung und der Marktmechanismen gegenüber der Regulierung. Der ‚Staat' war lange Zeit unterentwickelt. Hinzu kamen im politischen Bereich noch Elemente des ‚amerikanischen Traums' oder des ‚amerikanischen Mythos' und die Gleichheitsrhetorik, der die Wirklichkeit nicht entsprach. Dazu gehörten besonders die Annahmen, daß Erfolg vor allem auf individueller Leistung beruhe und daß soziale und politische Integration durch Marktmechanismen, Verfassung und Staatsbürgerrechte sowie durch Erziehung zum ‚American way of life' herbeigeführt werden könne. Der Grad sozialer Konformität war hoch.

Dieser Konsens war der Konsens der Besitzenden, zunächst vor allem der männlichen ‚White Anglo-Saxon Protestant' (WASP)-Eigentümer, die sich als herrschende Gruppe und als ‚politische Mehrheit' etabliert hatten. In der Folge ist dieses Selbstverständnis ausgeweitet worden. Die Zahl der Ausgeschlossenen wurde, wie in anderen westlichen Industriegesellschaften auch, nach und nach verringert, aber die Mechanik von Ein- und Ausschluß blieb grundsätzlich erhalten. Der radikale Multikulturalismus mußte also auf die Grenzen dieser Ideologie stoßen und möglicherweise in Konflikt geraten mit weiteren grundlegenden Konstellationen der amerikanischen Gesellschaftsorganisation.

Am Anfang hatte die Landnahme durch britische Siedler und die Verdrängung der Indianer gestanden. Religiöse Gemeinschaften hatten sich als politische Gemeinden konstituiert, englisches Recht und englische Institutionen eingeführt. Die importierten Negersklaven waren rechtlos geblieben. Unabhängigkeitskrieg und Verfassungsgebung im letzten Viertel des 18. Jahrhunderts schufen mit der Etablierung der Volkssouveränität neue, ‚amerikanische' republikanische Institutionen und die neue Identität des amerikanischen Staatsbürgers als politisches Subjekt. ‚Citizenship' konnte erworben werden durch Geburt im Lande oder bei Einwanderern durch eine entsprechende politische Willenserklärung, freilich in den Grenzen des herrschenden gesellschaftlichen Konsenses. Das allgemeine, nicht mehr an Besitz, Steuerleistung oder Konfession gebundene Wahlrecht für weiße Männer wurde in den meisten Einzelstaaten in der ersten Hälfte des 19. Jahrhunderts durchgesetzt (die letzten Steuerkriterien fielen erst 1964). Die Schwarzen erhielten es de jure nach dem Bürgerkrieg (1865/74), de facto in der Regel erst durch den ‚Voting Rights Act' von 1965, die Frauen 1920, Indianer faktisch erst nach 1953.

Die tatsächlichen Lebenschancen der Amerikaner hingen jedoch wesentlich mehr von ihrer jeweiligen ökonomischen und sozialen Lage ab. In einer vom Markt dominierten Gesellschaft folgten die Prozesse der Klassenbildung zunächst überwiegend den Kriterien von Eigentum und Vermögen, später, im Verlauf der Industrialisierung im 19. Jahrhundert und des Übergangs zum stärker organisierten Kapitalismus und zur Massenkonsumgesellschaft im 20. Jahrhundert, denen von Beschäftigung und Einkommen, Bildung und Konsummustern. Die ‚Eigentumsgrenze' (‚property line'), besonders zwischen denen, die ein Haus oder eine Farm besaßen, und jenen, die dies nicht hatten, behielt allerdings eine zentrale Bedeutung. Sie war eine entscheidende Mobilitätsschwelle, die die ‚Mittelklasse' von den Unterschichten trennte.

Ein besonderes Kennzeichen der Sozialgeschichte der USA ist dabei, daß hier – im Gegensatz zu Europa und Japan – die Industrialisierung und die großen Wellen der Masseneinwanderung und -westwanderung zusammenfielen. Als die ‚Grenze' (‚frontier') den Pazifik erreicht hatte und die Masseneinwanderung ihr Ende fand, konnten außerdem die traditionellen Formen der Marktausweitung bruchlos in die neuen Strategien diversifizierter und intensivierter Bedarfsdeckung im Zuge der Durchsetzung der Massenkonsumgesellschaft überführt werden. Daß die USA eine Gesellschaft von Einwanderern und Weiterwanderern waren, von Menschen mit unterschiedlichen ethnischen Wurzeln, die noch dazu beständig in Bewegung blieben, trug entscheidend zur Atomisierung der Arbeiterschaft bei, zum Mangel an Klassenbewußtsein und Klassensolidarität und zur Fragmentierung der organisierten Arbeiterbewegung. Derselbe Umstand stärkte aber auch Familienbindungen und ethnische Subkulturen. Er prägte zugleich die neuen ‚amerikanischen' Mechanismen zur Integration der Einwanderer und damit den amerikanischen Weg des ‚nation building'. ‚Nation building' fand in den USA in drei unterschiedlichen Bereichen mit unterschiedlichen Mitteln statt: durch Integration in den *Arbeitsmarkt,* durch *Institutionen* wie die Staatsbürgerschaft und die Bürgerrechte (besonders seit dem Bürgerkrieg) und durch *Ideologie.* Dazu gehören besonders der ‚amerikanische Traum' und diverse Mythen wie der von der Gleichheit der selbständigen Farmer, von der Chancengleichheit für alle, stereotype Aufstiegshoffnungen ‚vom Tellerwäscher zum Millionär' oder die Annahmen von der relativ einheitlichen amerikanischen ‚Mittelklassengesellschaft' oder von dem berühmten ‚Schmelztiegel'.

Zu den institutionellen Vehikeln der Integration zählen nicht nur Verfassung und Bürgerrechte, sondern auch vergleichsweise homogene Rechtstraditionen, Einrichtungen und Traditionen des Bildungssystems und eine Menge nationaler Symbole und Rituale. Dazu gehören zum Beispiel die Fahne, das Schulgebet, die Gedenktage der Gründerväter und eine Reihe religiöser und quasi-militärischer (‚football') Varianten ebenso wie die Kanäle und Mechanismen lokaler politischer und sozialer Partizipation und Kontrolle von den sogenannten ‚grass roots' her. Ideologische Integrationsfaktoren finden wir zum Beispiel in allen Elementen der vielbeschworenen amerikanischen ‚Zivilreligion' wie Demokratie, Freiheit, Wettbewerb, Fortschritt und Individualismus, sowie in der Verpflichtung auf den ‚American way of life', der die institutionellen Faktoren wirksam ergänzt und eines der deutlichsten Kennzeichen der ‚New Nation' (Lipset) geworden ist.

Im Vergleich zu den europäischen Ländern zeichnet sich das amerikanische System, und nicht nur das politische, durch seine ausgeprägte Flexibilität und hohe Integrations- und Reformfähigkeit aus. Was gegenüber Europa fehlte, wie zum Beispiel Klassensolidarität, wurde dabei oft ideologisch kompensiert. Gleichzeitig bildeten sich die unterschiedlichen ethnischen Milieus, etwa der Iren, Italiener oder Polen, klassen- und schichtenübergreifend als Subkulturen heraus, oft nach traditionellen klientelistischen Mustern und in einer Rangordnung, die meist die Reihenfolge der großen Einwanderungswellen spiegelte. Die zuletzt Gekommenen standen zunächst auf der sozialen Leiter ganz unten, konnten aber mit der Zeit aufsteigen. Klassenlage und ‚ethnicity' deckten sich in weiten Bereichen.

Je zahlreicher die Einwanderer kamen, um so mehr blühten die ethnischen Milieus als Subkulturen – unterhalb der Ebene der Politik und der ‚citizenship', und um den Preis der Anerkennung der Hegemonie der amerikanischen Institutionen, des amerikanischen Systems und des Monopols der englischen Sprache in der Öffentlichkeit. So war es durchweg im Fall der meisten europäischen und asiatischen Einwanderer, aber nicht immer bei den Gemeinschaften der entlaufenen oder emanzipierten schwarzen Sklaven, deren starke Gegenkultur schon in der Zeit der Sklaverei faktisch toleriert wurde. Die geringere Bereitschaft der Schwarzen zur Anerkennung der weißen ‚amerikanischen' Hegemonie ist noch bis weit ins 20. Jahrhundert hinein dadurch sanktioniert worden, daß ihnen politische Rechte vorenthalten wurden.

Der Aufstieg des Multikulturalismus als Konzept und die Zunahme multikulturell orientierter Politik während der letzten Jahrzehnte sind auf verschiedene Faktoren zurückzuführen. Da ist erstens der Erfolg des amerikanischen Liberalismus und der von ihm inspirierten aufeinanderfolgenden Wellen der Reformpolitik im 20. Jahrhundert, an deren Ende die USA und die westeuropäischen Gesellschaften einander sehr viel ähnlicher geworden sind, als sie es zu Beginn des Jahrhunderts waren. Es gibt eine Reihe deutlicher Konvergenztendenzen, vor allem im Bereich der Staatsintervention und Bürokratisierung, der Interaktion der Verwaltungsebenen, der Marktregulierung und der Mechanismen sozialer Sicherung. Man hat mit Recht von einer gewissen ‚Europäisierung Amerikas' ebenso gesprochen wie von der ‚Amerikanisierung Europas'. Die USA sind weniger als früher der ‚Ausnahmefall' (‚exceptional'). Sie haben sich, auf ihre Weise, eingepaßt in den allgemeinen Trend des ‚sozialdemokratischen Jahrhunderts'. Zu dessen Kennzeichen gehört auch, daß sozialer Fortschritt wesentlich durch Ausweitung des Geltungsbereichs der Bürgerrechte, personell ebenso wie leistungsbezogen, realisiert wurde, also durch ein egalitäres Prinzip, dessen Möglichkeiten erschöpft waren, als praktisch alle aus ihrem Bürgerrecht auch soziale Ansprüche und Mindestgarantien herleiten konnten.

Zweitens ist aber gerade dieses Modell des interventionistischen Sozialstaats, der in den USA wesentlich auf Roosevelts ‚New Deal' zurückgeht, seit den 1970er Jahren in Legitimationsprobleme geraten: Die keynesianischen Steuerungsinstrumente griffen in einer Krise neuer Art nicht mehr, die staatlichen Bürokratien waren offensichtlich zu groß und zu unflexibel geworden, und neoliberale Ideologen (die manchmal auch ‚neokonservativ' genannt wurden) begannen zum Angriff gegen das ‚Projekt' der Moderne zu blasen. Die Ebene des Nationalstaats geriet dabei von zwei Seiten unter Feuer: einerseits durch die Tendenzen zur ‚Globalisierung', vor allem aufgrund intensivierter internationaler wirtschaftlicher Verflechtungen und des Ausbaus neuer Informationstechnologien; andererseits durch zunehmende Segmentierung gesellschaftlicher Interessen, Fragmentierung der Politik und der Institutionen, durch Regionalisierung und einen neuen Lokalismus (Benjamin Barbers Gleichzeitigkeit der ‚McWorld' und des ‚Djihad').

Drittens war – durchaus auch ein zyklisches Bewußtseins- und Modephänomen – gegen Ende des Jahrhunderts (und Jahrtausends), wie in jedem ‚fin de siècle', der Blick der intellektuellen Beobachter besonders geschärft für das Brüchige, den Zerfall, die Vereinzelung, für den ‚post'-Charakter der Endzeit (‚postindustriell', ‚postkeynesianisch', ‚postfordistisch', ‚postmodern' etc.), für die ‚Dekomposition' und ‚Dekonstruktion' und für in großen Linien argumentierende ‚Kultur'-Betrachtungen.

Viertens kam einer neuen und umfassenden Kulturalisierung sozialer Konflikte in den USA noch besonders entgegen, daß man hier – in Übereinstimmung mit dem traditionellen ‚consensus' – schon immer weniger dazu geneigt hat, soziale Gegensätze als Interessen- und Klassenkonflikte und als Ergebnis ökonomischer Ungleichheit zu sehen, sondern eher harmonistische oder technokratische Interpretationen und ‚Lösungen' vorgezogen hat. Gleichzeitig waren aber in der ‚Nation der Einwanderer' die kulturellen, religiösen, ethnischen und ‚rassischen' Unterschiede deutlich präsent und jeder Aufmerksamkeit sicher.

Und fünftens hat die reformistische Erneuerung des in die Krise geratenen Systems von den ‚grass roots' her, von der lokalen Basis und ihren energischen, aber fragmentierten Interessenartikulationen und -organisationen aus, in den USA eine lange und erfolgreiche Tradition, auf die man zurückgreifen konnte. Die Schiene der ‚Kultur' (und des Geschlechts) und die Systematisierung zum ‚Multikulturalismus' boten sich mithin an, als es darum ging, in einer Zeit des Zerfalls und der Aufsplitterung vormals ‚nationaler' Koalitionen, Parteien, Verbände und Bewegungen die Interessen der auf der Schiene der egalitären Bürgerrechte immer noch zu kurz Gekommenen und teilweise Ausgeschlossenen einzuklagen.

Die Frage nach Einschluß und Ausschluß wurde dabei ausdrücklich und radikal als Machtfrage gestellt. Es geht keineswegs lediglich um ‚Kultur' in einem engen sektoralen Sinn, obwohl auch dieser Aspekt berücksichtigt wird – und gelegentlich sogar besonders schnelle Erfolgsaussichten verheißt, da es allemal leichter und billiger ist, die Studienpläne zu ändern als Vermögen umzuverteilen und neue Arbeitsplätze zu schaffen. Es geht um Chancengleichheit, ‚material opportunities' und Teilhabe an der Macht für definierte Gruppen, und nicht nur für Individuen; und es geht um die Anerkennung der Gleichberechtigung der einzelnen Kulturen in einer multikulturellen, nicht mehr von den Werten und Traditionen der männlichen WASPs dominierten Gesellschaft. Den radikalen Multikulturalisten geht es im Grunde um eine kategorial andere und anders organisierte Gesellschaft. Kann ein solches Programm, das klar über den etablierten gesellschaftlichen Konsens hinausgeht, nur durch einen radikalen Bruch mit den Traditionen realisiert werden? Oder ist dies auch mit reformistischen Strategien möglich, die bislang im amerikanischen System überwogen haben und es, wann immer dessen Institutionen und Mechanismen mit neuen Herausforderungen und Krisen nicht fertig wurden, erneuert und leistungsfähig gehalten haben, wenn auch durchweg ‚unsystematisch', oft in kleinsten Schritten und Kompromissen und mit zunehmend enger werdendem Manövrierraum?

Im Laufe des 20. Jahrhunderts haben die USA schon drei solcher Reformwellen erlebt, die die amerikanische Gesellschaft bleibend verändert haben: Die erste Welle bestand in den Reformen des ‚Progressivism' vor dem Ersten Weltkrieg, denen die populistischen Kampagnen vorgearbeitet hatten; sie haben vor allem die politische Partizipation ausgeweitet und wesentliche neue Mechanismen der Staatsintervention etabliert. In den dreißiger Jahren kamen dann, zweitens, die Reformen des ‚New Deal', die den Staatsinterventionismus – durchaus noch entlang der Linien des ‚Progressivism' – ausgeweitet, vertieft und in größerem Umfang institutionalisiert, die Zahl der Mechanismen ‚(neo-)korporatistischer' Arrangements der Interessenvermittlung erhöht und den Übergang der USA in den ‚organisierten Kapitalismus' endgültig besiegelt haben, jetzt auch unter Einschluß der organisierten Arbeiterbewegung. Die dritte Welle der ‚Bürgerrechtsgesetze' der 1960er Jahre und jener ‚Great Society'-Programme, die Bestand hatten, hat insbesondere die institutionellen Garantien politischer Partizipation weiterentwickelt und die sozialen Dimensionen staatsbürgerlicher Rechte anerkannt und ausgebaut. Das galt vor allem für den Anspruch der Bürger auf Sozial- und Wohlfahrtsleistungen und die Verpflichtung des Staates, Chancengleichheit und ‚material opportunities' zu fördern und zu sichern. Selbst wenn es bei all diesen ‚Reformpaketen' gelegentlich Rückschläge gegeben hat, ist es insgesamt unmöglich gewesen, jeweils hinter sie zurückzufallen.

Die gegenwärtigen radikalen Rufe nach einer ‚multikulturellen' Gesellschaft scheinen Beginn oder Teil einer vierten Reformwelle zu sein. Sie besteht bislang wesentlich in der Forderung, die anerkannten Rechte jetzt auch in die Praxis umzusetzen, von bloß negativ zu positiv definierten Rechten fortzuschreiten und die theoretisch garantierten ökonomischen und sozialen ‚opportunities' von Staats wegen systematisch für alle bereitzustellen, einschließlich derer, die bisher strukturell unterprivilegiert waren. Seit den späten 1960er Jahren haben beachtliche Gruppen – zunächst der Schwarzen und der Frauen, dann auch der Indianer und der ‚Hispanics' – zunehmend deutlich gemacht, daß sie nicht länger bereit waren, sich lediglich zu integrieren und die hergebrachten etablierten Mechanismen der amerikanischen Ideologie und des Konformismus als die ihren anzuerkennen. Sie wollten vielmehr, im Unterschied zu den ‚klassischen' italienischen, polnischen oder irischen Einwanderern, auch im öffentlichen Raum als kategorial anders und unterschieden wahrgenommen und in dieser ihrer Andersartigkeit gleichberechtigt akzeptiert werden. Dadurch wurden sie – zumindest für amerikanische Begriffe – tendenziell subversiv und ‚unamerikanisch', selbst wenn nur eine radikale Minderheit von ihnen es völlig ablehnte, innerhalb des amerikanischen Systems und seiner Institutionen zu arbeiten.

Die jeweiligen Mehrheiten der Minderheiten haben sich durchaus auf die reformistische Arbeit innerhalb des Systems eingelassen und dabei eine ganze Reihe bedeutender Verbesserungen – insbesondere im kulturellen und Erziehungssektor – erreichen können.

Entscheidend für den Erfolg war vielfach auch die Arbeitsteilung zwischen den radikalen und gemäßigten Flügeln der jeweiligen Bewegungen: Die radikalen Propagandisten der Bewegungen der Schwarzen, Frauen, Indianer oder ‚Hispanics' (weniger der Asiaten) sorgten für öffentliche Aufmerksamkeit und machten die politische Dringlichkeit ihres Programms durch oft überzogene und fundamentalistische Rhetorik deutlich. Gleichzeitig fütterten die gemäßigteren ‚politicos' die Forderungen der Bewegung in stiller Detailarbeit in die institutionellen Kanäle der etablierten Politik von der Kommune bis zum Kongreß und zu den Obergerichten ein. Sie arbeiteten an mühsamen Kompromissen, bauten Koalitionen und ließen sich vorerst ein auf die Gesellschaft, wie sie ist, das heißt auch auf die faktische Begrenztheit des gesellschaftlichen Konsenses, mit dem Ziel, ihn allmählich auszuweiten. Die Stärke der politischen Institutionen, die vor der großen Mehrheit der Bürger nicht zu delegitimieren waren, und die durch sie erzwungenen ‚amerikanischen' Kompromiß- und Reformstrategien zähmten den ‚unamerikanischen' Charakter der radikalen multikulturellen Forderungen ebenso wie die nicht so sehr auf Konfrontation, sondern eher auf die kooperative Suche nach Lösungen ausgerichtete, eher ‚gemeinschaftliche' als ‚gesellschaftliche' Konfliktkultur.

Die Strategien konsensueller, stückwerkartiger Anpassung und Integration empfahlen sich auch aufgrund der hochgradigen Zersplitterung und Fraktionierung der Bewegungen: Die radikalen Flügel sind ideologisch und oft wie Sekten gespalten. Bei den Frauen gibt es die unterschiedlichsten Gruppen von ‚Feminists' und ‚Womanists'. Unter den Bewegungen der Schwarzen mit der längsten Tradition gibt es inzwischen so gut wie jede Variante von den gemäßigten Bürgerrechtlern (die nicht einmal Multikulturalisten sind) bis zu christlichen und moslemischen Fundamentalisten, Terroristen und verstiegenen illiberalen oder faschistoiden Sektierern (zum Beispiel Leonard Jeffries). Die ‚Hispanics' bilden überhaupt keine einheitliche Gruppe; die Organisationen der Mexikaner, Kubaner, Puertoricaner und weiterer legaler oder illegaler Einwanderer aus der Karibik sowie aus Mittel- und Südamerika müssen in ihrer konkreten Arbeit sowohl das unterschiedliche Herkommen und die divergierenden (zum Beispiel sozial- und sprachenpolitischen) Interessen als auch die unterschiedlichen lokalen und regionalen Bedingungen, Institutionen, hegemonialen Kräfte und Koalitionsmöglichkeiten an ihrem Ort in den USA berücksichtigen. Der Interessenpartikularismus verhindert breite Bündnisse aller ‚multikulturellen' Gruppen. Die ‚Radikalen' sitzen durchweg am kürzeren Hebel; ihr Einfluß ist möglicherweise auch in den intellektuellen Debatten und den universitären Diskussionen überschätzt worden.

In den letzten drei Jahrzehnten ist die kulturelle Hegemonie der männlichen WASPs kontinuierlich ausgehöhlt worden. Sie ist permanent in Frage gestellt, aber noch nicht zerstört oder durch ein neues Hegemonialverhältnis (etwa ein ‚multikulturelles') ersetzt worden. Sie wurde bislang nur vielfach modifiziert durch ein breites Arsenal von mehr oder minder institutionalisierten Instrumenten – von Quoten für Minderheiten, ‚affirmative action', ‚equal opportunity employment' und anderen staatlichen oder staatlich inspirierten Förderungsprogrammen bis hin zur Ausarbeitung neuer minderheitenbewußter Studienpläne und ‚canons' und zu den Kampagnen für ‚political correctness' in der Sprache. Letztere haben gelegentlich auch merkwürdige begriffliche Blüten getrieben und sind nicht frei von ghettoartigen Abschottungstendenzen. Aber dort, wo es entsprechende Förderungsprogramme oder Quoten gibt, ist der Anteil der Frauen, der Schwarzen, ‚Hispanics' oder anderer Minderheiten an den Beschäftigten oder den Absolventen von Schulen und Colleges in den letzten fünfundzwanzig Jahren deutlich angestiegen.

Wenn man von der Agitation kleiner fundamentalistischer Gruppen absieht, haben die multikulturellen Kampagnen und ihre allmählichen Erfolge darüber hinaus auch bewußtseinsverändernd (als ,eye-openers') gewirkt. Sie haben mitgeholfen, auch im kommunalen Bereich und an der ,Basis' die Toleranz für unterschiedliche Lebensstile, die in früherer Zeit als bedenklich ,unamerikanisch' angesehen worden wären, auszuweiten und soziale Konformität abzubauen. Sie haben damit die Gesellschaft insgesamt reifer und die Institutionen offener gemacht für zwischen unterschiedlichen Interessen vermittelnde, Kompromisse suchende, praktisch auch Vetorechte von Gruppen respektierende, mehr ,konsoziationale' (,consociational') Konfliktlösungen. Dies ist wichtig in einem Land, dessen politische Mechanismen, unbeschadet der ,checks and balances' im Großen, traditionell wesentlich Mehrheitsentscheide vorsehen.

Das Reformpotential des amerikanischen politischen Systems insgesamt ist durch die Bemühungen um multikulturelle Politik im ganzen wohl auch gestärkt, jedenfalls nicht geschwächt worden: Die bürokratisch organisierte, Ansprüche festschreibende und verrechtlichte Umsetzung multikultureller Forderungen und Ziele geht zwar in dieselbe Richtung wie der ,klassische' Institutionenbau für den Sozialstaat und für die privaten Bereiche des ,welfare capitalism' (zum Beispiel im Versicherungssektor), der vielfach wenig flexible, erstarrte oder blockierte Organisationen produziert hat, die sich mit der Zeit von ihren ursprünglichen Aufgaben entfernten oder sie nicht mehr angemessen bewältigen konnten. Auf der anderen Seite haben die Strategien des Multikulturalismus aber auch vielfältige und starke Energien der ,grass roots', der Basis, von ,single issue'-Bewegungen bis zu breiteren Koalitionen, mobilisiert, die eine neue Welle produktiver Herausforderungen für die Institutionen bedeuten und diese in Bewegung und flexibel halten können.

Es gibt viele Beispiele, an denen sich zeigen ließe, daß der alte amerikanische Mechanismus der Regeneration und Reform verknöcherter Institutionen durch punktuelle, gezielte Mobilisierung demokratischer Basisenergien auch im neuesten Gewand des Multikulturalismus immer noch funktioniert.

Dabei sind die vom ‚System' auf seinem jeweiligen Stand vorgegebenen institutionellen Grenzen nicht immer tabu: Bei der Umsetzung einzelner Maßnahmen zur Stärkung und ‚Ermächtigung' (‚empowerment') einzelner Gruppen und ihrer Angehörigen hat man sich nach Möglichkeit im Rahmen der vorhandenen Institutionen und Rechtsinstrumente des ‚farbenblinden' (und ‚geschlechtsblinden') amerikanischen Systems bewegt. Parlamente, Verwaltungen und Gerichte sind jedoch im Einzelfall (zum Beispiel bei der Wahlkreiseinteilung, beim präventiven Schutz von Mitgliedern einer Gruppe, in der lokalen Schulpolitik) auch bereits darüber hinausgegangen, haben sich also ihrerseits eingelassen auf bestimmte, den hergebrachten Konsens sprengende Ansprüche der Multikulturalisten auf ‚Gruppenrechte' und damit geholfen, durch Institutionalisierung den Konsens auszuweiten.

Die Fortschritte, die bis jetzt zu verzeichnen sind, bleiben überwiegend beschränkt auf den Hochschulbereich und auf jene Sektoren des öffentlichen Lebens, die durch entsprechende öffentliche Programme und politische und gesetzliche Maßnahmen direkt zu beeinflussen sind. Die grundlegenden ökonomischen und sozialen Ungleichheiten und Konfliktlinien sind wesentlich unangetastet, der Grad und die Verteilung von ‚Armut' und Arbeitslosigkeit weithin unverändert geblieben und haben in den 1980er Jahren am unteren Ende der Schichtungshierarchie sogar zugenommen. Die Minderheiten, Schwarze, Frauen, ‚Hispanics' und andere, sind nach wie vor erheblich überrepräsentiert unter den Armen und Arbeitslosen. Hier dürfte auch der Hauptgrund dafür liegen, daß die Tünche der Integration und des sozialen Friedens insbesondere im Umkreis der größeren Städte immer noch so außerordentlich dünn ist, wie es zum Beispiel in den Unruhen von Los Angeles und anderswo seit 1992 wieder offenkundig geworden ist. Die Probleme multikultureller Politik sind nicht bloß sektorale ‚kulturelle' Probleme; sie sind ökonomische und soziale Probleme und ganz zentral politische. Sie sind gesellschaftliche Probleme im weitesten Sinn.

Zerbricht das System?

Kritiker haben eingewandt, daß die Forderungen der Multikulturalisten an den Staat die Institutionen des amerikanischen Systems und den Konsens der Gesellschaft ‚überbürden'. Diese Annahme läßt sich bislang nicht beweisen; es gibt vielmehr eine ganze Reihe von Indizien, die in die entgegengesetzte Richtung deuten. Zweifellos geht der radikale Multikulturalismus dem hergebrachten Selbstverständnis der Amerikaner, der traditionellen ‚amerikanischen Ideologie' gegen den Strich. Er bricht die ideologische Einheit des ‚Amerikaner-seins' explizit auf und entzieht ihr auch noch eine wichtige überlieferte Voraussetzung: die Möglichkeit des kategorischen Ausschlusses einer Reihe von beherrschten und untergeordneten Gruppen.

Diese Tendenzen sind jedoch implizit schon länger wirksam gewesen. Der Konsens der amerikanischen Gesellschaft darüber, wer dazugehört und wer nicht, war schon lange nicht mehr der klassische frühkapitalistische ‚consensus' der weißen männlichen Eigentümer der Gründerzeit oder der liberaldarwinistische der Einwanderer des 19. Jahrhunderts, wie er lange als ‚amerikanisches Credo' verallgemeinert festgeschrieben worden ist, obwohl er immer nur der Konsens der jeweils herrschenden Mehrheit war. Er war seiner Struktur nach sozusagen plastisch und ist kontinuierlich ausgeweitet und mit neuen Inhalten gefüllt worden.

Auf dem Weg durch das turbulente ‚sozialdemokratische' 20. Jahrhundert ist auch das verklärte Vorurteil, die amerikanische Gesellschaft sei wesentlich auf Gleichheit, Konformität und Konsens gegründet (das Tocqueville den Amerikanern aus europäischer Sicht auch noch bestätigt hatte), zunehmend der Einsicht gewichen, daß sie, wie alle Gesellschaften, entscheidend auf sozialer Ungleichheit, divergierenden Interessen und Konflikten basiert. Letzteres wußte allerdings auch schon der Gründervater James Madison (in: ‚The Federalist', Abschnitt 10), und der politische Institutionenbau der USA hat diesem Umstand bekanntlich sorgsam Rechnung getragen. Man wird also kaum sagen können, daß die Forderungen multikultureller Politik, die ja überwiegend nicht eine separate Gegenkultur etablieren wollen, sondern – wie radikal auch immer – nach Teilhabe streben, nicht ins amerikanische ‚System' passen. Sie passen nur nicht zu dessen einseitiger Ideologisierung im Interesse der herrschenden Schichten auf einer bestimmten, inzwischen historisch überholten Stufe. Auch der Glaube, daß die Gesellschaft sich besser selbst regulieren und der ‚Staat' möglichst wenig intervenieren solle, ist im 20. Jahrhundert zunehmend dahingeschwunden. Der ‚Staat' hat auch in den USA seine Funktionen, sein Interventionspotential und seine Kapazitäten mit der Zeit neuen Aufgaben angepaßt, und die Gegner haben sich – in gehörigem Abstand – mit der interventionistischen Politik arrangiert. Selbst Ronald Reagan hat sich bekanntlich in der Kontinuität des ‚New Deal' gesehen.

Die Kritiker des radikalen Multikulturalismus haben argumentiert, daß dieser das amerikanische System, dessen Institutionen und den dahinterstehenden legitimierenden Konsens mehr und anders als alle früheren Reformbemühungen nicht nur verändern, sondern so zerstören werde, daß der Zusammenhalt und die Einheit, das ‚vital center' der USA dabei geopfert und die Gesellschaft auseinanderbrechen würde. Dies mag für überholte Elemente der traditionellen amerikanischen Ideologie zutreffen. Das amerikanische ‚System' – einschließlich seines Integrationspotentials und der Fähigkeit auch zur nachgeholten ideologischen Anpassung – wirkt jedoch noch sehr kräftig und stabil. Möglicherweise werden sich die Elemente des ‚vital center', jenes Bündels von Bewußtseinsfaktoren, das einem Gemeinwesen ‚Einheit' stiftet und es legitimiert, etwas verschieben, vom consensus zur Verfassung, von der ideologischen Seite zur institutionellen und zur Verfahrensseite.

Außerdem wirken immer noch eine ganze Reihe wichtiger und starker Integrationsmechanismen, die bisher schon mit dem vergleichsweise hohen Grad der Segmentierung der Gesellschaft und der Fragmentierung der Institutionen zurechtgekommen sind: die Verfassungsordnung, die von niemandem zur Disposition gestellt wird; die Flexibilität und Vielfalt der

Formen politischer Organisation und Mobilisierung, vor allem an den ‚grass roots', im kommunalen und regionalen Bereich; eine ausgeprägte institutionelle Phantasie; eine Menge Sachverstand und Motivation für Bildungsreformen, selbst wenn sie oft uneinheitlich und begrenzt bleiben; und vor allem das enorme Angleichungs-, Absorptions- und Regelungspotential des amerikanischen Markts.

Im Lichte dieser Faktoren scheint der Multikulturalismus noch lange keine ernsthafte Gefahr für die Einheit der USA darzustellen. Die Probleme multikultureller Politik verdeutlichen allerdings die Schwierigkeiten, den amerikanischen Interventions- und Sozialstaat am Ende des ‚sozialdemokratischen Jahrhunderts' angemessen umzubauen und auf die vermehrte gesellschaftliche Fragmentierung und die institutionellen Blockaden einer postkeynesianischen und zunehmend weniger organisiert-kapitalistischen Ökonomie und Politik produktiv zu reagieren.

Multikulturalismus als Gesellschaftskonzept – der australische Weg

Von Stephen Castles

„Australien kann man doch nicht mit der Bundesrepublik vergleichen!" Das höre ich seit Jahren von deutschen Kollegen, wenn ich von gemeinsamen Problemen multikultureller Gesellschaften spreche. „Australien ist ein klassisches Einwanderungsland. Deshalb liegen die Probleme dort von Grund auf anders als in Deutschland!" Ist das wirklich so? Deutschland ist zwar kein ‚klassisches', aber dennoch ein Einwanderungsland, und auch Australien ist nur widerstrebend zu einer multikulturellen Gesellschaft geworden. Die Integration ethnischer Minderheiten stellt überdies alle hochentwickelten Länder heute vor durchaus verwandte Probleme. Ein Blick auf das australische Modell des Multikulturalismus kann deshalb auch für Europäer von Interesse sein.[1]

Seit 1945 kamen über sechs Millionen Menschen aus mehr als hundert Ländern nach Australien. Zwei Fünftel der Bevölkerung sind heute Einwanderer der ersten oder zweiten Generation. Trotz aller Unterschiede in den Größenordnungen haben Deutschland und Australien führende Plätze in der Liste der Haupteinwanderungsländer der Welt. Hier wie dort gibt es durch Einwanderung dramatische Veränderungen in Bevölkerung, Gesellschaft und Kultur. Entscheidende Unterschiede aber gibt es zwischen beiden Ländern in Fragen der Einwanderungspolitik und ganz allgemein in der Art, wie Staat und Gesellschaft auf die wachsende ethnische Vielfalt reagierten.[2]

Letztlich geht die gesamte australische Bevölkerung auf Einwanderung zurück – abgesehen von den ‚Aborigines' genannten Ureinwohnern, die noch rund zwei Prozent der australischen Bevölkerung bilden. Bis vor kurzem jedoch wurde regierungsamtlich keineswegs aktiv danach gestrebt, eine multikulturelle Gesellschaft zu entwickeln, im Gegenteil: Die australische Einwanderungspolitik beruhte vielmehr auf rassistischen Aufnahmekriterien, die alle Nichteuropäer ausschlossen, und auf einer Assimilierungspolitik, die danach strebte, kulturelle Unterschiede zu eliminieren. Seit Beginn der 1970er Jahre aber sind grundlegende Änderungen zu verzeichnen: Heute kommt über die Hälfte der Einwanderer aus Asien. Man muß nicht mehr weiß sein oder anglo-australische Werte akzeptieren, um als guter Staatsbürger zu gelten. Dieser Sinneswandel und seine Umsetzung sollen hier umrissen werden.

Die Einwanderung seit 1788

Nach der Ankunft der ‚ersten Flotte' im Jahre 1788 wurden die Ureinwohner des Kontinents hingemetzelt, enteignet, sozial ausgeschlossen. Es entstand in Australien eine Kolonialgesellschaft, die sich in das wirtschaftliche System des britischen Empires integrierte. Während der Industriellen Revolution wurde Australien für Großbritannien ein Ort, an den man überschüssige Bevölkerung sandte – zuerst Sträflinge und ihre Bewacher, später freie Siedler. Seit 1788 haben die Behörden Einwanderer angeworben, ihre Reisekosten subventioniert und Sozialdienste für sie eingerichtet. Durch diese Tradition staatlicher Intervention wurde die Einwanderung zu einem Hauptgebiet staatlicher Politik.

Nicht-britische Europäer wurden zwar häufig feindlich empfangen. Der Rassismus im engeren Sinne aber zielte vor allem auf nicht-europäische Einwanderer. Das galt besonders für Chinesen, die mit dem Goldfieber nach 1850 einwanderten, und für Bewohner der pazifischen Inselwelt, die – oft mit Gewalt – als billige Arbeitskräfte von Plantagenbesitzern ‚importiert' wurden. Die Einwanderung stand zugleich im Brennpunkt des Sozialkonflikts: Arbeitgeber forderten die Anwerbung asiatischer Arbeitskräfte, um die Löhne niedrig zu halten. Die Gewerkschaften wehrten sich gegen nicht-europäische

Einwanderung und boykottierten von Chinesen produzierte Waren.

Am Ende des 19. Jahrhunderts wurden solche Klassenkonflikte überwölbt vom aufsteigenden australischen Nationalismus, der sich aus der Panikparole von der ‚gelben Gefahr' speiste – der Angst vor einer asiatischen Invasion im spärlich bevölkerten Kontinent. Frühe Vorstellungen von einer australischen Identität waren mit Rassismus eng verbunden.[3] Das erste Gesetz des 1901 gegründeten australischen Föderalstaates war der ‚Immigration Restriction Act' – ein ‚Einwanderungsbegrenzungsgesetz', das den Zweck hatte, Nichteuropäer auszuschließen. Diese ‚White Australia Policy' schien den meisten Australiern unerläßlich für das Überleben der Nation.

Der Zweite Weltkrieg änderte das Weltbild der Australier. Die ersten Niederlagen der britischen Streitkräfte gegen Japan machten klar, daß die Royal Navy Australien nicht mehr verteidigen konnte. Als das Empire nach dem Krieg abgebaut wurde, ging es Australien darum, wirtschaftlich stärker und politisch unabhängig zu werden. Ein Einwanderungsministerium wurde geschaffen, ein Programm für Masseneinwanderung vorbereitet. Die Parole ‚populate or perish' (‚Wachstum oder Untergang') sollte der Bevölkerung signalisieren, daß das Land asiatisch werden würde, wenn es nicht genügend weiße Australier gäbe.

Seit 1947 wanderten jährlich zwischen 50.000 und 185.000 Menschen ein. Heute hat Australien eine Bevölkerung von 17 Millionen, fast 10 Millionen mehr als 1947. Die ethnische Zusammensetzung hat sich von Grund auf gewandelt: 1947 waren fast 90 Prozent der Bevölkerung in Australien geboren und die meisten übrigen Einwohner aus Großbritannien eingewandert. 1991 war der Anteil der im Lande Geborenen an der Gesamtbevölkerung auf rund 76 Prozent gefallen, und Einwanderer stellten die übrigen rund 24 Prozent. Überdies gehören zwanzig Prozent der im Lande geborenen Bevölkerung der zweiten Einwanderergeneration an. Etwas mehr als die Hälfte der ersten und zweiten Einwanderergeneration stammt aus Ländern, die nicht zum ‚angelsächsischen Kulturkreis' gehören.

Diese Entwicklung zu einer stark ethnopluralen Gesellschaft war im regierungsamtlichen Einwanderungsprogramm nicht vorgesehen. Am Beginn der neuen Einwanderungspolitik versprach Einwanderungsminister Calwell 1947 vielmehr, für jeden ‚Ausländer' zehn britische Einwanderer hereinzulassen. Aber die Einwanderung aus Großbritannien reichte nicht hin, um das erstrebte Wachstum von Bevölkerung und Wirtschaft zu sichern. Deshalb wurden Ende der 1940er Jahre Einwanderer auch aus Ost- und Nordeuropa angeworben, unter ihnen viele Deutsche. Als dieser Strom versiegte, folgten Einwanderer-Anwerbeabkommen mit südeuropäischen Ländern. In den 1950er und 60er Jahren kamen die meisten Einwanderer aus Italien, Griechenland und Malta.[4]

Bei der Einwanderung entstand ein Zweiklassensystem: Britische Einwanderer erhielten subventionierte Überfahrten nach Australien, konnten ihre Familien sofort mitbringen und genossen sogleich volle Bürgerrechte. Einwanderer aus Ost- und Südeuropa bekamen selten eine subventionierte Überfahrt und hatten zunächst nur begrenzte Rechte auf Familienzusammenführung. Daneben gab es noch eine dritte, unsichtbare Klasse: diejenigen, die überhaupt nicht ins Land gelassen wurden; denn die ‚White Australia Policy' hielt weiterhin alle Nichtweißen aus dem Land. Sie wurde so konsequent praktiziert, daß selbst asiatische Ehefrauen australischer Soldaten, die im Ausland gedient hatten, ausgeschlossen blieben.

Ost- und Südeuropäer erhielten Arbeitsplätze in Großprojekten, wie zum Beispiel im ‚Snowy River Hydroelectric Scheme', oder in Stahlwerken und an Fließbändern. Dort warteten besonders harte und schmutzige Arbeiten, die keine oder nur geringe Qualifikationen erforderten und von einheimischen Arbeitern verschmäht wurden. Eingewanderte Arbeiter und Arbeiterinnen konzentrierten sich bald in den wachsenden Industrien von Melbourne, Sydney und Adelaide.[5] Während der 1950er und 60er Jahre galt die Einwanderung als Hauptursache für den wachsenden Wohlstand Australiens. Die Familienzusammenführung wurde liberalisiert, die ‚White Australia Policy' etwas gemäßigt.[6]

In den 1970er Jahren änderten sich Einwanderung und Einwanderungspolitik grundlegend: Auf goldene Jahre des Aufschwungs folgte der Absturz in eine tiefe Rezession, verbunden mit einer tiefgreifenden Umstrukturierung der Wirtschaft. Die Regierung reagierte mit Einwanderungsbeschränkungen: Zwischen 1971 und 1976 lag die durchschnittliche jährliche Einwandererzahl nurmehr bei circa 56.000. Als Einwanderer wurden immer weniger ungelernte Arbeitskräfte und immer mehr hochqualifizierte Fachkräfte gesucht.

Der Wahlsieg der ‚Australian Labor Party' (ALP) zog 1972 endgültig einen Schlußstrich unter die ‚White Australia Policy'. Nach dem Fall von Saigon im Vietnamkrieg 1975 kamen viele vietnamesische Flüchtlinge nach Australien. Die Geschichte des Versuchs der Abschottung Australiens gegenüber Asien war zu Ende. Seither nimmt das Land zunehmend asiatische Einwanderer auf – ein Trend, der sich auch in Einwanderungsländern wie Kanada und den Vereinigten Staaten abzeichnet. 1992/93 zählten zu den zehn wichtigsten Herkunftsländern der australischen Einwanderung neben Großbritannien und Neuseeland auch Hongkong, Vietnam, die Philippinen, Indien, China und die Fidschi-Inseln. Daneben haben auch die Veränderungen in Osteuropa seit 1989 ihre Spuren hinterlassen: Ex-Jugoslawien und die ehemalige Sowjetunion zählten nun ebenfalls zu den zehn wichtigsten Herkunftsländern.

Die aktuelle Einwanderungspolitik

Leitvorstellung des australischen Einwanderungssystems ist der Gedanke an die permanente Zuwanderung potentieller Staatsbürger. Am Ende der 1980er Jahre nahm Australien im Jahr durchschnittlich circa 140.000 Einwanderer auf. In der Rezession wurde die Einwandererzahl 1992/93 auf 76.300 gedrosselt.[7] Ein leichter Aufwärtstrend in der Einwanderungsquote zeichnete sich 1994 ab; doch hohe Quoten sind in der nahen Zukunft wenig wahrscheinlich. Die Einwanderungsquote wird jährlich vom ‚Department of Immigration and Ethnic

Affairs' (DIEA) festgelegt. Einwanderungswillige – bis zu eine Million pro Jahr – bewerben sich bei australischen Konsulaten im Ausland. Es gibt drei Hauptkategorien:

Familienzusammenführung: Enge Familienangehörige (Ehepartner, Kinder und Eltern, soweit sie wirtschaftlich von ihren in Australien lebenden Kindern abhängig sind) werden automatisch zugelassen, während die Zulassung weiterer Verwandter (Geschwister, wirtschaftlich nicht abhängige Eltern und andere) nach einem Punktesystem gestuft wird. 1993/94 betrug die Quote für die Familienkategorie insgesamt 45.000.

Hochqualifizierte Arbeitskräfte: Diese Kategorie ist in verschiedene Untergruppen gegliedert – Unternehmer, durch Arbeitgeber persönlich angeforderte Arbeitskräfte, ‚unabhängige' (das heißt individuelle Antragsteller, die nach dem Punktesystem eingestuft werden) und ‚ausgezeichnete Talente'. Insgesamt betrug in dieser Kategorie 1993/94 die Quote 17.000.

Humanitäres Programm: Gemeint sind Flüchtlinge, die in Zusammenarbeit mit dem Hohen Flüchtlingskommissar der Vereinten Nationen ausgewählt werden. Daneben gibt es eine humanitäre Unterkategorie für Menschen, die zwar nicht als Flüchtlinge eingestuft werden, deren Menschenrechte aber grob verletzt wurden, und eine spezielle Hilfskategorie für Menschen in ungeschützten Situationen (wie zum Beispiel im ehemaligen Jugoslawien), die von ihren Familien oder ihrer Gemeinschaft in Australien unterstützt werden. 1993/94 wurde die Quote für das humanitäre Programm auf 13.000 festgelegt.

Aus wirtschaftlichen Gründen motivierte und aus humanitären Gründen zugelassene Einwanderung verursacht, wegen des Rechts auf Familienzusammenführung, nachfolgende Kettenwanderungen. Der Punktetest, der bei mehreren Einwandererkategorien angewandt wird, beruht auf einem in Kanada entwickelten und erst 1973 eingeführten Modell. In der heutigen Praxis gibt es Punkte für berufliche Qualifikation und Erfahrung, Alter, sprachliche Fähigkeiten und Verwandtschaft mit Einwohnern oder Staatsbürgern Australiens.

Obgleich die geographische Lage die illegale Einreise erschwert, ist der Umfang der illegalen Einreisen oder Aufenthalte in den letzten Jahren gestiegen. Die meisten Illegalen sind Besucher oder vorübergehend Einreisende, die länger im Land bleiben, als ihr Visum dies erlaubt. Der neuesten Schätzung zufolge, hatten im April 1992 circa 81.500 Menschen ihre genehmigte Aufenthaltsdauer überschritten.[8]

Auch die Bedeutung der temporären Wanderungen wächst. 1990/91 reisten mehr als zwei Millionen Menschen für kurzfristige (unter einem Jahr) und 56.000 für langfristige (länger als ein Jahr) Aufenthalte in Australien ein. Immer häufiger kommen diese vorübergehend einreisenden Arbeiter, Studenten oder Touristen aus Asien. Zu ihnen zählen auch leitende Angestellte multinationaler Konzerne, die auf Zeit Positionen in australischen Tochtergesellschaften übernehmen. Sie sind, wie die Studenten, lebende Zeichen des Trends zur Internationalisierung von Ausbildung und Wirtschaft.

Die Anzahl der Flüchtlinge, die in Australien Aufnahme fanden, ist mit circa 12.000 pro Jahr seit Mitte der 1980er Jahre relativ konstant geblieben. Anfang der 1980er Jahre wuchs die Zahl derjenigen, die als Besucher einreisten und dann Asylanträge stellten. 1984 waren es erst 167 gewesen, 1990/91 lagen die Zahlen über 10.000. Die meisten Anträge stellten chinesische Studenten, die sich während der Unterdrückung der Demokratiebewegung in China 1989 schon in Australien aufhielten. In den letzten Jahren gingen etwa 600 ‚boat people' aus Kambodscha und China an den nördlichen Küsten Australiens illegal an Land. Die meisten von ihnen wurden während des Asylverfahrens für drei Jahre oder länger interniert, hauptsächlich in Lagern im abgelegenen Nordwesten. Ihre Lebensbedingungen entsprachen nicht immer den internationalen Maßstäben für Menschenrechte, und die meisten dieser Asylsuchenden wurden abgelehnt und zurückgeschickt. Angesichts der unzulänglichen bürokratischen Behandlung dieser Fälle sowie der nachgerade panikartigen Reaktion der Öffentlichkeit kann man sich nur fragen, wie Australien wohl auf einen Andrang von Asylsuchenden in den Größenordnungen reagieren würde, die Deutschland und andere europäische Länder erleben.

Der Aufstieg des Multikulturalismus

Als die Einwanderung nach 1947 stark anstieg, wurden besondere Maßnahmen getroffen, um die Eingliederung der neuen Einwanderer zu fördern. Man baute Wohnheime, bot Hilfe bei der Arbeitsuche und Einführungskurse in die englische Sprache. Zugleich bemühte sich die Regierung um eine positive Haltung der einheimischen Bevölkerung gegenüber den Einwanderern. Sie würden gute ‚neue Australier' werden, hieß es, und der einheimischen Bevölkerung weder Arbeitsplätze noch Wohnungen streitig machen.[9] Diese ersten Schritte der neuen *Settlement Policy* standen am Beginn jener politischen Entwicklung, die in den 1970er Jahren in die multikulturelle Politik mündete.

Die Assimilierungspolitik von 1947 bis zur Mitte der 1960er Jahre: In den 1940er Jahren noch galt nicht-britische Einwanderung allgemein als Gefahr für nationale Identität und sozialen Frieden. Es mußte mithin ein Weg gefunden werden, die ‚Homogenität' zu sichern und allgemeine Ängste zu begrenzen. Die Antwort hieß Assimilierungspolitik: Es war die Doktrin, daß Einwanderer kulturell und sozial assimiliert werden könnten und sich in kurzer Zeit kaum noch von der ansässigen anglo-australischen Bevölkerung unterscheiden würden. Als Schlüssel zur politischen Assimilierung galt die Einbürgerung, zunächst nach einem fünfjährigen (später nach einem dreijährigen, dann zweijährigen) Aufenthalt. Um die Herausbildung ethnischer Enklaven zu vermeiden, sollten die Einwanderer unter Australiern arbeiten und leben. Bei dem Versuch, die Kinder der Einwanderer in Australier zu verwandeln, war der Schule eine Schlüsselrolle zugedacht: Deswegen auch gab es keine speziellen Curricula für die Einwandererkinder, die von Beginn an nur Englisch sprechen sollten.[10]

In den 1960er Jahren trat die innere Widersprüchlichkeit dieser Assimilierungspolitik immer deutlicher zutage: In Wirtschaft und Gesellschaft blieben die Einwanderer abgesondert. Die meisten waren nach ihrer Ankunft auf Arbeitsplätze in den Fabriken angewiesen. Selbst hochqualifizierte Einwanderer waren oft zu ungelernter Arbeit gezwungen, weil ihre mitgebrachten Ausbildungen nicht anerkannt wurden. Einwanderer siedelten generell in Industrievierteln und Innenstädten, wo Wohnungen und Häuser billig waren, während die Einheimischen von dort in die Vororte zogen. Von Assimilierung konnte keine Rede sein: Viele Einwanderer blieben vielmehr isoliert und lebten vergleichsweise ärmlich. Eine immer größere Zahl von ihnen kehrte enttäuscht in die alte Heimat zurück; die Einwanderung selbst drohte zu versiegen.

Um dieser Entwicklung zu wehren, wurden 1965 und 1972 verschiedene soziale Maßnahmen zur Förderung der Eingliederung eingeführt. Dazu zählten eine Integrationsstelle innerhalb des Einwanderungsministeriums, die finanzielle Unterstützung für freiwillige Sozialdienste im Bereich der Eingliederung von Einwanderern, ein Komitee zur Überprüfung ausländischer Berufsqualifikationen, verbesserte Englischkurse für Erwachsene und Kinder sowie die Einrichtung eines telefonischen Dolmetscherdienstes. Trotz dieser Maßnahmen hielt man am langfristigen Ziel der Assimilierung fest. Es war weiterhin Sache der Einwanderer, sich anzupassen. Aber man hatte erkannt, daß Assimilierung kein leichter und automatischer Prozeß war.

Die erste Phase des Multikulturalismus – Einwandererrechte: Um 1970 erkannte die Leitung der Australian Labor Party, daß die Einwanderer in einer Reihe von Wahlbezirken einen wesentlichen Teil der Arbeiterschaft stellten. Deshalb begann die ALP, die *ethnic vote* zu hofieren, richtete griechische und italienische Ortsgruppen ein, inserierte in der ethnischen Presse und stellte einige Einwanderer als Kandidaten auf. Der Wahlsieg der ALP im Jahr 1972 ging zum Teil auf diese Politik zurück. 1973 sprach Einwanderungsminister Grassby zum ersten Mal von ‚Multikulturalismus'. Er lehnte die Assimilierung ausdrücklich ab und sah in der wachsenden gesellschaftlichen Vielfalt eine kulturelle und wirtschaftliche Bereicherung.[11] Oft wird gesagt, daß diese Ansprache von Grassby den Beginn des australischen Multikulturalismus markiert. In Wirklichkeit aber stellte die Politik der ALP nicht auf kulturellen Pluralismus ab, sondern auf die Verbesserung des Wohlfahrts- und Bildungssystems.[12]

Die Sozialreformen der ALP berücksichtigten ausdrücklich die Benachteiligungen der Einwanderer. Besondere Maßnahmen galten dem Recht auf Invaliden- und Witwenrente, Wohnungsproblemen der Einwanderer, Krankenversicherungen für Familien und Kindertagesstätten am Arbeitsplatz. Die Einbeziehung von Einwanderern bei der Planung und Ausführung dieser Programme förderte die Gründung ethnischer Organisationen. Es entwickelte sich eine Bewegung für Einwandererrechte, die in allen Staaten und auf Bundesebene zur Bildung der ‚Ethnic Communities' Councils' (Ethnische Gemeinschaftsräte) führte.[13]

Die zweite Phase des Multikulturalismus – das ethnische Gruppenmodell: 1975 kam die konservative Koalition der Liberal-Country Party wieder an die Macht. Anfangs glaubten viele, die neue Regierung werde der multikulturellen Politik den Rücken kehren. Aber Ministerpräsident Fraser war sich der Bedeutung der ‚ethnic vote' bewußt. Durch ihre Sozialprogramme für Einwanderer hatte die ALP viele Anhänger in der sich entwickelnden Mittelschicht der Einwandererbevölkerung gewonnen. Und doch schaffte die Fraser-Regierung viele Sozialmaßnahmen wieder ab und definierte den Multikulturalismus um: Im Vordergrund standen jetzt kultureller Pluralismus und die Rolle ethnischer Organisationen bei der Versorgung mit Sozialdiensten. Die Probleme der Einwanderer selbst wurden als individuelle Schwierigkeiten abgewertet, die auf unzureichende Kenntnisse der englischen Sprache und der Lebensverhältnisse sowie auf mangelnde Anpassung an die Industriegesellschaft zurückzuführen seien.

Die Sozialdienste für Einwanderer wurden nun teilweise den allgemeinen staatlichen Trägern entzogen und den ‚ethnic communities' zugewiesen, die dafür staatliche Zuschüsse erhielten. Sozialdienste konnten jetzt kostengünstig zur Verfügung gestellt werden, zu Lasten der Entlohnung und der Arbeitsbedingungen des oft unqualifizierten Personals. Überdies konnte die Regierung mit Hilfe dieser Zuschußregelung auch entscheiden, welche ethnischen Organisationen und Führer sie anerkennen und finanzieren wollte. Die offiziellen Leitvorstellungen über die ‚ethnic communities' waren recht einseitig. Sie speisten sich aus einem überkommenen statischen Begriff der Kultur, der durch Sprache, Tradition und Folklore bestimmt wurde. Die Regierungspolitik förderte daher mit Vorliebe kulturelle und soziale Vereinigungen, die die generell konservativen Werte patriarchalischer Mittelmeergesellschaften vertraten.

Für Fraser war der Multikulturalismus auch ein Mittel zur Neubestimmung der nationalen Identität in einer zunehmend kulturell heterogenen Gesellschaft. Die Regierung schuf zu diesem Zweck verschiedene Organisationen, unter anderem das ‚Australian Institute of Multicultural Affairs' (AIMA) und den ‚Special Broadcasting Service' (SBS), der multikulturelle Fernseh- und Radioprogramme ausstrahlen sollte. Für erwachsene Einwanderer wurde das ‚Adult Migration Education Program' erweitert, für die Schulen ein multikulturelles Bildungsprogramm entwickelt.

Ende der 1970er Jahre hatte sich auf diese Weise eine Form des Multikulturalismus durchgesetzt, die auf der Annahme kulturell-autonomer und in sich homogener ethnischer Gemeinschaften beruhte. Bei dieser Strategie ging es zugleich darum, ideelle Leitvorstellungen für nationale Identität in einer pluralistischen, ethnisch heterogenen Gesellschaft zu entwikkeln, die Staatskasse zu entlasten und die soziale Kontrolle über die Minoritäten zu steigern.

Die dritte Phase des Multikulturalismus – der Weg zum Staatsbürgermodell: Seit 1983 stellte die ALP wieder die Bundesregierung. Zunächst setzte sie durchaus die multikulturelle Politik der vorherigen Regierung fort. Doch wurden die Vorteile von Einwanderung und die Aufwendungen für multikulturelle Dienstleistungen in Frage gestellt, als Australiens wirtschaftliche Perspektiven immer ungewisser wurden. Die ‚große Einwanderungsdebatte' wurde 1984 ausgelöst, als der bekannte Historiker Blainey in einer Hetzschrift vor der „Asianisierung

Australiens“ warnte und eine Einschränkung der Einwanderung forderte.[14] Politiker spürten in der Öffentlichkeit wachsenden Widerstand gegen Multikulturalismus und glaubten, daß Kürzungen auf diesem Gebiet mit wenig Kritik hingenommen werden würden. Im Bundesetat von 1986 schaffte die Regierung das ‚Australian Institute of Multicultural Affairs‘ ab, kürzte die Zuschüsse für das ‚Multicultural Education Program‘ und plante außerdem, den speziellen Fernsehdienst SBS mit der ‚Australian Broadcasting Corporation‘ (ABC) zu verschmelzen.

Aber die Parteistrategen hatten sich verrechnet: Die Kürzungen führten zu Protesten und Demonstrationen. Diese ethnische Mobilisierung bedrohte die ALP besonders in den Wahlbezirken in Sydney und Melbourne, wo sie nur über knappe Mehrheiten verfügte. In einem raschen Rückzugsmanöver wurden die Kürzungen Anfang 1987 wieder aufgehoben. Wichtige Neuerungen – wie die Einrichtung des ‚Office of Multicultural Affairs‘ und des ‚Advisory Council on Multicultural Affairs‘ – signalisierten die neue Richtung, und die angekündigte Verschmelzung von SBS und ABC wurde wieder verworfen.

Die Regierung stellte jetzt darauf ab, die wirtschaftlichen Vorzüge des Multikulturalismus zu betonen. Sie sprach nun vom ‚produktiven Pluralismus‘, davon also, daß eine multikulturelle Bevölkerung besser imstande sei, den Herausforderungen des zunehmenden internationalen Handels zu entsprechen. 1987 wurde zudem eine ‚National Policy on Languages‘ angekündigt, die danach strebt, asiatische Sprachen zu fördern und die ‚Heimatsprachen‘ der Einwanderer zu erhalten.[15] Im Bereich der Sozialpolitik wird offiziell davon ausgegangen, daß ethno-spezifische Dienste nicht mehr notwendig sind. Nach dem Prinzip des ‚mainstreaming‘ sollen sich alle Dienststellen der unterschiedlichen Bedürfnisse der verschiedenen Bevölkerungsgruppen bewußt sein und ihre Dienstleistungen so planen, daß sie allen zugänglich sind. Alle Ämter der Bundesregierung müssen zu diesem Zweck jährlich ‚Access and Equity Statements‘ erstellen.

Die wichtigste Darlegung dieses neuen Modells des Multikulturalismus ist das im Juli 1989 verkündete ‚Nationalprogramm für ein multikulturelles Australien' (‚National Agenda for a Multicultural Australia').[16] Die ‚National Agenda' spricht von „drei Dimensionen multikultureller Politik": *kulturelle Identität* – das innerhalb genau definierter Grenzen gesicherte Recht aller Australier auf Ausdruck ihres individuellen kulturellen Erbes, einschließlich Sprache und Religion; *soziale Gerechtigkeit* – das Recht aller Australier auf Gleichbehandlung und Chancengleichheit sowie die Beseitigung aller Barrieren aufgrund von Rasse, Ethnizität, Kultur, Religion, Sprache, Geschlecht oder Herkunftsland; *wirtschaftliche Effizienz* – die wirtschaftliche Notwendigkeit, die Fähigkeiten und Talente aller Australier ohne Rücksicht auf ihre Herkunft zu erhalten, zu fördern und zu nutzen.

Die ‚National Agenda' versteht den Multikulturalismus als ein System von Rechten und Freiheiten unter genereller Verpflichtung aller Bürger, auch der Einwanderer, auf die Grundwerte der Nation. Dazu gehören die Anerkennung von Verfassung und Rechtsordnung, von Grundprinzipien wie Toleranz und Rechtsgleichheit, Gleichberechtigung der Geschlechter und das Englische als Nationalsprache. Multikulturalismus wird nicht mehr nur als kultureller Pluralismus oder Sicherung von Minoritätenrechten definiert, sondern umschließt jetzt die kulturellen, sozialen und ökonomischen Rechte aller Bürger im demokratischen Staat. Das Programm der ‚National Agenda' beruht auf der Einsicht, daß einige Gruppen wegen unzureichender Sprachkenntnisse und mangelnder Bildung benachteiligt, aufgrund von Rasse, Ethnizität oder Geschlecht diskriminiert werden. Damit wird, zumindest im Appell, der Widerspruch zwischen dem Universalismus des Rechtsstaates und der Verschiedenartigkeit der Bedürfnisse und Fähigkeiten, Interessen und Werte der einzelnen Gruppen aufgehoben.

Die ‚National Agenda' zeigt, wie sich das Konzept des Multikulturalismus vom ethnischen Gruppenmodell zum Staatsbürgermodell verlagert hat. Der Multikulturalismus gilt nicht mehr als Steuerungsinstrumentarium für ethnische Beziehungen in einer aus relativ separaten ethnischen Gemeinschaften bestehenden Gesellschaft. In dem neuen Modell wird indes akzeptiert, daß kulturelle Vielfalt ein wesentlicher Bestandteil der gegenwärtigen Gesellschaft ist. Das Recht auf freie Entscheidung über Kultur und Identität wird nicht nur den Einwanderern, sondern allen Staatsbürgern im Rahmen eines einheitlichen Rechtssystems zuerkannt. Da jedoch Kultur vielfach zum Auslöser für Diskriminierung und Benachteiligung geworden ist, schließt der Multikulturalismus zugleich die Pflicht des Staates mit ein, durch geeignete Maßnahmen Chancengleichheit zu sichern, damit bestimmte Gruppen nicht an den Rand der Gesellschaft gedrängt werden. Deshalb gilt Multikulturalismus in seiner heutigen Form nicht als Bedrohung der nationalen Identität, sondern umgekehrt als Mittel zur Bildung einer gemeinsamen Identität in einem Einwanderungsland mit vielen ethnischen Gruppen.

Die Institutionalisierung des Multikulturalismus

Seit 1987 ist der Multikulturalismus in Australien immer mehr auch zum Teil des staatlichen Institutionengefüges geworden. Es gibt zwar Gesetze gegen Diskriminierung und Rassismus, aber – im Gegensatz zu Kanada – keinen ‚Multiculturalism Act'. Es ist allgemeine Überzeugung, daß ein einheitliches, auf demokratischen Werten beruhendes Rechtssystem keine Sonderregelungen für verschiedene ethnische Gruppen enthalten sollte.[17] Der australische Multikulturalismus stützt sich daher hauptsächlich auf spezielle Einrichtungen und Regierungsmaßnahmen. Auf Bundesebene wird die multikulturelle Politik vom ‚Office of Multicultural Affairs' im ‚Department of Prime Minister and Cabinet' koordiniert. Das ‚Office of Multicultural Affairs' hat weitreichende Aufgaben. Es ist unter anderem zuständig für die Begutachtung von Gesetzesentwürfen und Vorlagen des Kabinetts, für die Prüfung der ‚Access and Equity Statements' der Regierungsämter und für die öffentliche Förderung multikultureller Politik.

Das ‚Department of Immigration and Ethnic Affairs' ist zuständig für Dienstleistungen gegenüber den Einwanderern. Sie schließen das ‚Adult Migrant Education Program' mit seinen Englischkursen für Erwachsene ebenso ein wie Zuschüsse für freie Wohlfahrtsträger und für den telefonischen Dolmetscherdienst, der in ganz Australien Übersetzer für alle Sprachen anbietet. Das ‚Department of Employment, Education and Training' teilt sich mit den Erziehungsbehörden der Staaten die Verantwortung für die Bildung der Einwanderer und für die multikulturelle Erziehung. Die Bundesregierung finanziert auch den ‚Special Broadcasting Service' mit seinen Radio- und Fernsehprogrammen in vielen Sprachen. In den einzelnen Bundesstaaten gibt es ‚Ethnic Affairs Commissions', die die Regierungen beraten, neue Gesetze prüfen und die Sprachdienste koordinieren. In allen Ämtern für Bildung, Gesundheit und kommunale Dienste kümmern sich besondere multikulturelle Abteilungen um die speziellen Probleme der Einwanderer – von der Anerkennung ausländischer Berufsqualifikationen über Gesundheit und Frauenfragen bis hin zur Altersversorgung.

Der Multikulturalismus ist auch die Hauptaufgabe vieler Organisationen außerhalb der Regierung. Das gilt besonders für die ‚Ethnic Communities' Councils' und ihre Bundesstelle (‚Federation of Ethnic Communities' Councils of Australia'). Daneben gibt es Abteilungen für multikulturelle oder ethnische Angelegenheiten zum Beispiel auch im australischen Gewerkschaftsbund (‚Australian Council of Trade Unions'). Freiwillige Vereine, die in der Regel mit öffentlichen Mitteln subventioniert werden, kümmern sich um Information und Beratung oder um besondere Dienstleistungen für spezielle Gruppen wie zum Beispiel für Einwanderinnen und Jugendliche.

Probleme des australischen Modells

Das australische Modell umfaßt folgende Kernelemente: Die Einwanderung wird von der Regierung geplant und gelenkt. Die Entscheidung, wer einreisen darf, wird nicht nach Rasse,

Ethnizität, Religion oder Herkunftsland gefällt, sondern nach Maßgabe wirtschaftlicher, sozialer und humanitärer Kriterien. Einwanderer können schnell Staatsbürger werden. Eine aktive Sozialpolitik antwortet auf die Bedürfnisse der Einwanderer in Bildung und sozialen Diensten. Kultureller Pluralismus wird bejaht, aber auch begrenzt.

Das australische Modell hat zweifellos Erfolge aufzuweisen. Eine große Einwanderungsbewegung konnte relativ reibungslos eingegliedert werden. Einwanderer sehr unterschiedlicher Herkunft konnten rasch Australier werden. Tiefgreifende Veränderungsprozesse in Bevölkerung, Gesellschaft und Kultur verursachten überraschend geringe soziale Spannungen. Die multikulturelle Politik verpflichtet die Einwanderer, Englisch zu lernen, erlaubt ihnen zugleich aber, ihre Muttersprache und Kultur beizubehalten. Das gibt ihnen die Sicherheit und Selbstachtung, die notwendig sind für eine aktive gesellschaftliche Partizipation. Außerdem hat die multikulturelle Politik das nationale Selbstbild von Grund auf verändert – von einem ehemals ausgesprochen rassistischen und exklusiven Begriff der nationalen Identität zu einer viel offeneren Gesellschaft, die imstande ist, sich mit der Wirklichkeit ihrer Position im asiatisch-pazifischen Raum auseinanderzusetzen.

Das australische Modell hat aber auch seine inneren Probleme und Widersprüche, von denen hier fünf genannt seien:

Erstens. Das streng kontrollierte Einwanderungssystem wird teilweise durch Australiens isolierte geographische Lage ermöglicht. Verbesserungen im Transportwesen, steigende Mobilität von Kapital und Arbeitskräften im pazifischen Raum und das Anwachsen temporärer Migrationen werden diesen Faktor in Zukunft wahrscheinlich an Wirksamkeit einbüßen lassen.

Zweitens. Was im australischen Multikulturalismus unter Ethnizität und Kultur verstanden wurde und wird, bleibt zuweilen unklar: Anfang der 1970er Jahre verstand man unter Multikulturalismus hauptsächlich die wirtschaftlichen und sozialen Rechte der Einwanderer. Das entsprach der Tatsache, daß damals die meisten Einwanderer aus dem ländlichen Südeuropa stammten und in Australien Industriearbeiter wurden. In den Jahren 1975 bis 1982 blieben die herrschenden Vorstellungen von Multikulturalismus in einem statischen Kulturkonzept verankert, in dem es nur um Sprache, Folklore, Küche und Gebräuche ging. Die ethnische Gruppe galt als eine relativ homogene Gemeinschaft mit eigenen ‚natürlichen' Führern. Die Vorstellungen von Multikulturalismus kreisten deshalb um die Spannung zwischen der Erhaltung kultureller Identität und kulturellem Pluralismus unter dem Dach der ‚übergreifenden Werte' der australischen Gesellschaft.[18] Dieses Modell paßte gut in das Privatisierungsethos der neo-liberalen Sozialpolitik.

Das heutige Verständnis von Multikulturalismus hat sich von dieser statischen Sicht von Kultur und Ethnizität gelöst. Heute gelten kulturelle Identität und Unterschiedlichkeit als legitime Eigenschaften aller Mitglieder der Gesellschaft – als Teil der Privatsphäre, die vom Staat zwar nicht gefördert, aber doch deutlich geschützt werden soll. Deshalb gelten kulturelle Rechte nicht als Separatismus, sondern als ein Aspekt der Staatsbürgerschaft. Aber auch das neue Modell hat seine Probleme: Es gibt kein klares Verständnis der Beziehungen zwischen Ethnizität und anderen sozialen Kategorien, wie zum Beispiel Klasse und Geschlecht. Außerdem gibt es keine Klarheit über die erstrebte Entwicklung von kultureller Verschiedenheit und ethnischer Identität in Australien. Bleibt die kulturelle Vielfalt eine Dauererscheinung, oder entsteht daraus langfristig doch eine neue kulturelle Identität?

Drittens. Die multikulturelle Definition von Staatsbürgerschaft in der ‚National Agenda' scheint eine spezielle Sozialpolitik für ethnische Minderheiten auszuschließen. In Wirklichkeit gibt es aber noch eine Reihe von Sonderdiensten für Einwanderer. Das führt zu einem Dilemma: Einerseits kann die Bereitstellung von Sonderdiensten für ethnische Gruppen in Segregation und Marginalisierung von Einwanderern münden. Andererseits kann die strukturelle Diskriminierung verewigt werden, wenn es für Einwanderer nur die normalen Dienste gibt. Auf jeden Fall gibt es eine Kluft zwischen der

Ideologie der Chancengleichheit und der fortdauernden Benachteiligung bestimmter ethnischer Gruppen, insbesondere von Südeuropäern, Lateinamerikanern, Libanesen, Türken und Indochinesen. Für bestimmte Gruppen gibt es mithin nach wie vor eine wechselseitige Verschränkung von ethnischer Zugehörigkeit und sozialer Lage.

Viertens. Das ethnische Gruppenmodell, das Ende der 1970er Jahre entstand, schrieb ethnischen Vereinen eine anerkannte sozialpolitische Rolle zu. Das pluralistische Modell der Wohlfahrtsversorgung trug bei zur Konstruktion einer besonderen Form der Ethnizität: Führer ethnischer Organisationen sind an Homogenität und dauerhafter Erhaltung ihrer ethnischen Gemeinschaften interessiert. Obgleich ein solches Konzept der ethnischen Gemeinschaft immer mehr in Frage gestellt wird, kann die Regierung den politischen Einfluß der ethnischen Organisationen nicht ignorieren.

Fünftens. Die wichtigsten australischen Institutionen im öffentlichen wie im privaten Bereich beruhen noch auf britischen, amerikanischen und – in geringerem Umfang – westeuropäischen Modellen. Struktur und Organisationskultur dieser Institutionen neigen dazu, Menschen zu benachteiligen, die anders aussehen, anders sprechen, sich anders benehmen oder andere Werte haben als die vorherrschenden. Diese Organisationen so zu verändern, daß sie in der Tat eine multikulturelle Gesellschaft widerspiegeln, ist noch eine Zukunftsaufgabe.

Einwanderungsquoten, Auswahlverfahren, finanzielle Ausgaben für Sonderdienste, die Auswirkungen des kulturellen Pluralismus auf soziale Beziehungen und nationale Identität werden weiterhin heftig debattiert. Obwohl alle wichtigen politischen Parteien Einwanderung und Multikulturalismus bejahen, sind die Akzente recht unterschiedlich. Das Erbe der ‚White Australia Policy' lebt noch, und die Gefahr des Rassismus ist nie völlig gebannt. Es gibt zwar keine Unruhen (wie zum Beispiel in Großbritannien) und wenig organisierte rassistische Gewalt (wie zum Beispiel in Deutschland), aber doch genügend Beweise für Rassismus – etwa in Gestalt von Beschimpfungen, Belästigungen und sogar körperlicher Gewalt, insbesondere gegen Aborigines und Asiaten.[19] Der Multikulturalismus hat mithin noch einen langen Weg vor sich, bevor er allgemein akzeptiert sein wird.

Erfahrungen und Perspektiven

Die Masseneinwanderung seit 1945 hat die australische Kultur und Gesellschaft tiefgreifend verändert. Die Tradition des Staatsinterventionismus bei der Lenkung der Einwanderung hat sich auch auf die Sozialpolitik für Einwanderer und auf die Regelung der interethnischen Beziehungen ausgedehnt. Das unterscheidet Australien von den Vereinigten Staaten, wo die Eingliederung der Einwanderer hauptsächlich dem Markt und privaten Initiativen überlassen blieb.

Der australische Multikulturalismus hat sich in seiner Entwicklung stark verändert. In den 1970er Jahren ging es um die Bereicherung der Gesellschaft durch kulturelle Vielfalt und um die Stärkung des Selbstbewußtseins der Einwanderer durch die Erhaltung ihrer Kultur. Die Betonung des kulturellen Pluralismus entsprach den sozialpolitischen Leitvorstellungen der konservativen Regierung. Der kulturelle Pluralismus paßte auch zu den Interessen der meist mittelständischen ethnischen Führer in ihrem Anspruch auf die Vertretung der jeweiligen Einwanderergruppe. Über alle sozialen Unterschiede hinweg gemeinsam war den Einwanderern die Erfahrung kultureller Isolierung und sozialer Marginalisierung durch die auf Assimilierung zielende frühere Politik.

Heute hingegen hat der kulturelle Pluralismus seine zentrale Bedeutung verloren. Das hat nicht nur mit der veränderten Zusammensetzung der Einwandererbevölkerung zu tun, sondern auch damit, daß der Multikulturalismus selbst demonstrierte, daß die Akzeptanz kultureller Differenzen nicht unbedingt gleichbedeutend ist mit einer Verbesserung der sozialen und wirtschaftlichen Lage der entsprechenden Minderheiten. Die süd- und osteuropäischen ‚Kulturmakler‘ der ersten Einwanderergeneration verlieren jetzt ihre Führungsrollen. Die neuen ‚community leaders' sind sowohl asiatischer als auch europäischer Herkunft und gehören hauptsächlich der zweiten Generation an. Sie sind in Australien ausgebildet worden, kennen die australische Gesellschaft gut und sind häufig im öffentlichen Dienst tätig. Sie formulieren die Bedürfnisse der ethnischen Minoritäten nicht in kulturellen, sondern in administrativen Begriffen, zum Beispiel in dem Schlagwort ‚Access and Equity'. Und doch benutzen auch diese neuen Führungskräfte noch immer kulturelle Symbole, um die Verbindung zu ihren Anhängern zu erhalten. Für ihre Position entscheidend ist die Vorstellung von einer ethnischen Gemeinschaft, die über Klassen- und Generationszugehörigkeit steht.

Die Stellung dieser neuen ethnischen Führungsgruppe ist widersprüchlich: Sie orientiert sich sowohl an den ethnischen Gemeinschaften wie am Staat (für den die meisten auf irgendeine Weise arbeiten). Aus diesem Widerspruch speisen sich die Spannungen innerhalb des Multikulturalismus, der einerseits regierungsamtliche Politik und andererseits ein Instrument zur Interessenvertretung ethnischer Gruppen ist. Auf ähnliche Weise verkörpert der Multikulturalismus den potentiellen Konflikt zwischen einem ‚inklusiven', also alle einschließenden Modell, das sich auf allgemeine Staatsbürgerschaft gründet, und einem pluralistischen Modell, das auf ethnischen Gemeinschaften als Interessengruppen beruht. Daneben gibt es Spannungen zwischen dem Anrecht der Minderheiten auf kulturelles und sprachliches ‚Anderssein' und ihrem Ausschluß von Machtpositionen, wenn sie dieses Recht tatsächlich in Anspruch nehmen.

Der Multikulturalismus wird sicher auch künftig ein Hauptelement der australischen Politik bleiben. Viele Kommentatoren sahen in den negativen Ansichten der Führer der Koalitionsparteien zum Thema Multikulturalismus eine wichtige Ursache ihrer Wahlniederlage im Jahr 1993 – etwa ein Viertel der Wähler sind ja nicht-angelsächsischer Herkunft. Aber als Politikmodell muß der Multikulturalismus noch weiter verfeinert werden, bevor er einen befriedigenden Rahmen für Sozialpolitik und nationale Identität in einer Zeit bieten kann, in der sich Wirtschaft und Kultur stark verändern.

Bleibt zu fragen, ob die australische Erfahrung mit dem Multikulturalismus Bedeutung für europäische Länder hat. Trotz aller Unterschiede in Kultur- und Rechtstraditionen und Einwanderungserfahrungen seit 1945 stehen zunächst einmal alle Einwanderungsländer vor einem im Kern gleichen Problem: Wie können große und vielfältige Minderheiten gesellschaftlich eingegliedert werden? Versuche, Einwanderer als Minoritäten minderen Rechts am Rande der Gesellschaft zu halten oder aber sie kulturell zu assimilieren, sind größtenteils gescheitert. Wenn wir gespaltene Gesellschaften und eine Bedrohung der Demokratie vermeiden wollen, scheint nur eine Politik des Pluralismus Erfolg zu versprechen. Der australische Multikulturalismus bietet, so betrachtet, eine nützliche Perspektive, weil er sich mit der Ausdehnung der kulturellen und sozialen Rechte aller Staatsbürger befaßt. Insofern geht er einen Schritt weiter als das Konzept des auf ethnischen Gruppen beruhenden Multikulturalismus, das in den USA und in Europa auf Widerstand gestoßen ist. Das australische Modell ist zweifelsohne durch die besonderen Umstände auf diesem Kontinent im pazifischen Raum entstanden. Es kann deshalb nicht einfach auf andere Länder der Welt mit unterschiedlichen Rahmenbedingungen übertragen werden. Es bietet jedoch ebenso unzweifelhaft nützliche Anregungen für eine Politik, die danach strebt, die Prinzipien des kulturellen Pluralismus und der sozialen Gerechtigkeit mit dem Universalismus des liberalen Rechtsstaats zu verbinden.

Ethnische Vielfalt und zentrale Kontrolle – das russisch-sowjetische Imperium

Von Irina Scherbakowa

In Rußland wächst die Trauer um das verlorene Zarenreich. Die Romanows und die russische Orthodoxie werden wieder idealisiert. Die Vergangenheit erscheint vielen in ahistorisch verklärtem Licht. Das gilt besonders für das Verhältnis zwischen den Völkern und Nationalitäten des alten Imperiums.

Auch in den in Rußland ‚nationale Frage' genannten Nationalitätenproblemen wird die sowjetische Mythologie durch eine neue verdrängt. In gleichem Maße, wie die offizielle sowjetische Geschichtsschreibung das Zarenreich zum ‚Völkerkerker' verzerrte, wird heute die Geschichte des vorrevolutionären Rußland idealisiert.

Dafür gibt es gute, genauer gesagt schlechte Gründe; denn die Nationalitätenpolitik der Stalinzeit war zwar noch weit brutaler als die zaristische Politik, aber auch die fügte den anderen Völkern schon unermeßlichen Schaden zu. Eines der anschaulichsten Beispiele dafür bietet die Geschichte der Krimtataren: „Selig wird die Stunde sein, in der die Krim von den wilden Stämmen gesäubert und von der edlen Rasse besiedelt wird", schrieb Katharina II., als ihre Soldaten die Krim eroberten. Solche Drohgebärden mündeten zwar nicht in eine Vertreibung, aber in eine Politik der anhaltenden Benachteiligung. Die Tataren blieben auf der Krim – bis zu jenem düsteren 18. Mai 1944, als das ganze Volk des Vaterlandsverrats beschuldigt wurde und Truppen des NKWD (Volkskommissariat für innere Angelegenheiten) auf Befehl Stalins alle 422.000 Krimtataren in einer Nacht nach Mittelasien deportierten. Mehr als vierzig Jahre qualvollen Kampfes um ihre Rechte sollten vergehen, bevor den Krimtataren die Rückkehr erlaubt wurde.

Im Zarenreich wurden keine Völker deportiert. Für die Juden gab es zwar eine ‚Siedlungsgrenze', nicht aber Pläne zur Deportation in den Fernen Osten, die wohl zu den letzten Ideen Stalins gehörten. Das bedeutet nicht, daß das Nationalitätenproblem im alten Rußland kein Spannungsfeld gewesen wäre – im Gegenteil: Gerade die ungelöste ‚nationale Frage' wurde zu einem der wichtigsten Krisenherde. Ohne die Belastung durch das Nationalitätenproblem wäre es mit der Februar- und Oktoberrevolution von 1917 nicht zur Spaltung des Imperiums gekommen.

Zu den tragischen Kapiteln der russischen Geschichte zählt, daß die Bolschewiki, die die Lösung der nationalen Frage versprochen hatten, in Wirklichkeit den imperialen und zentralistischen Charakter der Staatsmacht noch um ein Mehrfaches steigerten. Deshalb konnte der Zerfall des sowjetischen Imperiums zu einer der schwerwiegendsten Folgen der Perestroika werden. Kaum zwei Jahre, nachdem sich Gorbatschow noch gegen die Lösung der Litauischen Kommunistischen Partei von der KPdSU gesträubt hatte, gab es, nach dem berühmten Treffen in Weißrußland vom Dezember 1991, keine Sowjetunion mehr. Neo-bolschewistische Bestrebungen zur Restauration des alten Systems verschmelzen heute mit großrussischen imperialen Visionen. Der Tschetschenien-Krieg ist ein anschauliches Beispiel dafür. Aber zurück zur Geschichte.

Die Gesetze des Zarenreiches gliederten die Bevölkerung des Landes in ‚gebürtige Untertanen' und ‚Fremdstämmige' (‚Inorodsi'), die sich wiederum in zwei Kategorien teilten – in Juden und in östliche Fremdstämmige, bei denen dann Ansässige und Nomaden unterschieden wurden. Die Ansässigen waren in ihren Rechten den russischen ‚gebürtigen Untertanen', die Nomaden in ihren Rechten und Pflichten den Bauern unter den gebürtigen Untertanen gleichgestellt.

Die Judengesetze bestanden nur aus Beschränkungen und Verboten und griffen in alle Bereiche des bürgerlichen Lebens ein. Sie begannen für die Männer mit dem Verbot, besondere Kleidung zu tragen, für die Frauen, sich entsprechend ihrer Glaubensauffassung den Kopf zu scheren. Sie reichten bis zum

Verbot, in den Staatsdienst zu treten und sich außerhalb der Siedlungsgrenze niederzulassen. Juden, die zum orthodoxen Glauben übergetreten waren, galten den Behörden zwar als gleichberechtigt. Aber es blieb für sie schwer, ihre Abstammung zu verheimlichen; denn auch konvertierte Juden durften ihren Nachnamen nicht ändern. Die Judenpolitik der Regierung erzeugte Unzufriedenheit, Spannungen und trieb einen erheblichen Teil der Juden in oppositionelle Bewegungen – was heute Ultranationalisten Anlaß ist, die russische Revolution als jüdische Weltverschwörung zu karikieren.

Die russische Nationalitätenpolitik war oft geprägt von der persönlichen Einstellung des jeweiligen Herrschers. Xenophobie, Vorurteile und religiöse Intoleranz gerieten dabei nicht selten in Widerspruch zu wirtschaftlichen Interessen. Zarin Elisaweta, die Tochter Peter des Großen, etwa verwarf den Vorschlag des Senats, Juden aus wirtschaftlichen Gründen die Ansiedlung in Rußland zu erlauben, mit dem Argument: „Von Feinden des christlichen Glaubens möchte ich nicht profitieren."

Noch für den letzten Zaren war der Antisemitismus eine Staatsdoktrin. Die Pogromwellen in den südlichen und westlichen Gebieten Rußlands führten zu einem starken Anstieg der Auswanderung. Bis Februar 1917 lebten noch immer 94 Prozent der jüdischen Bevölkerung in Rußland hinter der ‚Siedlungsgrenze'.

Auch die anderen Völker des russischen Imperiums traf die Politik der Zwangsrussifizierung. Ihre Tendenz war es, alle Völker zu „verschlingen und zu verdauen". Zu den gebräuchlichen Unterdrückungsmethoden zählten die Verweigerung des Aufbaus von Selbstverwaltungsstrukturen und Repressalien gegen andere Religionen, nationale Kulturen und Sprachen sowie die Zwangskonvertierung zum orthodoxen Glauben. Besonders aggressiv war der Kampf gegen die Protestanten im Baltikum, die Uniaten in den westlichen Gebieten Rußlands, die Moslems und andere nichtchristliche Völkerschaften in Sibirien. Zur Unterdrückung der polnischen Unabhängigkeitsbestrebungen befahlen die Zaren die Russifizierung der katholischen Polen. Allein in Warschau wurden mehr als vierzig orthodoxe Kirchen gebaut. Hinzu kamen eine unnachsichtige Politik gegenüber der Ukraine und hartnäckige Versuche, den Autonomiestatus Finnlands innerhalb des Reichsverbandes zu beseitigen. Mit einer solchen Last nationalitätenpolitischer Spannungen und Konflikte stand Rußland an der Schwelle der Februarrevolution 1917.

An der Peripherie bildeten sich sehr schnell kommunistische Organisationsstrukturen heraus; denn die Völker und Nationalitäten sahen in der zaristischen Zentralmacht einen gemeinsamen Feind. So war es kein Zufall, daß sich 1907 die sozialdemokratische Opposition im Zarenreich zu 75 Prozent aus Nichtrussen rekrutierte. Die Bolschewiki wußten um die Wirkung der zur rechten Zeit in die Massen geschleuderten Parolen. Sie versprachen nach ihrer Machtübernahme nicht nur „Friede den Völkern, Boden den Bauern und Brot den Hungrigen", sondern auch das Recht auf Selbstbestimmung für die verschiedenen Nationen Rußlands. Es wurde, ebenso wie die anderen Versprechungen, nie realisiert. Seit Oktober 1917 und nach dem Zusammenbruch der Zentralmacht bildeten sich überall in Rußland aktive, meist von antibolschewistischen Anführern geleitete nationale Bewegungen, die für den Aufbau selbständiger und unabhängiger Staaten kämpften. Die bolschewistische Politik antwortete zwischen 1918 und 1922 mit der Unterdrückung aller Bestrebungen nach nationaler Unabhängigkeit: Das russische Imperium wurde in den alten Grenzen restauriert – mit Ausnahme Finnlands und des Baltikums. Auch Polen blieb, dank der sowjetischen Niederlage im polnisch-sowjetischen Krieg von 1920, unabhängig.

Die nichtrussischen Nationalitäten reagierten unterschiedlich auf die bolschewistische Unterdrückung ihrer Unabhängigkeitsbewegungen. Einige kämpften jahrelang gegen die Sowjetmacht. Zu besonders schweren Auseinandersetzungen kam es während der Zwangskollektivierung in den mittelasiatischen Republiken. Die Bekämpfung der ‚Basmatschi' – der einheimischen Partisanentruppen in Mittelasien – diente später als Quelle der sowjetischen Mythologie, die besonders in den Abenteuerfilmen der 1970er Jahre zum Ausdruck kam.

Am Ende der bolschewistischen Nationalitätenpolitik stand eine föderative Gestaltung der Beziehungen im Sowjetstaat. Aber überall dominierte das russische Volk, auch im Parteiapparat. Es ist kein Zufall, daß unter den sowjetischen Führern gerade Stalin sich am intensivsten mit Fragen der Nationalitätenpolitik befaßte und nach dem Tode Lenins als besonderer Kenner der ‚nationalen Frage' galt. Früher als andere hatte er erkannt, welche Rolle der Staatsapparat bei der Unterwerfung der Völker unter die russische Zentralmacht spielen konnte. Nach Stalin war das Weitertreiben der Revolution Sache der Zentrale. Die mittelasiatischen und kaukasischen ‚Randregionen' mit ihren Nationalitäten und Völkern sollten dabei nur als periphere Rohstofflieferanten dienen. Lenin versuchte zwar, die in der Führungsgruppe der Partei von Bucharin bis Stalin reichenden Vorstellungen vom Zwangscharakter der Nationalitätenpolitik zu relativieren. Eine wirkliche Selbstbestimmung der Nationalitäten und Völker aber stand auch bei ihm im Hintergrund; denn er ging davon aus, daß sich die ‚nationale Frage' im Zuge der Weltrevolution ohnehin weltweit erledigen würde.

Bildung und Erhaltung des sowjetischen Imperiums waren freilich nicht allein Ergebnis bolschewistischen Terrors. Das wäre in einem Land mit 57 Prozent nichtrussischer Bevölkerung auch kaum denkbar gewesen. Äußerst wichtig waren geopolitische, soziale und auch psychologische Gründe, wie zum Beispiel die traditionelle Zugehörigkeit verschiedener Nationalitäten zu Rußland. Viele Unabhängigkeitsbewegungen scheiterten auch an der großen Kluft zwischen der armen Bevölkerungsmehrheit in den Nationalitäten und den Eliten an der Spitze. Vertreter nationaler Eliten wurden im Bürgerkrieg ausgerottet oder zur Emigration gezwungen. Die Sowjetmacht strebte von Anfang an danach, neue nationale Eliten hervorzubringen, auf die sie sich seit den zwanziger Jahren in den einzelnen Republiken stützen konnte.

Das gängige Bild vom entwurzelten, aller Individualität beraubten ‚Homo sovieticus' symbolisiert ein ahistorisches Monster. Die neue Ideologie plädierte für Gleichheit und Brüderlichkeit aller Völker. Die Vision der unvermeidbaren Weltrevolution und die Idee des proletarischen Internationalismus hatten für die Generation der ‚Oktoberkinder' eine enorme Anziehungskraft. Damals war die sowjetische Staatshymne noch die ‚*Internationale*'. Das Personalausweissystem wurde vollständig abgeschafft, und man konnte sich bei den Behörden wunschgemäß als Jude, Russe oder Armenier et cetera registrieren lassen. Anziehend wirkte auch das durch die neue Ideologie vermittelte Gefühl, man sei „dazu geboren, das [sozialistische] Wunder Wirklichkeit werden zu lassen", wie es in einem populären Marschlied der dreißiger Jahre hieß: Man könne nicht nur Jahrzehnte, sondern Jahrhunderte überspringen, Wüsten bewässern, Flüsse umleiten, binnen kürzester Zeit das Analphabetentum in den Republiken beseitigen.

Wer die Faszinationskraft dieser neuen Ideologie unterschätzt, kann nicht verstehen, was in den Köpfen der Menschen vor sich ging: Die Generation der Väter und Großväter im heutigen Rußland gewann ihr Selbstverständnis aus dieser Ideologie; und auch die Probleme von kollektiver Schuld oder Unschuld sind im Zusammenhang von mißbrauchtem Enthusiasmus und betrogenem Vertrauen zu sehen. Die Kunst der zwanziger und dreißiger Jahre mit ihren romantischen Vorstellungen von der Weltrevolution appellierte an Gleichberechtigung und eine Völkerfreundschaft, die nicht nur die Sowjetvölker, sondern alle Völker der Erde einschloß. „Er hat sein Haus in der Ukraine verlassen, um den Bauern in Grenada die Freiheit zu bringen", hieß es in einem bekannten Gedicht jener Zeit. In der Vorkriegsgeneration dominierten Visionen von einem sowjetischen Vaterland, für das man auch sterben wolle, weil es von „Japan bis England leuchten" müsse.

Die Industrialisierung beschleunigte die Vermischung der Völker der Sowjetunion, die sich während des Zweiten Weltkrieges um ein Vielfaches steigerte, weil in der Anfangsphase des deutsch-sowjetischen Krieges nach 1941 Millionen von Menschen aus den zentralen Regionen Rußlands in die mittelasiatischen und kaukasischen Republiken evakuiert wurden. Patriotische Gefühle und der gemeinsame Haß auf die deutschen Okkupanten brachten die Sowjetvölker einander noch näher.

Die historische Wirklichkeit der Stalinzeit hatte aber von Anfang an auch eine ganz andere Dimension. Schon Ende der zwanziger Jahre begannen die „Säuberungen" unter den nationalen Eliten. Davon waren nicht nur die vom Bürgerkrieg verschont gebliebenen Vertreter der alten nationalen Eliten, sondern auch schon die junge sowjetische Generation betroffen. Jeder, der der brutalen Industrialisierung und vor allem der Zwangskollektivierung im Wege zu stehen schien, sollte ‚weggefegt' werden. So begann die Ausrottung der ‚bürgerlichen Nationalisten', die sich durch die ganze Sowjetzeit hinzog. Noch zur Breshnew-Zeit saßen in sowjetischen Arbeitslagern Ukrainer, Litauer, Georgier und Krimtataren zusammen mit Dissidenten russischer Nationalität.

In der stalinistischen Kultur, „in der Form national, im Inhalt sozialistisch", blieb alles Nationale nur äußerlich – wie bei der Person Stalins selbst, von dem jedermann zu erzählen wußte, daß er mit einem georgischen Akzent sprach, auserlesenen georgischen Wein bevorzugte und das georgische Volkslied ‚Suliko' als Lieblingslied schätzte. Es ist relativ unerheblich, ob dies ein Mythos war oder wirklich den ‚echten' Stalin wiedergab. Wichtig ist, daß es in der Mund-zu-Mund-Propaganda absichtsvoll verbreitet wurde, um das Bild Stalins menschlicher zu gestalten. Diese wenigen äußerlichen Merkmale dürften indes die einzigen gewesen sein, die ihn in den Vorstellungen der Menschen mit Georgien verbanden.

Je direkter und brutaler die Zentralmacht vorging, desto feierlicher und pompöser fielen die propagandistischen Schauspiele in Moskau aus. In den dreißiger Jahren feierte man ununterbrochen die ‚Dekaden' genannten Vorzeigeveranstaltungen über die kulturellen Leistungen der Sowjetrepubliken. Daß die ‚Dekaden' unbedingt in Moskau – allenfalls noch in den Hauptstädten der Sowjetrepubliken – stattzufinden hatten, war allen Sowjetmenschen klar. Bald entstand, trotz der propagierten Gleichstellung der Gebiete, eine Hierarchie der Städte – nach dem Prinzip der hölzernen russischen Matrjoschka-Puppe: Die Sowjetunion ist das beste Land der Welt, Moskau die beste Stadt, in der wiederum auf dem besten Platz der Welt der ‚Vater der Völker', Genosse Stalin, sitzt. „Wie bekannt, ist das Zentrum der Erde der Kreml", hieß es in einem verbreiteten Kindergedicht.

Diese Motive beherrschten die sowjetische Kunst und insbesondere die Spielfilme der zweiten Hälfte der dreißiger Jahre. „Meinen Freund werde ich nie vergessen, weil wir uns in Moskau kennengelernt haben", sang die Heldin einer sowjetischen Filmkomödie: Sie war eine erfolgreiche Schweinezüchterin aus Sibirien und lernte in Moskau während der landwirtschaftlichen Allunionsausstellung einen nicht minder erfolgreichen Helden der Arbeit, einen Hirten aus Georgien, kennen. Symbolisch-propagandistischen Charakter hatte auch der Film ‚Das Wiegenlied' in dem sowjetische Frauen aus verschiedenen Republiken zu Stalin nach Moskau strömen, um ihm, nicht ihren Kindern, ein Wiegenlied in ihrer Muttersprache vorzusingen.

Eng verknüpft mit der Hierarchie der Städte war die Hierarchie der Menschen: Nur die ‚Besten' durften in Moskau und in den Hauptstädten der anderen Republiken leben. Um die ‚Besten' von ‚Schlechten' zu unterscheiden, wurde das Personalausweissystem 1935 wieder eingeführt und damit gleichzeitig die ‚Propiska', der – bis heute nicht abgeschaffte – feste Wohnsitz, an den jeder Sowjetbürger ‚festgenagelt' wurde und den man nicht etwa nach Belieben aussuchen oder wechseln konnte. Aus den sowjetischen Lagern oder Gefängnissen entlassene Häftlinge bekamen meist das ‚Minus' – das Verbot, in Großstädten zu leben. Bauern wurden ohnehin nur auf gesonderten Antrag und nach ‚wohlwollender' Prüfung durch den Kolchosvorsitzenden Ausweise ausgestellt.

In den Personalausweisen war auch die Angabe der Nationalität vorgeschrieben. Heute kennen wir aus sowjetischen Archiven die Direktiven, die 1938 an die NKWD-Behörden gerichtet wurden: Danach durfte niemand mehr als Russe registriert werden, solange das NKWD (seit 1946 MWD) dies nicht ausdrücklich genehmigte. Wieviele Jahrzehnte oder gar

Jahrhunderte die Familie in Rußland gelebt hatte, spielte dabei keine Rolle. Wenn der Nachname nicht ‚Iwanow', sondern ‚Müller', ‚Popandopulo' oder ‚Schapiro' lautete, mußte die Nationalität glaubhaft nachgewiesen werden. Die Entscheidung freilich lag im freien Ermessen der Behörden. Das System erleichterte das Auffinden derer, die schon aufgrund ihrer Volkszugehörigkeit Repressalien ausgesetzt waren. Zeitgleich gab es konkrete Anweisungen von Stalin für ‚Säuberungen' unter Polen, Deutschen und Griechen. Die Diskriminierungspolitik ging den späteren Deportationen ganzer Völker voraus.

Seit dem Beginn von ‚Glasnost' zeugen unzählige Publikationen, Erinnerungen, Statistiken und Archivdokumente – auch solche aus dem Politbüro der KPdSU – davon, daß in der UdSSR außer dem russischen alle Völker aus unterschiedlichen Gründen und zu verschiedenen Zeiten Repressalien ausgesetzt waren. Opfer aus politischen Gründen waren in den zwanziger Jahren besonders die Mitglieder und Anhänger nichtkommunistischer Parteien und Bewegungen. Aus der Pervertierung der Klassenideologie folgte als eine Art gesellschaftliches Planziel für die Schaffung der neuen Welt die Vernichtung der Vertreter ‚feindlicher Klassen', vom Adel über die ‚bürgerliche Intelligenz' bis hin zu Kaufleuten und Großbauern. Wie alles andere, so sollte auch dies planmäßig geschehen. Besonders in den Jahren des Großen Terrors 1935–39 wurden von Stalin selbst konkrete, genau bezifferte Planforderungen aufgestellt – für jede ethnische Gruppe, Nationalität und nationale Minderheit.

In der Sowjetunion gab es verschiedene Typen der Deportation: Solche, die völlig geheim waren, und jene, die nach den Erlassen des Präsidiums des Obersten Sowjets oder des Staatlichen Verteidigungskomitees öffentlich durchgeführt wurden. Es gab Deportationen, die als Bestrafung galten, und solche, die propagandistischen Kampagnen gleichkamen, weil es angeblich um das Wohl des sowjetischen Volkes ging. Durch Deportationen entleerte Städte und Dörfer mußten wieder bevölkert werden. Die NKWD-Organe wurden tätig, um mit propagandistischen Mitteln neue Arbeitskräfte anzuwerben und Begeisterung für die Sache zu wecken. So wurden gewaltige Gegenströme zu den massenhaften Zwangswanderungen organisiert. Das riesige Völkerwanderungsexperiment begann in der Sowjetunion mit der feierlichen Verkündung der Jüdischen Autonomen Republik. Eine Massenaussiedlung von Juden aus der Ukraine und Rußland in den Fernen Osten wurde in Angriff genommen. In einem Spielfilm sollten bekannte Schauspieler noch zweifelnde Juden motivieren, nach Birobidshan zu gehen. Aber der städtische Bevölkerungsanteil unter den Juden war zu hoch, der Ferne Osten zu weit und die Bereitschaft der zu einem erheblichen Teil assimilierten Juden zu gering, um das Experiment zu wagen. Nach den massenhaften ‚Säuberungen' der Jahre 1937–1939 und späteren Auswanderungen nach Israel leben in der formal noch immer existierenden Jüdischen Autonomen Republik nur noch wenige Juden. Anfang der neunziger Jahre war dort kaum mehr jemand zu finden, der zum Feiertag eine Losung auf hebräisch schreiben konnte.

1934 wurde den Koreanern, die von der Zarenregierung im Fernen Osten des Reiches angesiedelt worden waren, vorgeschlagen, nach Kasachstan umzusiedeln, wo infolge der Zwangskollektivierung Hunderttausende von Kasachen verhungerten. Zunächst versuchte man sie mit vielerlei Versprechungen nach Kasachstan zu locken. Schon 1937 aber wurden alle Koreaner – zusammen mit den im Fernen Osten lebenden Chinesen – nach Sibirien und Mittelasien deportiert. In die Gegenrichtung rollten ununterbrochen Transporte mit Arbeitskräften – nicht nur mit Häftlingen des ‚Archipel GULAG', sondern auch mit russischen Freiwilligen.

Nach dem Hitler-Stalin-Pakt vom August 1939 wurden in den annektierten Gebieten – in Moldawien, der Westukraine und im Baltikum – massive ‚Säuberungsaktionen' durchgeführt. Damit sollten die entsprechenden Nationalitäten von ‚feindlichen Elementen' – insbesondere von nationalen Eliten, Vertretern ‚feindlicher Klassen' und Intellektuellen – ‚gereinigt' werden. In den ‚gesäuberten' Regionen wurden Russen angesiedelt.

Der Zweite Weltkrieg ermöglichte die Scheinlegitimation der Vertreibung ganzer Völker: Balkaren und Tschetschenen, Inguschen und Kalmyken, Krimtataren und zuletzt 1949 auch Griechen von der Schwarzmeerküste wurden des ‚Vaterlandsverrates' beschuldigt und deportiert. Das galt sogar für Völker und Nationalitäten, deren Territorien der Feind nicht okkupierte; selbst diesen entstammende Soldaten der ‚Roten Armee', die zu dieser Zeit noch gegen die Deutschen kämpften, wurden direkt von der Front in die Verbannung geschickt. Viel früher schon waren ‚präventive' Maßnahmen ergriffen worden – gegen die Wolgadeutschen und alle, die in der Sowjetunion einer ausländischen Diaspora angehörten: Finnen, Polen, Rumänen, Bulgaren und andere. Auch sie wurden in den Osten und in den Norden deportiert, wo man billige Arbeitskräfte brauchte.

Millionen von Menschen aus den zerstörten russischen, ukrainischen und weißrussischen Dörfern wurden in die verwaisten Wolgagebiete und in den Kaukasus umgesiedelt. Krieg und Zwangskollektivierung verwüsteten große Teile Zentralrußlands – ein Prozeß, der sich in den sechziger und siebziger Jahren fortsetzte, weil die Zurückgebliebenen alt geworden waren und die Jugend in die Städte abwanderte.

Nach der Deportation der Tataren von der Krim 1944 wurde die Halbinsel mit russischen und ukrainischen Bauern besiedelt. Noch heute hört man in den mittelalterlich engen Gassen der Krimstädte den nordrussischen Dialekt. Die Menschen aus Pskow und Nowgorod, die hierher kamen, waren völlig unerfahren im Wein- und Obstanbau, der jahrhundertelang die Spezialität der Krimtataren war, so daß die besten Wein- und Obstsorten verschwanden. Bis in die neunziger Jahre wurden überall Arbeitskräfte für die Krim angeworben, während Krimtataren und Griechen dort nicht einmal ihre Familiengräber besuchen durften. Heute ist ihnen die Rückkehr gestattet – aber nicht in die angestammten Siedlungsgebiete. Deshalb entstehen derzeit überall auf der Krim, meist außerhalb der Städte, neue tatarische Siedlungen.

Die insgesamt zwölf deportierten Völker wurden bis 1957 als ‚Sonderkontingent' (‚Spjezkontingent') behandelt: Die Arbeitsfähigen zwangen die sowjetischen Behörden in Arbeitskolonnen. Sie durften, auch wenn sie nicht in solche Kolonnen eingegliedert waren, generell nur schwere und unqualifizierte Arbeiten verrichten. Teilweise wurden sie schlechter behandelt als Lagerhäftlinge, erhielten oft keine Lebensmittelrationen. Die Sterberaten lagen entsprechend hoch. Auch die Kinder waren Diskriminierungen ausgesetzt, der Weg zur Hochschulbildung stand ihnen nur selten offen. Auf diese Weise wurde das sowjetische Imperium in Völker erster und zweiter Klasse gegliedert. Das führte zu anhaltenden Spannungen und Jahrzehnte später zu schweren Konflikten zwischen Ethnien und Nationalitäten. Nach Stalins Tod und der anschließenden Liquidierung des GULAGs wurden einige Völker rehabilitiert und erhielten die Erlaubnis, in ihre ehemaligen Siedlungsgebiete zurückzukehren. Den Krimtataren, Wolgadeutschen und Mescheten blieb bis zum Ende der achtziger Jahre die Rückkehr untersagt. Daran hat sich für Wolgadeutsche und Mescheten bis heute nichts geändert.

Ganze Völker wurden aus ihren seit Jahrhunderten angestammten Gebieten gerissen und entwurzelt, bestehende Beziehungen zwischen den Völkern zerstört. Vertraute Lebensformen gingen unter, Traditionen zerbrachen. Die Zwangsumsiedlung in fremde Gebiete mit ungewohnten Klimaverhältnissen, Lebensgewohnheiten, Ernährungsweisen, Sitten und Gebräuchen zerriß viele Familien und richtete viele Menschen physisch oder doch seelisch zugrunde. An die Stelle vertrauter Wohnverhältnisse traten Notunterkünfte, Baracken, Eisenbahnwaggons, Zelte. Die Zwangsumsiedlung förderte Gleichgültigkeit und Apathie, die viele mit der Droge Alkohol zu bekämpfen suchten, was den Alkoholismus zu einer Art Volkskrankheit werden ließ. Die trostlose Situation dieser Menschen sprach aus einem bekannten Lied der siebziger Jahre, das zugleich das wachsende Gefühl sowjetischer Anonymität belegte: „Meine Adresse ist nicht ein Haus, keine Straße, meine Adresse ist die Sowjetunion." Auf die „stalinsche Menschenfresserzeit" (Nadejda Mandelstam) folgte ein kurzes ‚Tauwetter', das in die Stagnation der Breshnew-Epoche überging. Aber die Jahrzehnte zuvor gelegte Zeitbombe der Nationalitätenkonflikte tickte. Das fand seinen Ausdruck in Unmutsäußerungen bei den kaukasischen Völkern und in den nach Unabhängigkeit strebenden nationalen Dissidenten-Bewegungen vom Baltikum bis zur Ukraine. Der Antisemitismus, der schon während des Krieges hervorgetreten war und sich vom Ende der vierziger Jahre bis zu Stalins Tod steigerte, fand in der Breshnew-Zeit öffentlichen Ausdruck im erklärten Kampf gegen den ‚Zionismus', wobei in der Sowjetpresse der Staat Israel oft mit dem ‚Dritten Reich' verglichen wurde. Es war kein Geheimnis, daß bei der Verteilung von Studien- und Arbeitsplätzen bestimmte Proportionen einzuhalten waren: Ganze Berufsgruppen, aber auch bestimmte Funktionen in den Machtstrukturen sollten für Juden unzugänglich sein. So emigrierten, trotz enormer Ausreisehindernisse, seit Anfang der siebziger Jahre Hunderttausende von Juden.

In der offiziellen Begegnung mit anderen sowjetischen Völkern wurden auch in den sechziger und siebziger Jahren alle Attribute der stalinschen ‚Völkerfreundschaft' beibehalten, besonders bei den öffentlichen Feierlichkeiten, Jubiläen, Kulturtagen und so weiter. Während dieser Feierlichkeiten zeigte das Fernsehen, wie Breshnew die Parteiführer der Sowjetrepubliken umarmte und küßte. Böse Zungen behaupteten, daß Breshnew beim Küssen des aserbaidshanischen Parteichefs Aliew zärtlich den Brillantring streichelte, den er von ihm bekommen hatte. Die korrumpierte nationale ‚Nomenklatura' teilte schon seit den sechziger Jahren offen die Macht mit den zentralen Staats- und Parteiorganen, indem man das Moskauer Zentrum ständig beschenkte und bestach. So entstanden nationale ‚Fürstentümer', besonders kraß in den mittelasiatischen Republiken Usbekistan, Tadschikistan und Turkmenien.

Unaufhörlich wurde von offizieller Seite die sowjetische ‚multinationale Kultur' – ein in den siebziger Jahren ständig gebrauchter Begriff – beschworen. Das galt auch für die verwandte Rede von der ‚Gemeinschaft der sowjetischen Völker'. In Wirklichkeit entstand eine Gemeinschaft von intellektueller Opposition und Dissidentenbewegung. Man hatte einen gemeinsamen Feind und kämpfte für „unsere und eure Freiheit“ von der Zentralmacht.

Allgegenwärtig waren Alltagsspannungen zwischen den verschiedenen Nationalitäten: Russen galten häufig schlicht als Vertreter der Zentralmacht. In Estland wurde Russen sehr deutlich zu verstehen gegeben, daß man sie dort als Okkupanten empfand. Im gastfreundlichen Georgien wiederum wurde das Glas zum Toast darauf erhoben, daß der große russische Stiefel das kleine Georgien nicht zertrampele. In Litauen schließlich erinnerte man sich an den Partisanenkrieg gegen die Sowjetmacht in den vierziger Jahren ... –

Die Spannungen zwischen den Nichtrussen aber nahmen trotz des gemeinsamen ‚Feindes‘ nicht ab: Das Thema ‚Völkerfreundschaft‘ erfreute sich großer Beliebtheit im Volkswitz. Auf die Frage „Was ist Völkerfreundschaft?“ konnte zum Beispiel ‚Radio Eriwan‘ antworten: „Wenn die Armenier mit den Russen die Aserbaidshaner schlagen.“ Die Völker aber ließen sich in dem Witz beliebig austauschen.

Die jahrzehntelang verwendeten Formeln ‚Sowjetvolk‘ und ‚Sowjetmensch‘ hatten nur für eine relativ geringe Zahl von Menschen in der Sowjetunion eine reale Bedeutung. Umfragen aus den frühen 1990er Jahren belegen, daß sich zwar viele Russen noch kurz vor Auflösung der UdSSR als ‚Sowjetmenschen‘ verstanden. Das galt in Rußland für bis zu 30 Prozent der Befragten, in Metropolen wie Moskau und Leningrad sogar für 38 Prozent. Zeitgleich war der entsprechende Prozentsatz auch bei den Kasachen, die gerade das erste Stadium der Urbanisierung erlebten, noch relativ hoch, ähnlich in Turkmenien, der Sowjetrepublik mit dem niedrigsten Lebensstandard und besonders stark ausgeprägten feudalen Machtstrukturen. Bei den Ukrainern hingegen verstanden sich nurmehr 21 Prozent der Befragten als ‚Sowjetmenschen‘, bei den Aserbaidshanern 17 Prozent, bei den Usbeken waren es 14 Prozent. Bei Nationalitäten mit starkem Drang zur Unabhängigkeit fehlte solche Identifikationsbereitschaft völlig: Litauer und andere baltische Völker betrachteten sich nur zu 1,65 Prozent, Georgier und Armenier jeweils nur zu 2 Prozent als ‚Sowjetvölker‘. Aus der negativen Einstellung zu den Begriffen ‚Sowjetvolk' und ‚Sowjetmensch' sprach auch eine ablehnende Haltung gegenüber der sowjetischen Ideologie.

Anfang der neunziger Jahre vertrat meist die russische oder russifizierte Bevölkerung die Werte und Normen, die die ideologischen Grundlagen des Sowjetstaates bildeten. Dort fand sich die stärkste Identifikation mit Sowjetstaat und Sowjetmacht. Die Sowjetmacht war hier Ersatz nationaler Geschichte und Kultur. Sie galt als die einzig konsolidierende Kraft, die die Nationalitäten beisammen hielt. In den Augen dieser ‚Sowjetmenschen' hatte die Sowjetmacht das friedliche Miteinander der Völker garantiert und siebzig Jahre lang Wohlstand und eine bessere Zukunft versprochen. Das ideologische Projekt, dessen Ergebnis der ‚Sowjetmensch' sein sollte, strebte nach der Nivellierung aller Gesellschaftsschichten und der Auslöschung traditioneller Komponenten der einzelnen Kulturen.

Aus den Umfragen der frühen neunziger Jahre sprach auch eine wachsende negative Einstellung zum Staat: Im Dezember 1990 zum Beispiel erklärten 54 Prozent der befragten Russen, daß ihr Land niemandem als Modell dienen könne. Bei den Umfragen traten nachgerade typische Merkmale des ‚homo post sovieticus' zutage: Auf der einen Seite gab es noch immer eine zunehmend als schmerzhaft und erniedrigend empfundene Identifikation mit der Gehorsamkeit und Duldsamkeit fordernden Staatsmacht. Auf der anderen Seite wuchs die Neigung, den Staat für alle Alltagsnöte, niedrigen Lebensstandard und Elend verantwortlich zu machen. Seit dem Sommer 1994 kam es in Rußland zu einer Kette von Finanzskandalen. Unzählige Unternehmen beraubten Millionen ihrer naiven Kunden. Die Betrogenen indes richteten in riesigen Demonstrationen ihren Zorn gegen Regierung und Staatsmacht – und nicht etwa gegen die Betrüger, die sogar in die Duma gewählt wurden, wie zum Beispiel Sergej Mawrodi, der Chef der skandalumwitterten, durch den kriminellen Verkauf fiktiver Aktien hervorgetretenen Moskauer Aktiengesellschaft MMM.

Im Dezember 1991 zerfiel die „unerschütterliche Union freier Republiken" – und an Stelle des riesigen, bis an die Zähne bewaffneten Imperiums erlebte die Welt die Geburt von fünfzehn neuen Staaten. Es folgten unzählige Forderungen nach Autonomie aus beinahe allen Sowjetregionen, die in den Medien als „Souveränitäten-Parade" karikiert wurden. Die Euphorie über die eben erst gewonnene Unabhängigkeit verflog schnell. Im November 1991, unmittelbar vor der Auflösung der Sowjetunion, war auf die Frage, ob „die Sowjetunion als einheitlicher Staat weiterbestehen" solle, noch zu 65 Prozent mit ‚Nein' geantwortet worden. Schon 1992 registrierten die Soziologen eine wachsende Verbreitung nostalgischer Gefühle. Langsam entstanden verschiedene politische Konzeptionen zur Wiederherstellung der Union in den alten Grenzen – mit oder ohne Baltikum, unitär oder konföderativ. Sprachen daraus die nach jeder Revolution auftretenden Restaurationsversuche oder nur die Unfähigkeit vieler Republiken, selbständig zu existieren? Unzählige Beispiele belegen, daß die wirtschaftliche Last der Unabhängigkeit nicht für alle jungen Staaten tragbar ist. Berichte aus Georgien und vor allem aus Armenien beleuchten ein wirtschaftliches Fiasko mit Mangel an allem – von der Milch für die Kinder bis zu den Särgen für die Toten.

Der Zerfall des Sowjetsystems aber ist nicht die Ursache der wirtschaftlichen Probleme und der ethnischen Spannungen und Konflikte. Im Gegenteil, je stärker sowjetische Lebensweise und sowjetisches Bewußtsein die neuen Staaten noch prägen, desto geringer ausgeprägt sind die Fähigkeiten zu Systemreform und unabhängiger Existenz. Deshalb auch gelangen in Estland und Lettland die marktwirtschaftlichen Reformen am schnellsten. Wenn Rußland nach dem mißlungenen Putsch vom August 1991 dennoch den Weg der Reformen einzuschlagen vermochte, so ließen sich doch bis zum Sommer 1994 im übrigen postsowjetischen Raum keine klaren Zeichen für eine Reformpolitik erkennen. Besonders spürbar war das in der Ukraine, wo der Weg der Pseudoreformen beschritten wurde. Die Folgen waren Hyperinflation und Kapitalflucht in noch höherem Ausmaß als in Rußland selbst. Das wiederum führte zu innenpolitischer Krise und größerer Abhängigkeit von Rußland als vor 1991. Markanter noch ist diese Entwicklung in Weißrußland, wo Tendenzen einer Reintegration in eine Union mit Rußland noch stärker hervortreten.

Die auf den Ruinen der Sowjetunion entstehende Welt ist zum Teil noch sehr sowjetisch. Aber nur in Mittelasien (Turkmenien) gibt es Versuche, das Sowjetsystem vollständig zu restaurieren. Staaten, die ethnopolitische Konflikte oder Kriege erlebten, haben nur geringe Perspektiven zur selbständigen Entwicklung. Das gilt zum Beispiel für Moldawien, Georgien, Armenien und Tadschikistan. Die militärischen Niederlagen – etwa von Georgien im Krieg gegen Abchasien, von Aserbaidshan gegen Armenien, von Tadschikistan gegen fundamentalistische Gruppen – zwangen die politischen Eliten dieser Länder zum Eintritt in die GUS, was aber kein Beleg dafür ist, daß der Prozeß der Vereinigung nun ernstgenommen würde. Die ethnischen Kriege waren meist Resultat innerer Konflikte; aber man kämpfte und kämpft dort zum Teil mit russischer Militärhilfe und mit Unterstützung der russischen neo-imperialen Opposition – wie zum Beispiel Abchasien im Krieg gegen Georgien oder die prokommunistische Regierung von Tadschikistan. Auf seiten der Separatisten, zum Beispiel in Moldawien und Abchasien, kämpfen auch russische Freiwillige.

Für viele Russen brachte der Sommer 1994 Hoffnung auf Stabilisierung in Rußland. Aber die Finanzkrise im Oktober und der Einmarsch der russischen Truppen in Tschetschenien im Dezember 1994 zeigten, daß die Situation nach wie vor nicht konsolidiert ist. Eine der gefährlichsten Versuchungen für Rußland ist es, wieder die Rolle des ‚Dritten Roms' einzunehmen. Ein Hauptargument der Anhänger großrussisch-imperialer Vorstellungen lautet: Nur eine kleine Führungsgruppe hat durchgesetzt, daß die Union zerstört wurde. Sie will nun Rußland spalten – all dies entsprach und entspricht aber nicht dem Willen des Volkes.

Die Ereignisse in Tschetschenien, wo nach dem Einmarsch der russischen Truppen praktisch jeder Erwachsene – wie auch immer er früher zum Dudajew-Regime gestanden haben mochte – zur Waffe griff, belegten die Vordergründigkeit solcher Behauptungen: Nach Meinungsumfragen vom Januar 1995 waren siebzig Prozent der russischen Bevölkerung gegen den Krieg. Dennoch zog Rußland im Spätherbst 1994 gegen die Unabhängigkeitsbestrebungen der Tschetschenen mit den alten Argumenten von Staatsinteresse und Staatsbedrohung in den Krieg.

Der Entschluß zur militärischen Intervention offenbarte die tiefste politische Krise Rußlands seit 1991. Im Kern war dieser Krieg ein Ergebnis der Abkehr von den Ideen der Freiheit und Demokratie und die Hinwendung zu Nationalismus und möglicherweise zur Diktatur im Rußland Jelzins. Letztendlich lief die Militäraktion auf eine Umsetzung des Wahlprogramms Shirinowskis zur Lösung der kaukasischen Frage hinaus. Es ging in diesem Krieg nicht um die Erhaltung der russischen Föderation an sich. Es ging vielmehr, um jeden Preis, um den Machterhalt der rasch wiedererstandenen Apparatstrukturen im Zentrum. Die extrem gefährliche Situation hat die Spaltung der russischen Gesellschaft weiter vertieft und könnte letztlich dazu beitragen, den Alptraum des Bürgerkriegs Realität werden zu lassen. Die Folgen wären unvorstellbar.

Vom Verstehen und Mißverstehen im Kulturkontakt – Babylon in Europa

Von Els Oksaar

Seit der Antike kennen wir eine Reihe von anschaulichen Vergleichen für die Sprache. Platon sieht in der Sprache ein Werkzeug, für Wilhelm von Humboldt ist sie die eigentliche Heimat, und Kaiser Karl V. schreibt man die Aussage zu: „So viele Sprachen, wie ich beherrsche, so viele Mal bin ich ein Mensch." Sprachen sind auch verglichen worden mit Schlüsseln zur Welt: Je größer der Schlüsselbund, desto mehr Türen können geöffnet werden, desto mehr Kontakte ergeben sich mit den Menschen in der Welt. Aber Vorsicht! Dieses schöne Bild verschweigt etwas Wesentliches: Hinter jeder Tür kann sich ein sehr glatter Fußboden befinden, auf dem leicht ausrutscht, wer nicht weiß, wie man sich darauf zu bewegen hat.

Von dieser Tatsache ausgehend, wollen wir im folgenden einige Problembereiche näher ausleuchten. Im Zentrum stehen interkulturelle Verständigungsprozesse, das heißt Kommunikation zwischen Gesprächspartnern, die zwar dieselbe Sprache sprechen, aber unterschiedliche kulturelle Hintergründe haben. Ein Beispiel: Als ein Mitarbeiter in unserem Institut sein Baby vorführte, sagte ein thailändischer Student, der Deutsch gut beherrschte: „Was für ein häßliches Kind!" Als die Bestürzung der Anwesenden, die sich vor allem in erschrockenen Mienen und Blickwechseln äußerte, etwas gelegt hatte, fragten sie ihn, ob er das wirklich so gemeint habe und das Baby doch nicht auch niedlich finde. Verwundert erwiderte er, natürlich tue er das; aber so müsse man sich in seiner Heimat ausdrükken, wenn man wünsche, daß aus dem Baby ein hübscher Mensch werde. Hier haben wir es also mit einem Verhaltensmuster aus fremder Kultur zu tun, das, in die deutschsprachige Kommunikation überführt, Verwirrung stiftete.

Gerade heute, im Zeitalter der besonders lebhaften Verbindungen zwischen den Völkern durch Massenmedien und weltweiten Tourismus, durch politisch, ökonomisch, ökologisch und anders bedingte Wanderungsbewegungen, darf nicht vergessen werden, daß es kulturbedingte Verhaltensweisen gibt, die leicht mißverstanden oder überhaupt nicht verstanden werden, obwohl die Sprache an sich keine Schwierigkeiten bereitet. Was soll ein Ausländer denken, der bei uns vor der Prüfung von seinen Kollegen „Hals- und Beinbruch" hört und in Schweden „Spark på dig!" („spark" = Fußtritt, Tritt), wenn er eigentlich „Viel Glück!" erwartet hat? Wer die kulturspezifischen Verhaltensweisen in anderen Ländern nicht kennt, zieht in solchen Fällen leicht voreilig negative Schlüsse über persönliche und gruppenspezifische Eigenschaften der Gesprächspartner, was erhebliche Folgen haben kann für Kommunikationsverlauf oder gar weitere Gesprächsbereitschaft.

Schon aus diesen Beispielen geht hervor, daß Sprachbeherrschung viel mehr umfaßt als, wie gewöhnlich angenommen wird, die Beherrschung von Aussprache, Wortschatz und grammatischen Regeln. Sie schließt auch die Fähigkeit ein, sprachliche Einheiten gemäß den in der jeweiligen Gruppe oder Gesellschaft geltenden Verhaltensweisen und Regeln zu verwenden. Sie sind kulturbedingt und variieren schon innerhalb einer Sprachgemeinschaft. Die Schwierigkeiten für einen Ausländer, für den schon die Sprache eine Fremdsprache ist, sind natürlich noch größer.

Georg Christoph Lichtenberg, eine der bedeutenden Gestalten der deutschen Aufklärung, hat diese Problematik erkannt, als er vor mehr als 200 Jahren feststellte: „Die lebendigen Sprachen sind größtenteils für die Ausländer tot, wenn sie nicht unter dem Volk gelebt haben. Wie schwer ist es, alle die kleinen Beziehungen zu lernen, fast unmöglich, wenn man einmal bei Jahren ist." Was das Spracherwerbsalter angeht, ist solcher Pessimismus nach dem heutigen Stand der Wissenschaft keineswegs berechtigt: Auch Erwachsene können, wenn sie zureichend motiviert sind, ihr ganzes Leben lang erfolgreich Fremdsprachen lernen – aber es kann stets Probleme mit den Verhaltensweisen geben; denn der Fremdsprachenunterricht scheint in so manchem europäischen Land immer noch mehr Wert auf die Vermittlung der korrekten Elemente des Sprachsystems zu legen als auf die Regeln und Normen der situationsbezogenen Sprachverwendung, das heißt auf die Kenntnisse dessen, *was* man *wem*, *wann*, *wo*, *wie* und *warum* sagt und wie man sich zu verhalten hat, wenn man selbst angeredet wird. Fehlen derartige Kenntnisse, dann können Kommunikationsstörungen entstehen: Man versteht einander nicht oder mißversteht einander. Letzteres ist häufig gefährlicher, da die Beteiligten es am Anfang oft gar nicht merken.

Gemeinsame Sprache garantiert noch nicht Verständigung

Winston Churchill soll einmal von den Amerikanern gesagt haben: „Uns trennt nur eines, die gemeinsame Sprache“. Und wenn man von den Deutschen in Ost und West heute hört, daß sie trotz derselben Sprache sich doch noch fremd, fast wie Ausländer vorkommen, so muß man fragen: Fremdsein bei derselben Sprache und im eigenen Land, ist das wirklich etwas so Außergewöhnliches? Ist es nicht vielmehr häufig so, daß die sogenannte gemeinsame Sprache ihre auch emotional bindende Kraft meist erst in der Umgebung einer fremden Sprache entfaltet? Bei Deutschen in Australien mehr als bei Links- und Rechtsrheinischen in Deutschland? Bei Türken in Deutschland mehr als in der Türkei? Das hängt aber auch mit ihrer Kultur zusammen.

Sprache als Ausdrucks- und Kommunikationsmittel hat eine ganz besondere Beziehung zur Kultur insofern, als sie selbst kulturbedingt und Teil der Kultur ist, gleichzeitig aber ein Mittel für die Betrachtung und Beschreibung der Kultur. Was aber verstehen wir unter *Kultur?*

Es gibt weit über 150 Versuche, Kultur zu definieren. Sie reichen von sehr abstrakten Begriffsbestimmungen, nach denen

Kultur alles ist, was mit den menschlichen Lebensmöglichkeiten zu tun hat, bis zu Feststellungen im engeren Rahmen. Nach denen werden unter Kultur höhere Bildung oder menschliches Verhalten innerhalb einer Gruppe verstanden. Ferner werden auch Denkkategorien zur Kultur gezählt. Für unser Thema ist die generellere Definition von Kultur angebracht, wie sie schon von Soffietti in den 1950er Jahren dargestellt wurde und seitdem in differenzierter Form immer wieder vorkommt. *Kultur* umfaßt danach alles, was eine Person und eine Gruppe besonders kennzeichnet – nicht nur materielle und geistige Aspekte, sondern auch Verhaltensweisen. Diese bilden Systeme und werden zu Gewohnheiten so wie die Sprache. Sie spielen in der Verständigung eine wichtige Rolle.

Will man verstehen, wie Menschen sich verständigen, muß neben dem Geltungsbereich von Kultur auch der von Verständigung etwas genauer erfaßt werden. Politiker und Festredner sprechen gerne von der Wichtigkeit der Völkerverständigung und der Notwendigkeit zum Dialog. Nicht selten aber scheint es, daß sie sich über die Voraussetzungen dafür weniger, wenn überhaupt, Gedanken gemacht haben.

Verständigung setzt *Verstehen* voraus. *Verstehen* kann als ein Prozeß aufgefaßt werden, in dem Beziehungen etabliert werden. Zugrunde liegt dabei die alte Tatsache, daß der Mensch allem Neuen mit seiner bisherigen Erfahrung gegenübersteht. Hier geht es um die Kenntnis des Satzbaus, der Bedeutung der Wörter und um die Vertrautheit mit den auf die Wirklichkeit bezogenen Bedingungen, die die Verwendung der sprachlichen Mittel regeln. Dabei gibt es erhebliche soziokulturelle Unterschiede, schon nach Alter und Gruppenzugehörigkeit.

Worte verstehen heißt, ihre Bedeutung aus dem Zusammenhang zu erschließen. Gewöhnlich tun wir es durch das Zusammenspiel von Satz- und Situationszusammenhang. Sagt jemand: „Endlich habe ich eine neue Brücke“, so muß man aus dem Situationszusammenhang erkennen, ob die Aussage von einem Bootsbesitzer, Zahnarztpatienten oder Teppichliebhaber kommt. Hier reicht der Satzzusammenhang allein nicht aus, im Gegensatz zu Witzen, wo dieser Zusammenhang die Pointe bildet und die Mehrdeutigkeit eines bestimmten Wortes verändert, das im sogenannten Vortext steht, zum Beispiel *blau:* „Der Gourmet ißt die Forelle nicht blau, sondern nimmt vorher höchstens einen Apéritif."

Im täglichen Leben gibt es aber öfters Situationen, in denen man weniger auf den Satz- als auf den Situationszusammenhang angewiesen ist. Diesen Zusammenhang zu erkennen ist in einer fremden Kultur nicht so einfach; aber auch nicht in der eigenen, weil man ja Mitteilungen vom eigenen Erfahrungs- und Interessenbereich aus interpretiert. So verwundert es kaum, daß – wie folgende Szene aus Thomas Manns ‚Buddenbrooks' zeigt – die Situationszusammenhänge dabei grundverschieden sein können. Zum Hintergrund: Pastor Mathias aus Cannstadt war zu Besuch bei den Buddenbrooks und kehrt von einem Spaziergang zurück. Er klingelt: „Mit ländlich watschelnden Schritten ging Trina, um zu öffnen, und der Pastor, in der Absicht, ein leutseliges Wort an sie zu richten und sie ein wenig zu prüfen, fragte freundlich: ‚Liebscht den Herrn?'. . . ‚Je Herr Paster . . .', sagte Trina zögernd, errötend und mit großen Augen. ‚Wekken meenen S'denn? den Ollen oder den Jungen?' "

Natürlich spielt beim Verstehen auch das Hintergrundwissen eine zentrale Rolle. Wenn von einem „späten Achtundsechziger" die Rede ist, darf man ihn nicht gleich für einen guten Tropfen halten. Dagegen ist „Geheimrat J." tatsächlich einer, und nicht der Dichter Johann Wolfgang von Goethe. Um zu verstehen, daß Kant gemeint ist, wenn von „dem aus Königsberg" die Rede ist, braucht man Sachkenntnisse, ebenso, wenn man hört, daß „Karlsruhe" in einer gewissen Streitfrage „das letzte Wort" habe.

Multikulturalismus und Mehrsprachigkeit

Wir haben in aller Kürze einige Grundlagen der Verständigung berührt und werden uns nun eingehender mit den Schwierigkeiten der kulturspezifischen Verwendung der Sprache befassen. Wir gehen dabei vom ‚Multikulturalismus' aus, den wir vom Standpunkt der Interaktion zwischen Menschen aus verschiedenen Kulturen betrachten, und fragen zunächst, wie ein Dialog überhaupt zustande kommt. Sprachlich gesehen, ergeben sich zwei Möglichkeiten. Entweder wird dazu die Muttersprache eines der Beteiligten verwendet, oder eine Sprache, die für beide Fremdsprache ist. Wie dem auch sei, man muß dabei nicht nur den Multikulturalismus, sondern auch den *Multilingualismus,* die *Mehrsprachigkeit* der Menschen berücksichtigen. Sie ist die Fähigkeit, zwei oder mehr Sprachen als Kommunikationsmittel zu verwenden und von einer Sprache in eine andere hinüberzuwechseln, wenn die Situation es fordert. Dabei ist es wichtig hervorzuheben, daß Mehrsprachigkeit nicht als Gleichsprachigkeit aufgefaßt werden sollte. In der Regel spielt emotional jene Sprache immer eine größere Rolle, die man als Kind, als Muttersprache, erworben hat.

Auch werden die Sprachen nicht in allen Situationen gleichermaßen verwendet. Da über siebzig Prozent der Weltbevölkerung mehrsprachig ist und mehr als eine Sprache im täglichen Leben verwendet, kann davon ausgegangen werden, daß Mehrsprachigkeit im globalen Sinn als etwas Normales und Einsprachigkeit als ein Problem angesehen werden muß. Die erwähnte Arbeitsteilung zwischen den Sprachen kann natürlich eine höchst unterschiedliche Streuung haben. Mehr als nur amüsant und vielseitig interpretierbar sind Berichte von Ausländern, wie zum Beispiel einem Engländer in Italien, von dem Gregor von Rezzori sagt, daß er englisch mit seinen Hunden, italienisch mit seinen Freunden, französisch mit seiner Geliebten sprach und deutsch mit seiner Ehefrau haderte. Von dänischen Adligen vor dem Ersten Weltkrieg wurde berichtet, sie sprächen französisch mit ihren Frauen, dänisch mit den Dienern und deutsch mit ihren Hunden.

Die oben erwähnten Schwierigkeiten und Konfliktmöglichkeiten im Verständigungsprozeß lassen sich auf einen gemeinsamen Nenner bringen: Multilingualismus und Multikulturalismus decken sich gewöhnlich nicht. Das fängt schon bei Wörtern als Spiegel der Kultur an. Wörter verschiedener Sprachen sind nicht einfach verschiedene Etiketten für dieselben Sachverhalte. Sie sind vielmehr verschiedene Möglichkeiten, die Sachverhalte in der Wirklichkeit zu sehen, oder, um es mit Karl Kraus zu sagen: „Die Welt ist durch das Sieb des Wortes gesiebt." Was im Deutschen durch die Wörter ‚Bewußtsein' und ‚Gewissen' ausgedrückt wird, faßt im Französischen ein einziges Wort, ‚conscience', zusammen; was der Deutsche mit ‚spielen' meint und der Engländer mit ‚play', ist beim Schweden in ‚spela' (‚spielen' nach Regeln) und ‚lek' (‚spielen' ohne Regeln) aufgeteilt. Ganz besonders muß man bei Wörtern ähnlicher Form aufpassen: Wortpaare wie ‚Kultur' im Deutschen gegenüber ‚culture' im Englischen und ‚Zivilisation' im Deutschen gegenüber ‚civilization' im Englischen nennt man nicht ohne Grund ‚falsche Freunde'; denn ihr Inhalt deckt sich keineswegs.

Ähnliche Vorsicht ist bei kulturbedingten Verhaltensweisen geboten. *Daß* man sich grüßt, anredet, bedankt und so weiter, kommt ja in vielen Kulturen vor, aber *wie,* das ist unterschiedlich. Die im Chinesischen übliche Begrüßungsformel „Haben Sie schon gegessen?" wird von Ausländern zum Beispiel häufig allzu wörtlich verstanden, was zu Enttäuschungen über ausgebliebene Einladungen führen kann. Folgender Fall beleuchtet die Schwierigkeiten, die durch ‚falsche Freunde' und Unkenntnis des soziokulturellen Rahmens entstehen können.

Auf der Haager Konferenz im Jahre 1929, so schildert der Chefdolmetscher Paul Schmidt in seinem Erinnerungsband ‚Statist auf diplomatischer Bühne' den Fall, bezeichnete der englische Finanzminister Snowden eine Äußerung des französischen Finanzministers Cheron als „ridiculous and grotesque", was auf französisch als „ridicule et grotesque" wiedergegeben wurde und einen aufsehenerregenden Zwischenfall hervorrief, weil die Äußerung als eine Beleidigung aufgefaßt wurde. Die Verhandlungen wurden abgebrochen, die Franzosen forderten eine Entschuldigung. Den Übersetzern des Völkerbundes gelang es jedoch, die Situation zu retten. Dies geschah durch den Nachweis, daß das englische „ridiculous and grotesque" sich keineswegs mit dem französischen Ausdruck decke. Der englische Ausdruck für „lächerlich und grotesk" sei gar nicht so schwerwiegend wie auf dem Kontinent. Tatsächlich wurde dieser bei den Unterhausdebatten nicht als eine ehrenrührige Beleidigung aufgefaßt. Man könnte jedoch mit Recht fragen, warum die Dolmetscher denn nicht eine andere Übersetzungsmöglichkeit gesehen hätten.

Man spricht mit dem Mund, redet aber mit dem ganzen Körper – jedoch mit kulturbedingten Unterschieden. Die Quelle der Mißverständnisse wird dadurch größer. Es darf nicht außer acht gelassen werden, daß die Kommunikation in Situationen, in denen die Gesprächspartner einander auch sehen, nicht erst mit den Worten beginnt, sondern durch andere, schon früher erfaßbare Signale wie Kleidung, Blick, Mimik, Gestik, Körperbewegungen, die später auch gleichzeitig mit den sprachlichen Mitteln wirken können. Durch sie kann die Einstellung des Hörers gegenüber dem Sprecher beeinflußt werden.

Die aus verschiedenen informationstragenden Quellen kommenden Signale dürfen nicht gegenläufig sein, sonst sind Störungen vorauszusehen wie im folgenden Fall: Mit ernsthafter Miene und ohne Blickkontakt verkündet ein deutscher Arzt nach der Untersuchung einem Patienten, daß er nichts zu befürchten habe. Der Patient zweifelt aber an dem Wahrheitsgehalt der Aussage. Eine derartige Reaktion ist in unserer Kultur verständlich; denn durch die ernste Mimik des Arztes wird der für den Patienten positive Inhalt der Worte in Frage gestellt.

Was in der einen Kultur mit Recht als gegenläufig aufgefaßt wird, muß es in einer anderen nicht sein. Ein Beispiel: Ein Südostasiate berichtet einem Europäer mit einem Lächeln vom plötzlichen Tod eines nahen Angehörigen. Der Europäer ist über das *Wie* der Mitteilung entsetzt und findet das Lächeln höchst unangebracht; denn ihm ist nicht bekannt, daß das Lächeln beim Gesprächspartner keine traurigen Gefühle aufkommen lassen soll. Es hat in der anderen Kultur eine ganz bestimmte Funktion.

Die nonverbalen Verhaltensweisen sind durchaus nicht kulturübergreifend, wie mancherorts immer noch angenommen wird. Schon beim *Nicken* (‚den Kopf – mehrmals – kurz senken und heben') als Bejahung kann es zu Mißverständnissen kommen. Denn die nach hinten gerichtete Kopfbewegung (‚den Kopf kurz heben und senken'), die mit dem Nicken leicht zu verwechseln ist, bedeutet Verneinung in Griechenland, Bulgarien und in der Türkei. Der bei uns so geschätzte Augenkontakt, auf den wir unten noch eingehen, kann in Japan als unhöflich gelten.

Mißverständnisse und Konflikte können entstehen, wenn Vorstellungen vom Verhalten des Gesprächspartners auf Vorurteilen beruhen, zum Beispiel, was die Sprachbeherrschung betrifft. Weil man annimmt, daß der andere die Sprache nicht so gut beherrscht, spricht man mit ihm so einfach wie möglich, die Verletzung grammatischer Regeln und Höflichkeitsnormen inbegriffen. Tut ein Arzt das mit einem Einwanderer, entsteht bei dem der Eindruck, er würde nicht ernstgenommen. Wie aus meinem Langzeitprojekt über Arzt-Patient-Kommunikation hervorgeht, fühlt der Patient sich auch mißverstanden und ist beleidigt, wenn seine Versuche, sein Anliegen durch intensiv eingesetzte mimische und gestische Mittel zu verdeutlichen, als Übertreibung oder Simulation ausgelegt wird.

Parallelen zeigen sich auch in anderen Bereichen. In einem Zeitungsbericht aus dem Jahr 1983 über Flüchtlinge aus Vietnam in Deutschland lesen wir über den Besuch eines Vertreters des Arbeitsamts in der Schule:

„Als erster ist Herr Tan aus der Fortgeschrittenenklasse zur Beratung an der Reihe. Der Angestellte des Arbeitsamts fragt: ‚Was du können arbeiten?' Tan schaut uns (deutsche Lehrer) an, wir schauen einander an, sprachlos. ‚Was du können arbeiten?' wiederholt der Herr ungeduldiger. ‚Ich war in Vietnam Lehrer', sagt Tan langsam, aber sehr deutlich und sicher, ‚ich weiß, hier kann ich nicht als Lehrer arbeiten, darum möchte ich in einem anderen Beruf arbeiten'. – ‚Du können arbeiten mit Hand?' fragt der Mensch vom Arbeitsamt. ‚Ja', antwortet Tan und blickt wieder zu uns. ‚Du wollen arbeiten in Fabrik? Groß Fabrik?' – ‚Ja!' – ‚Gut, wir Arbeit für dich suchen ...' Als die Vertreter des Arbeitsamts gegangen sind, fragen die Vietnamesen: ‚Warum hat der Mann so schlecht deutsch gesprochen?' Und sie sagen uns, sie fänden es sehr unhöflich, daß er sie alle mit ‚du' angeredet hat. ‚Wir machen das auch nicht', sagen sie." – Ein Kommentar ist überflüssig, bis auf die Frage: Warum blieben die deutschen Lehrer sprachlos?

Weitere Beispiele illustrieren ebenso die Notwendigkeit, sich nicht nur auf die fremde Kultur einzustellen, sondern sich auch zu bemühen, den Rahmen der eigenen zu verlassen. Der schwedische Geschäftsmann, der das nicht tut und seinem deutschen Partner gleich das in Schweden übliche ‚Du' anbietet, sollte sich nicht wundern, wenn der geschäftliche Erfolg ausbleibt. Dasselbe kann europäischen und amerikanischen Geschäftsleuten in China passieren, wenn ihre Art zu sitzen nicht normgerecht ist. Wird das eine Bein so auf das andere gelegt, daß die Schuhsohle auf den Chinesen zeigt, ist dies eine grobe Unhöflichkeit. Man merkt es nicht, denn der Partner lächelt.

Was die jeweiligen kulturellen Normen sind, erfährt man erst deutlich, wenn Leute gegen sie verstoßen. Nicht nur auf Touristen bezogen sind Geschichten von „kulturellen Fettnäpfchen", in die man in Schweden zum Beispiel beim traditionellen Krebsessen treten kann, wenn man die Funktion der kleinen Schale links vom Teller nicht kennt. Gefüllt mit Wasser und einer Zitronenscheibe, dient sie als Fingerspüler und wird doch nicht selten für ein Getränk gehalten. Von Giscard d'Estaing wird berichtet, er hätte die Fingerschale, herumgereicht von seinen afrikanischen Gastgebern, für einen Willkommenstrunk gehalten.

Wie fest die Verhaltensmuster nach den eigenen kulturellen Konventionen sein können, verdeutlicht auch folgende Episode. Auf dem Abschiedsbankett einer größeren internationalen Tagung in Stockholm ergriff der australische Delegierte für eine Rede spontan das Wort und dankte dem Präsidenten der Konferenz, einem schwedischen Professor und seiner Gattin, wobei er sich an die neben dem Professor sitzende Dame wandte. Dieses Verhalten entsprach den Gepflogenheiten seiner Kultur: In Australien sitzt bei festlichen akademischen Anlässen die Ehefrau nach der Sitzordnung auf diesem Platz.

In Schweden aber nie, es ist der Platz des Ehrengastes. Hier war es eine schwedische Ministerin.

In multikulturellen Situationen kann es Unsicherheiten auch mit der Augenkommunikation geben. Ein Blick sagt mehr als tausend Worte – aber *was* und *wie?* Die Kulturbedingtheit der Augensprache zeigt sich deutlich schon in den unterschiedlichen Bedeutungen, die den weit geöffneten Augen in verschiedenen Kulturen zukommen. Wie die Untersuchungen des Amerikaners Dodd zeigen, wird dieselbe Augenbewegung, die für Deutsche und Angloamerikaner Überraschung signalisiert, von Chinesen gewöhnlich als Ärger und von Spaniern als Notruf ausgelegt. Untersuchungen in den USA haben gezeigt, daß die Glaubwürdigkeit des Sprechers zunimmt, wenn er dem Hörer in die Augen blickt. Das gilt auch bei uns – kann man jemandem nicht in die Augen sehen, hat man ihm gegenüber anscheinend ein schlechtes Gewissen oder etwas zu verheimlichen.

Nun gibt es aber Kulturen, in denen es unhöflich ist, dem anderen direkt in die Augen zu blicken. In Japan ist es üblich, den Blick auf der Halslinie des anderen zu halten. In Puerto Rico ist es unhöflich, Respektspersonen in die Augen zu sehen. Was würde aber ein deutscher Richter denken, wenn der fremde Angeklagte ihn nie ansieht? Erkennt ein deutscher Lehrer bei ausländischen Schülern, daß es eher Respekt und nicht Trotz oder Schuldgefühl sind, die es ihnen verbieten, seinen Blick zu erwidern? Zugegeben, die Gründe können komplex sein und sind nicht leicht zu erkennen. Übersetzer müssen aber bestimmt berücksichtigen, daß der deutsche Ausdruck „sie würdigte ihn keines Blickes“ nicht in allen Kulturen verstanden wird.

Bei der Erörterung der Verständigungsfragen müßte deutlich geworden sein, daß auch die Intention des Sprechers zu erfassen ist – man muß nicht nur verstehen, *was* gesagt worden ist, sondern auch, *wie* es gemeint ist. Das ist auch in der eigenen Sprachgemeinschaft, besonders bei den indirekten Sprechakten nicht einfach, geschweige denn im Gespräch mit einem Vertreter einer anderen Kultur. Auch das berühmte ‚durch die Blume sagen‘ variiert.

Indirekte Ausdrucksweisen werden in verschiedenen Kulturen eingesetzt, um eine direkte Aufforderung oder Bitte, ebenso wie einen Vorwurf oder Tadel, zu vermeiden. Sprache wird aber auch verwendet, um Kommunikationskontakt überhaupt herzustellen, um das Gespräch zu verlängern, um ‚am Ball zu bleiben', als *Small talk.* Man spricht in diesem Zusammenhang von der phatischen Funktion der Sprache. Nicht alle Kulturen machen in gleichem Umfang davon Gebrauch. Schwierigkeiten entstehen, wenn man diese Funktion in Aussagen wie „kommen Sie doch bald wieder bei uns vorbei" oder „besuchen Sie uns doch bitte recht bald" nicht erkennt. Daß bei uns „ich melde mich" oder „ich rufe dich bald wieder an", ebenso wie „wir telefonieren", nicht immer als ernstgemeinte Versprechungen gelten, sondern eher als Teile eines Verabschiedungsrituals, kann nicht nur Fremde verunsichern.

Andererseits kann es in einer fremden Kultur schwierig sein, den wahren Appellcharakter einer Aussage zu erkennen. Sagt jemand bei uns „es zieht", so ist mit dieser Feststellung meistens gleichzeitig ein Appell an den Hörer verbunden, das Fenster oder die Tür zu schließen. Diese Bitte, die ja nicht direkt ausgedrückt wird, kann inhaltlich sogar dominieren. Handelt es sich aber bei „es zieht" um einen Hörer aus tropischen Klimazonen, wo Zugluft etwas Wohltuendes ist, so sollte man nicht verwundert sein, wenn dieser den Appell nicht erkennt und das Gehörte eher als *Small talk,* als Ausdruck einer kontaktknüpfenden Funktion der Sprache versteht. Natürlich muß auch immer mit Toleranzgrenzen und unterschiedlichen Bewertungsskalen gerechnet werden. In den USA ist zum Beispiel *Small talk* im Gegensatz zu Europa viel mehr verbreitet. Auf diesem Hintergrund ist es verständlich, daß Henry Kissinger in seinen Memoiren bei der Schilderung seines ersten Treffens mit General de Gaulle im Élysée-Palast es überhaupt erwähnt, daß der General ohne den geringsten Versuch zum *Small talk* das Thema Vietnam angeschnitten habe.

Zur Indirektheit gehört unter anderem auch die Untertreibung. Wird jemand in Schweden „på en enkel smörgås", wörtlich: „auf ein einfaches Butterbrot", eingeladen, so weiß er, daß ihn in der Regel ein mehrgängiges Essen erwartet. Die deutsche Einladung „auf ein Gläschen Wein“ ist dagegen mehr wörtlich zu nehmen. Die Enttäuschung der Skandinavier ist nicht zu vermeiden, wenn sie das nicht wissen und die Einladung nach ihren Normen interpretieren.

Wie nimmt man etwas an, wie lehnt man etwas ab? Das Akzeptieren einer Einladung ist in verschiedenen Kulturen unterschiedlich. In Südostasien, zum Beispiel in Korea, ist ein ‚Nein‘ der erste notwendige Schritt, auch wenn man sehr gerne kommen möchte. Man muß die Einladung mehrmals zurückweisen, und der Einladende muß sie auch mehrmals wiederholen. Es wäre ein grober Fehler, die Einladung gleich und mit einem Ausdruck der Freude oder des Dankes anzunehmen. Dies ist aber in Europa und in den USA üblich. Auch im finnisch-ugrischen Bereich – in Finnland, Estland, Ungarn – und in der Türkei gibt es Verhaltensweisen, die an die koreanischen, japanischen und chinesischen erinnern. Wird etwas zum Essen angeboten, muß man zurückhaltend sein und es je nach der Situation sogar mehrmals ablehnen. Das setzt natürlich voraus, daß auch entsprechend oft angeboten wird, was in so manchem europäischen Land gerade aus Höflichkeit nicht geschieht, weil man die Entscheidung sogleich akzeptiert.

In diesem Bereich ist es sehr wichtig zu erkennen, daß in vielen asiatischen Sprachen ‚ja‘ und ‚nein‘ nicht in der Weise eingesetzt und verstanden werden wie in den europäischen Sprachen. ‚Ja‘ ist im Vietnamesischen und im Japanischen keineswegs eine Äußerung der Zustimmung, sondern signalisiert einfach, daß man das Gesagte verstanden hat.

Die unterschiedliche Handhabung von Zeit und Raum muß beim Kontakt von Menschen aus verschiedenen Kulturen ebenso berücksichtigt werden. Ein zentraler Punkt ist in der zeitlichen Komponente das *Wann* der Sprechhandlung. Dieses *Wann* betrifft unter anderem den Zeitpunkt des ‚Zur-Sache-Kommens‘ im Gespräch. In Asien und in den arabischen Ländern ist die Zeitspanne vor diesem Punkt viel länger als in der westlichen Welt, nicht nur im privaten, sondern auch im geschäftlichen Bereich. Europäer und besonders auch Nordamerikaner kommen bei Geschäftsverhandlungen schnell zur Sache. Japaner dagegen schneiden anfangs Themen an, die mit den Verhandlungen nichts zu tun haben. Der in nicht japanischen Augen schleppende und störende Gang der Gespräche ist der kulturellen Norm unterworfen, ein direktes „Nein" zu vermeiden. Der direkte Verhandlungsstil kommt wiederum den Japanern als barsch und sogar als bedrohlich vor, wie ein hervorragender Kenner Japans, der Harvard-Professor Reischauer feststellt.

Pünktlichkeitsnormen unterscheiden sich ebenso in verschiedenen Kulturen. Nach welcher Zeitspanne ist man *wo* unpünktlich? In Schweden gilt im Geschäftlichen und im Privaten absolute Pünktlichkeit. Es herrscht ein System, in dem eher zu früh als zu spät das Richtige ist. In Deutschland gilt im Privaten das ‚akademische Viertel', in lateinamerikanischen Ländern kann die Zeitspanne viel größer sein, ebenso in den arabischen. Kommt man bei uns aber zu einem geschäftlichen Gespräch 15 Minuten verspätet, würde dies unter anderem Desinteresse signalisieren. In lateinamerikanischen Ländern ist es dagegen nicht ungewöhnlich, jemanden in geschäftlichen Zusammenhängen 45 Minuten warten zu lassen.

Was den Raum betrifft, so gibt es für den körperlichen Abstand zwischen den Gesprächspartnern ebenso kulturspezifische Verhaltensnormen, die man in der eigenen Kultur noch automatischer beherrscht als die der Zeit. Man ist sich der Normen erst dann bewußt, wenn man sich über einen anderen ärgert, der einem zu nahe getreten ist. Südeuropäer, Araber, Mittelamerikaner haben einen geringeren Abstand als Nordeuropäer und Asiaten. Für Konversation kann man im Nahen Osten und in lateinamerikanischen Ländern einem anderen sogar so nahe kommen, daß er berührt wird und den Atemzug des Redenden spürt.

Wenn die Verhaltensnormen nicht übereinstimmen, ergeben sich aus derartigen Begegnungen nicht selten Belästigung und Ärger für die Beteiligten. Das führt aber auch leicht zur Stereotypisierung der verschiedenen Gruppen. Die Nordamerikaner können, wie der Anthropologe Edward Hall feststellt, von den Lateinamerikanern leicht als reserviert, kühl und zurückhaltend eingestuft werden. Umgekehrt aber können die Lateinamerikaner von den Nordamerikanern und auch Skandinaviern, die ebenso eine größere Distanz als jene halten, als draufgängerisch und anmaßend angesehen werden. Aus meinen Beobachtungen in Deutschland geht hervor, daß der Abstand in Gesprächssituationen in der Bundesrepublik von Norden nach Süden abnimmt, aber innerhalb des in den USA üblichen Abstandes von etwa einem Meter bleibt.

Den persönlichen Raum eines Menschen nicht zu respektieren, gilt in der nordeuropäischen Kultur als sehr unhöflich, man dringt da nicht ohne weiteres ein. Fragen wie: „Ist dieser Stuhl frei?“ oder „Darf ich mich zu Ihnen setzen?“ – auch unter Bekannten – zeugen davon. In Hamburg gilt es nicht als höflich, sich in einer Gaststätte ohne weiteres zu einem Fremden zu setzen. In München könnte es als unhöflich angesehen werden, das nicht zu tun.

Reden ist Silber, Schweigen ist Gold – oder?

Nun entstehen aber Mißverständnisse und kommunikative Störungen nicht nur durch verschiedene Arten von kommunikativen Aktivitäten, sondern auch durch das Ausbleiben ihres hörbaren Teils: durch *Schweigen.* Schweigen ist aber keineswegs informationslos, und wer schweigt, braucht nicht passiv zu sein. Der schweigende Hörer gibt dem Sprecher in der Regel durch Blicke und Gestik Signale, daß er ihm zuhört. Dabei existieren aber erhebliche kulturelle Unterschiede. Der Ausdruck ‚in mehreren Sprachen schweigen‘ hat, wie aus dem Verhalten von Mehrsprachigen hervorgeht, durchaus Wirklichkeitsbezug. Nur der Einsprachige kann damit einen Versuch machen, geistreich-witzig zu sein. In den skandinavischen Ländern werden Hörersignale viel spärlicher gesendet als im mitteleuropäischen Raum. Störungen können leicht entstehen, wenn die – trotz individueller Variation – kulturspezifische Länge der Pausen beim Sprecherwechsel nicht berücksichtigt wird: Was zum Beispiel in Schweden als Denkpause gilt, kann in Deutschland schon als Möglichkeit oder gar Einladung zum Sprecherwechsel aufgefaßt werden.

Die Automation derartiger Verfahrensweisen und die Tatsache, daß das Sprechtempo in der mündlichen Kommunikation eine wichtige Rolle spielt, werden besonders deutlich, wenn Ausländer sich mit Einheimischen unterhalten, zum Beispiel ein Finne mit einem deutschen Muttersprachler. Das langsamere Sprechtempo des Finnen und seine gelegentlichen wortsuchenden Pausen erzeugen beim Deutschen leicht Ungeduld. Er versucht, das Ende der Sätze des Finnen vorauszuahnen und ergänzt sie, ihm ins Wort fallend. Eine derartige Unterbrechung wird jedoch, genauso wie zu viel Reden, als Dominanz und Überheblichkeit angesehen. In den skandinavischen Ländern gebietet es die Höflichkeit, den anderen ausreden zu lassen. Verhaltensweisen gegen diese Norm kommen besonders bei Mitgliedern der *Redekultur* vor, wenn sie sich mit Mitgliedern der *Schweigekultur* unterhalten. Ich habe diese Bezeichnungen gewählt, um darauf aufmerksam zu machen, daß es beim Reden in Alltagssituationen schon quantitativ sowohl individuelle als auch kulturspezifische Unterschiede gibt. Davon hängt die jeweilige Toleranzgrenze beim Pausenschweigen ab. Finnen sind in dieser Beziehung toleranter als Schweden, diese wiederum toleranter als Mitteleuropäer und Nordamerikaner. Kurz gesagt, wo nicht stets und allzuviel geredet wird, wo Reden wirklich Silber ist und Schweigen Gold, da stören lange Pausen kaum, man bemerkt sie gar nicht, auch wenn sie im Spiegel einer Redekultur quälend lang sein können.

In den USA hat Schweigen dagegen einen niedrigen sozialen Wert. Das kann unter anderem der Grund zum *Small talk* sein. Wer in der Redekultur heimisch ist, kann sich schwer vorstellen, daß auch Schweigen kommunikative Funktionen erfüllen kann. In der Schweigekultur, zum Beispiel in Schweden, Finnland und Estland, kann Schweigen in vielen Situationen eine kontaktknüpfende Funktion haben, etwa wie der *Small talk* in den USA; man sendet nonverbale Signale. Schweigen kann aber auch Nachdenklichkeit signalisieren: In der Schweigekultur denkt man, ohne seine ‚halbfertigen' Gedanken laut zu verbalisieren oder sie – wie im Deutschen – häufig durch Ausdrücke vom Typ „um es ganz offen zu sagen" oder „ich rede zuerst einmal etwas ins Unreine" anzukündigen. In der Schweigekultur sagt man im allgemeinen erst dann etwas, wenn das fertige Resultat vorliegt. Oder man sagt es gar nicht, weil man es für andere gar nicht für so wichtig hält. Diese Selbstkritik wird nicht selten mißverstanden.

Wird Sprechen erwartet, wenn man schweigt, und Schweigen, wenn man redet, kann dies die Einstellung des Hörers gegenüber dem Sprecher unvorteilhaft beeinflussen. Menschen mit von der Redekultur geprägten Gesprächsstilen fassen von der Redekultur abweichendes Verhalten – Schweigen und Zurückhaltung – leicht als Gleichgültigkeit, Verschlossenheit und Schüchternheit auf, ja sogar als Inkompetenz oder Beschränktheit. Vertreter der Redekultur wiederum werden aus der Sicht der Schweigekultur als geschwätzig, selbstherrlich und intolerant angesehen, häufig auch als Wichtigtuer, besonders wenn sie ihre Allgemeinbildung durch Zitate ihrer Dichter und Philosophen demonstrieren, auch wenn dies zum Thema kaum etwas beiträgt. Auf unterschiedliche Bewertungsweisen in verschiedenen Sprachen weisen im Deutschen Bildungen wie ‚Redseligkeit' hin, im Englischen ‚love of chatting', im Schwedischen hingegen ‚pratsjuka' (‚Redekrankheit'). Interessanterweise kennen sowohl Völker der Redekultur als auch der Schweigekultur das Sprichwort ‚Reden ist Silber, Schweigen ist Gold'. Dazu hat schon vor rund 120 Jahren der Völkerpsychologe Moritz Lazarus festgestellt, daß das Gold des Schweigens leicht zu erhalten sei, weil es ja auch ein Schweigen des Toren gibt. Deshalb müßte es heißen: „Wessen Reden Silber ist, dessen Schweigen ist Gold."

In der Schweigekultur ist nicht nur die Pausen- und Schweigetoleranz größer als in der Redekultur, und man läßt die anderen mehr ausreden; man vermeidet es auch, in der Öffentlichkeit Gefühle zu zeigen, und weicht verbalen Konflikten aus. Man hat auch eine eher zurückhaltende Beziehung zum Komplimentemachen. In Kulturen, in denen man Lob durch

Worte ausdrückt, wird dies leicht als Unhöflichkeit mißverstanden. *Komplimente* sind interkulturell ein schwieriger Bereich, weil sie nicht, wie zum Beispiel Danken und Grüßen, an relativ feste Bezeichnungen gebunden sind. Sie werden in der Regel in der phatischen, also kontaktknüpfenden Funktion verwendet. In den angelsächsischen Ländern haben sie einen besonderen sozialen Wert, da ihre Information als etwas Positives gemeint und so auch aufgefaßt wird. In den skandinavischen Ländern und im Baltikum kommen Komplimente nicht häufig vor und werden als solche auch nicht immer erkannt. Deshalb können sie eine entgegengesetzte Wirkung erzielen. Der Sprecher kann dem Hörer als ein Schmeichler erscheinen, als unehrlich oder egoistisch; der Hörer ist oft verunsichert und hat das Was-will-man-von-mir-Syndrom.

Sprachliche Mißverständnisse gehören bei Komplimenten ebenso zur Tagesordnung: Sagt ein Chinese einer Europäerin oder Amerikanerin, sie sei schön dick, dann ist das nicht als Beleidigung aufzufassen, sondern als ein Kompliment, das auf gesundes Aussehen hinweist. Wie man auf Komplimente reagiert, unterscheidet sich ebenso in verschiedenen Kulturen. In England und in den USA wird erwartet, daß man das Kompliment dankend annimmt. Eine Widerrede ist selten. In Skandinavien, im Baltikum, in Ungarn und in asiatischen Ländern hingegen werden Komplimente zurückgewiesen oder relativiert. In China wird das Danken für Komplimente als Zeichen des übersteigerten Selbstbewußtseins verstanden und als Arroganz bewertet, in Deutschland werden heute beide Modelle verwendet, das Danken geht dabei auf den angelsächsischen Einfluß zurück.

Die großen Unterschiede in den Reaktionen auf Komplimente können leicht zu Störungen führen: Wenn ich bei jemandem etwas lobenswert finde, und er dies verneint, dann zweifelt er ja an meiner Urteilskraft!

Auf dem Weg nach Europa

Wir haben ausführlich erörtert, wie Verständigungsschwierigkeiten in multikulturellen Kontaktsituationen entstehen können. Man begegnet ihnen heute in jedem europäischen Staat. Europa ist keine unzugängliche Festung, in den einzelnen Ländern kommen Menschen aus verschiedenen Kulturen täglich in Kontakt miteinander. Als Faktor des Entstehens einer besonderen Kontaktsituation möchte ich die Migration hervorheben, weil die mit ihr verbundenen Verständigungsprobleme gewöhnlich auch emotional geprägt sind und der Integration entgegenwirken können. Klaus J. Bade bringt in seinem Buch ‚Das Manifest der 60: Deutschland und die Einwanderung' die generelle Problematik auf einen Nenner, wenn er feststellt, daß es „um die gegenseitige Akzeptanz von deutscher Mehrheit und zugewanderter Minderheiten" geht, die neben- und miteinander leben können müssen. Das verlange von beiden Seiten „ein gewisses Maß an Integrationsbereitschaft".

Die sprachlich-kulturelle Problematik der Einwanderung ist komplex und sollte nicht isoliert gesehen werden von den kulturellen und sozialen Aktivitäten der Einwanderergruppen einerseits und der Aufnahmegesellschaft andererseits. Wie ich in meinem Aufsatz ‚Sprachbarrieren' gezeigt habe, drehen sich die Diskussionen dieser Problematik in den verschiedenen europäischen Ländern gewöhnlich um Schulfragen bei Einwandererkindern und um mit Sprachbarrieren verbundene soziale Barrieren bei Erwachsenen.

Man muß aber viel mehr Aufmerksamkeit auf die Tatsache richten, daß die sprachlichen Schwierigkeiten der Einwanderer von Anfang an mit den hier erörterten, soziokulturell bedingten Verhaltensschwierigkeiten zusammenhängen. Letztere können schwerwiegendere Folgen haben als die rein sprachlichen – auch und sogar gerade dann, wenn man die fremde Sprache schon gut spricht: Je besser man eine Sprache spricht, desto mehr wird von den Muttersprachlern vorausgesetzt, daß man auch die für die Kommunikationssituation angemessenen Verhaltensweisen beherrscht. Macht der Sprecher sprachliche Fehler, kann dies das Verständnis zwar erschweren, aber er würde deshalb wohl kaum als unhöflich, hinterlistig oder unzuverlässig angesehen werden. Handelt es sich aber um Verstöße gegen Verhaltensnormen, so trifft dies seine Persönlichkeit. Ein nicht angebrachtes Thema, zu aggressives Verhalten, ein ausgebliebener Dank oder Gruß sind schlimmer als ein falscher Artikel. Denn in der Kommunikation können kulturelle Variablen und Verhaltensweisen die gefühlsgebundenen Deutungsweisen des Empfängers mehr beeinflussen als die rein sprachlichen.

Die Schlüsselposition der Sprache als das soziale und kulturelle Mittel der Identität des Menschen steht in vielen Staaten immer noch im Schatten des Konflikts zweier Ideologien: Die eine ist die pluralistische Ideologie, die sich positiv gegenüber dem kulturellen und sozialen Zusammenhalt der Minderheiten verhält und darin eine Bereicherung für den Staat sieht. Die andere ist die sogenannte Konformitätsideologie, die nach einer möglichst homogenen Bevölkerung trachtet, mit sozialer und sprachlich-kultureller Anpassung der Minderheiten an die Mehrheit.

Es ist als selbstverständlich anzusehen, daß die Einwanderer mit der Sprache des Einwanderungslandes vertraut werden müssen – dies ist notwendig für ihre Arbeit, Freizeitkontakte, für jegliche Art der Kooperation mit der Mehrheit und mit anderen Minderheitengruppen. Das sollte aber nicht auf Kosten ihrer Muttersprache geschehen, die ja ihre ‚geistige Heimat' in der Fremde ist. Ein Einwanderer bleibt, wenn er keine besonderen Beziehungen oder Freunde hat, lange Zeit sozial und mental heimatlos. Er wird nicht nur mit vielem Neuen konfrontiert, sondern kann in vielen Situationen auch nicht alle alten Verhaltensweisen aktivieren. Leicht kann sich auch für eine gewisse Zeit die sogenannte Heimatlosigkeit in der Sprache einstellen – wenn man die neue Sprache noch nicht beherrscht und die alte nicht mehr so verwenden kann wie früher. Daraus entstehende Gefühle von Unsicherheit und Hilflosigkeit bilden Komponenten des ‚Kulturschocks'. Allerdings darf man den Einwanderungsprozeß nicht per se mit Integrationsstreß gleichsetzen. Der kann durch Verhaltensweisen und Reaktionen aus privaten und offiziellen Sphären in den Gastländern ebenso verursacht werden wie durch die Veränderung der Verhaltensweisen in der eigenen Familie oder im Bekanntenkreis.

Es gibt keine schlechteren oder besseren Sprachen und Dialekte, nur unterschiedliche. Deshalb müßte in jedem Land eine Einstellung gefördert werden, die andere Sprachen respektiert, das heißt Einwanderer und Minderheiten nicht durch vielerlei direkte oder indirekte Mittel zu zwingen sucht, ihre Muttersprache aufzugeben, ihren Kindern zu verbieten, sie zu sprechen, oder ihnen, aus Prestigegründen, gar keine Möglichkeiten zu geben, sie noch zu lernen. Man denke zum Beispiel auch an das Niederdeutsche und das Friesische, Sprachen, die viele Eltern ihren Kindern vorenthielten, weil sie die ‚richtige' Sprache, das Hochdeutsche, lernen sollten. Besonders bei Kindern können dadurch sprachliche und emotionale Barrieren entstehen; die Mehrheitssprache nimmt schnell überhand. Wenn aber Kinder in der kleinsten sozialen Gruppe, in ihrer Familie, nicht die dort übliche Sprache sprechen können, kann das nicht nur auf ihre Identitäts- und Persönlichkeitsentwicklung hemmend einwirken, sondern auch das notwendige Gefühl der Geborgenheit beeinträchtigen. Denn die Eltern können in der Regel in ihren Beziehungen zu den Kindern die emotionalen Komponenten am besten in ihrer Muttersprache zum Ausdruck bringen.

Sprache und kulturelle Verhaltensweisen sind effektive Instrumente in Integrationsprozessen. In einem multikulturellen Staat kann es verschiedene solcher Prozesse geben. Die Sprache der Mehrheit, zum Beispiel Deutsch, ist ein Faktor der Integration in das deutsche Gesellschaftssystem. Die Sprachen der Minderheiten, in Deutschland zum Beispiel das Niederdeutsche, Friesische, Sorbische, aber auch das Türkische und Italienische, sind für die Minderheiten Faktoren ihrer Vereinigung, Solidarität und engen Zusammengehörigkeit gegenüber der Mehrheit. Es können Spannungen entstehen, wenn mehrere Vereinigungsströmungen in einem Land stattfinden und dies von beiden Seiten als polarisierend und nicht pluralistisch aufgefaßt wird.

Mit dem Blick von den Ländern aus, in denen es Sprach- und Kulturkonflikte gibt, könnte man fragen: Zeichnet es sich da im Kleinen ab, was im vereinigten Europa im Großen geschehen könnte? Ehe wir in unseren Überlegungen die Brücke zur Europäischen Union betreten, sei aber gleich ein Lösungsvorschlag für derartige Konfliktlagen gemacht: Was die Sprache und Kultur der verschiedenen Gruppen in einem Staat betrifft, so müßte man sich statt einer Entweder-Oder-Mentalität an eine Sowohl-als-Auch-Einstellung halten. Dies führt auch zu kreativen Sprach- und Kulturkontakten, unter anderem zu Entlehnungen aus den anderen Sprachen und Kulturen als Bereicherung der eigenen.

In einem Integrationsprozeß, wie er in der Europäischen Union geschieht, muß ein Dualismus beachtet werden: die Nationalität und das Selbstbestimmungsrecht der Völker einerseits, die Internationalität der Europäischen Union andererseits; dabei sollte aber nicht vergessen werden, daß jedes Mitgliedsland, wie wir festgestellt haben, selbst Minderheiten hat und Integrationsprobleme haben kann. Zudem muß man eine andere Frage anschneiden: Zollbarrieren werden abgeschafft, aber was geschieht mit den Sprach- und Kulturbarrieren? Hat man überhaupt an sie gedacht? Die kommunikativen Probleme scheinen im Prozeß der europäischen Integration hinter wirtschaftlichen Überlegungen weit zurückzustehen.

Dies ist um so bedauerlicher, als die Wichtigkeit konfliktloser kommunikativer Kontakte in Europa auch außerhalb der Europäischen Union nicht zu leugnen ist, vor allem durch die Öffnung in Osteuropa. Warum tun sich die Gremien der Europäischen Union so schwer mit der Sprachenfrage? Es gibt im Europäischen Parlament bekanntlich nicht *eine,* die Bürokratie erleichternde Arbeitssprache. Wie aus den Berichten des Institutionellen Ausschusses des Europäischen Parlaments hervorgeht, ist man sich durchaus der Tatsache bewußt, daß die Lage prekär ist und durch die Erweiterung der Europäischen Union noch schwieriger werden wird. Schon bei den zwölf Mitgliedsstaaten nahm man in Kauf, daß in den jährlich rund 10.000 Sitzungen der Gemeinschaftsorgane in die neun Amtssprachen gedolmetscht wurde. Das ergab 72 Kombinationen beim Dolmetschen, in der erweiterten Europäischen Union werden sich die Kombinationen der Sprachen noch erheblich erhöhen.

Eine einzige Arbeitssprache würde die Lage erleichtern. Aber man sieht das Problem zunächst nur national und nicht international. National gesehen würde bei *einer* Arbeitssprache die Prestigefrage fast unüberwindbar sein. Wer von den ‚Großen' möchte in der Europäischen Union nicht eine sprachliche Vormachtstellung haben und dies den anderen nicht gönnen, obwohl es ja gerade im Bereich der Arbeitssprachen um Zweckmäßigkeit der Mittel gehen müßte: Bei einer gemeinsamen Sprache werden Verständigung erleichtert und Informationsvermittlung vereinfacht. Das Englische käme hier nicht in Frage, wird verlautbart, obwohl es die am meisten verbreitete Sprache der Welt ist; denn dann dominiere ja die Sprache eines Mitgliedsstaates. Aber gerade ein vereinigtes Europa muß internationale Überlegungen anstellen. Die Nationalsprachen werden ja dadurch nicht abgeschafft! Daß die Vorteile einer einzigen Arbeitssprache in der EU durchaus gesehen werden, zeigen die von Zeit zu Zeit geführten Debatten zugunsten von Esperanto – in denen es das geläufige Gegenargument gibt, man würde Englisch doch viel schneller lernen. Merkwürdig ist die Lage schon: Gerade die Länder, die Englisch als Wissenschaftssprache nicht nur akzeptieren, sondern seine Verbreitung auch freiwillig unterstützt haben, widersetzen sich dem Englischen als einziger Arbeitssprache in der Europäischen Union. Hier offenbart sich der Unterschied zwischen wissenschaftlichem und politischem Prestigedenken.

Was brauchen wir? Interesse, Verständnis und Offenheit sowohl für die eigene Sprache und Kultur als auch für fremde Sprachen und Kulturen. Das ist die Voraussetzung für ein gut funktionierendes Europa und für einen multikulturellen Staat. Es muß deutlich werden, daß Einheit in Vielfalt kein Paradox ist. Denn es werden ja nicht abstrakte Modelle, sondern letzten

Endes konkrete, aus Einzelpersonen bestehende Gruppen integriert. Ein Kind wird auch in der Europäischen Union nicht in erster Linie als Europäer geboren, sondern als Deutscher, Schwede, Franzose und erwirbt die Sprache seiner Umgebung als Muttersprache. Er sollte aber so früh wie möglich auch andere Sprachen lernen. Mehrsprachige und multikulturelle Menschen – nicht einsprachige – werden die dominierenden Faktoren im politischen, wirtschaftlichen und sozialen Integrationsprozeß sein. Dabei bietet eine gemeinsame Sprache, so ist zu hoffen, eine stabile Brücke der Verständigung.

Einwanderung und Gesellschaftspolitik in Deutschland – quo vadis Bundesrepublik?

Von Klaus J. Bade

Deutschland ist bunter geworden: In den Grenzen der vereinigten Republik lebt eine vielgestaltige und wachsende Minderheit von Einwanderern und Zuwanderern auf Zeit. Dazu zählen Arbeitswanderer aus dem Süden und Osten Europas, die einheimischen Ausländer aus der früheren ‚Gastarbeiterbevölkerung' und die fremden Deutschen aus Osteuropa ebenso wie die verschiedensten Gruppen von Asylsuchenden und anderen Flüchtlingen aus allen Teilen der Welt. Außerdem sind rund 1,2 Millionen Deutsche nicht mehr nur, sondern auch deutsch – weil sie mehr als einen Paß haben, Tendenz steigend. Neben den beiden großen christlichen Konfessionen wächst als drittgrößte religiös-kulturelle Kraft stetig der Islam, der in Deutschland 1995 mehr als 2 Millionen Gläubige zählte.

Die ausländische Wohnbevölkerung in den Grenzen der ‚alten' Bundesrepublik wuchs von 1960, dem Jahr vor dem Mauerbau, bis zum Jahr der deutschen Vereinigung 1990 von 686.100 auf 5.241.801. Sie umfaßte Ende 1992 circa 6,5 Millionen (Ende 1993 ca. 6,8 Millionen) Menschen, von denen circa 4 Millionen (62 Prozent) aus den ehemaligen ‚Anwerbeländern' stammten. Der Ausländeranteil war im Westen von 1,2 Prozent im Jahr 1960 auf 8,2 Prozent im Jahr 1990 gestiegen. Dahinter standen gewaltige Zu- und Abwanderungen: 1990 gab es circa 820.000 Zuwanderungen und circa 466.000 Abwanderungen von Ausländern (+ 354.000), 1991 circa 920.000 Zuzüge und circa 497.000 Wegzüge (+ 423.000); 1992 lag das Verhältnis bei circa 1.207.600 zu 614.750 (+ 592.850), 1993 bei circa 986.900 zu 710.300 (+ 276.000) – Deutschland schreibt im Wanderungssaldo seit langem durchweg hohe ‚schwarze Zahlen' und ist zugleich eine zentrale europäische Drehscheibe im Wanderungsgeschehen geworden.

Historische Erfahrungen und Belastungen

Die Begegnung von Einheimischen und Fremden wirkt für viele in Deutschland neu und bedrohlich. In Vergessenheit geraten ist, daß die Bewegung von Menschen über Grenzen und die Begegnung ihrer Kulturen in der Geschichte nicht Ausnahme, sondern Regel waren, daß viele seßhafte Einheimische in Wirklichkeit Nachfahren zugewanderter Fremder sind und daß Millionen von deutschen Auswanderern einst ebenso Fremde im Ausland waren wie heute Ausländer im vereinigten Deutschland.

Ins Alltagsbewußtsein zurückgeholt werden muß auch die historische Erinnerung an die vielen – ‚Little Germany' genannten – deutschen oder doch stark deutsch geprägten Einwandererviertel. Es gab sie in der überseeischen Neuen Welt des 19. Jahrhunderts über Generationen hinweg ebenso wie heute ‚Klein-Istanbul' oder andere Einwandererkolonien und vielgestaltige Einwandererviertel in deutschen Großstädten. Wie heute Berlin die größte ‚türkische Stadt' außerhalb der Türkei genannt werden mag, so gab es in der Neuen Welt des 19. Jahrhunderts mehrere Großstädte mit starker ‚deutscher' beziehungsweise deutsch-amerikanischer Einwohnerschaft, vom ‚deutschen Mittelwesten' einmal ganz abgesehen. Blicken wir zurück:

Im zünftigen Handwerk galt als ‚bewandert', wer Fähigkeiten, Fertigkeiten und praktisches Erfahrungswissen durch Wanderschaft gemehrt hatte. So betrachtet, könnten die Deutschen, auch was das Wandern selbst angeht, als sehr ‚bewandert' gelten; denn in der Geschichte haben Deutsche im Ausland und Ausländer in Deutschland in ungewöhnlich großer Zahl buchstäblich alle denkbaren Erscheinungsformen des grenzüberschreitenden Wanderungsgeschehens erlebt: Aus-, Ein- und Transitwanderungen; Arbeitswanderungen von Deutschen ins Ausland und von Ausländern nach Deutschland; Flucht- und Zwangswanderungen von Deutschen ins Ausland und von Ausländern nach Deutschland, von Deutschen als Opfern und von Deutschen als Tätern, innerhalb und außerhalb der deutschen Grenzen.

Außerdem kannte die Geschichte der Deutschen nicht nur die Wanderung von Menschen über Grenzen, sondern auch die Bewegung von Grenzen über Menschen hinweg. Schließlich gab es, auch in der jüngeren Geschichte der Deutschen, gewaltige Binnenwanderungen über weite Distanzen, durch die auch vordem Einheimische in Deutschland selbst zu Fremden werden konnten – von den Ost-West-Fernwanderungen der ‚Ruhrpolen' und ‚Ruhrmasuren' aus dem preußischen Osten ins montanindustrielle Ruhr- und Emscherrevier zur Zeit des Kaiserreichs bis zu den Flüchtlingen und Vertriebenen aus dem ehemals deutschen Osten am Ende und im Gefolge des Zweiten Weltkriegs.

Geschichtserfahren und deshalb sehr pragmatisch könnte mithin in Deutschland die Begegnung von Mehrheit und Minderheiten, von Einheimischen und Fremden sein. Aber diese Begegnung wird durch historische Erinnerung auch erschwert. Das gilt, im Gegenbild zur Wanderung von Menschen über Grenzen und zur Bewegung von Grenzen über Menschen, in der deutschen Geschichte für die Ausgrenzung von Minderheiten innerhalb der Grenzen selbst – Juden, Sinti, Roma und andere. Hierher gehört insgesamt der zwar nicht lineare, aber doch erkennbare Weg von der völkisch-romantisch verklärten Abgrenzung vom ‚Fremden' im frühen 19. Jahrhundert über die ethnisch-nationalistische Agitation gegen das ‚Fremdartige' im späten 19. und frühen 20. Jahrhundert zum rassistischen Vernichtungskampf gegen das ‚Artfremde' im nationalsozialistischen Deutschland und im von Deutschland besetzten Europa. Vom grauenhaften Ende dieses Weges kommt der Schatten des Verbrechens an ethnischen, kulturellen, religiösen und anderen Minderheiten.

Der Sicherheit spendende positive Bezug zum Eigenen aber ist eine Voraussetzung der Kraft zur Toleranz gegenüber dem Fremden. Der seit dem düstersten Kapitel der deutschen Geschichte gebrochene historische Bezug zum Eigenen wirkt als Belastung auch dort, wo es darum geht, die häßliche Kehrseite der schönen Gedanken an die Begegnung von Mehrheit und zugewanderten Minderheiten zu quantifizieren – in Gestalt jener Kriterien, Kontingente oder auch Quoten, die für die Vorfahrtsregeln der Einwanderungspolitik unabdingbar sind. Wo in der öffentlichen Diskussion das trotz aller humanen Gestaltung für die Betroffenen immer harte Geschäft der Entscheidung über Einwanderungsanträge mit ‚Selektion' an der KZ-Rampe in eins gesetzt wird, da liegen diese historisch-mentalen Entzündungsherde bloß.

Deutschland aber kann einer aktiven rechtspolitischen Gestaltung der Problembereiche von Einwanderung, Eingliederung und Minderheiten nicht ausweichen; denn das Auswanderungsland der Geschichte hat als Einwanderungsland wider Willen zunehmend mit Problemen zu tun, die Deutsche, als Einwanderer, vordem zwar vielfach andernorts mitverursachten, weniger aber in ihren eigenen Grenzen zu bewältigen hatten.

Vom Auswanderungsland zum Einwanderungsland

Auswanderung hat bei den Deutschen eine lange historische Tradition. Sie ist im Grunde bis heute nicht abgerissen, aber weit hinter die seit Jahrzehnten um ein vielfaches stärkere Zuwanderung aus dem Ausland zurückgetreten. Im deutschsprachigen Kulturraum, in den es auch immer Einwanderungen gab, begann jenseits von Völkerwanderung und deutscher Ostsiedlungsbewegung die Geschichte der ‚Auswanderungen' im engeren Sinne schon Mitte des 12. Jahrhunderts mit der Siedlungswanderung der (vorwiegend vom Rhein und von der Mosel stammenden) ‚Siebenbürger Sachsen' in das damalige Königreich Ungarn. Seit dem 18. Jahrhundert folgten aus dem deutschsprachigen Raum andere Siedlergruppen, in Ungarn ‚Banater' und ‚Sathmarer Schwaben' genannt. Sie alle sollten Land durch Siedlung erschließen und sichern. Dafür bekamen sie einladende wirtschaftliche und kulturelle Sonderrechte.

Auch andernorts in Südosteuropa, Ostmitteleuropa und Osteuropa hatten die Deutschen lange mit besonderen wirtschaftlichen, rechtlichen und kulturellen Privilegien ausgestattete Siedlungsgebiete: Im russischen Vielvölkerstaat zum Beispiel in Wolhynien, am Schwarzen Meer, im Kaukasus und schließlich an der Wolga, wo es seit 1924 die Autonome Sowjetrepublik der Wolgadeutschen gab. Stalin ließ sie 1941 zerschlagen, als Antwort auf Hitlers Überfall auf die Sowjetunion. Ihre Siedler wurden deportiert in die asiatischen Regionen des sowjetischen Imperiums, von wo viele von ihnen und ihren Nachfahren heute als ‚Aussiedler' zurückstreben in die Heimat der Vorfahren, die nun Bundesrepublik Deutschland heißt.

Bis weit ins 19. Jahrhundert hinein lief die kontinentale Auswanderung nach Ost- und Südosteuropa, vor allem nach Rußland und in die Habsburger Länder. Ihre Spuren erloschen vielfach erst im Jahrhundert der Weltkriege – durch Zwangsumsiedlungen, kulturelle Repression und zuletzt durch die Auswanderung der Nachfahren, die in Deutschland ‚Aussiedler' genannt werden und sich selbst als Rückwanderer über Generationen hinweg verstehen.

In den 1830er Jahren erst trat der kontinentale Oststrom aus Deutschland zurück hinter den säkularen Weststrom der überseeischen Massenauswanderung, die zu 90 Prozent in die Vereinigten Staaten führte. In der Übergangskrise von der Agrar- zur Industriegesellschaft war der Massenexodus ‚nach Amerika' Fluchtbewegung aus dem erschütterten Sozialgefüge der Alten Welt, getragen auch vom Traum der Freiheit, vor allem aber von der Hoffnung auf besseres wirtschaftliches Fortkommen und sozialen Aufstieg in der Neuen Welt.

Auswanderung wurde in Deutschland zwar als wirtschaftlicher Verlust und kultureller ‚Aderlaß' beklagt; sie galt zugleich aber auch als notwendiges ‚Sicherheitsventil' gegen die im Jahrhundert des Bürgertums gefürchtete Sozialrevolution.

Auswanderung war weithin Export der Sozialen Frage. Vom frühen 19. Jahrhundert bis zum Ausbruch des Ersten Weltkriegs brachte der transatlantische Massenexodus 5,5 Millionen Deutsche in die Vereinigten Staaten, die bis zur Gegenwart insgesamt mehr als acht Millionen deutsche Einwanderer aufnahmen.

Im Wilhelminischen Deutschland, das weltwirtschaftlich an die Spitze drängte, kam Anfang der 1890er Jahre das Ende der säkularen überseeischen Massenauswanderung. Die Angebot-Nachfrage-Spannung auf dem Arbeitsmarkt, vordem die wichtigste Antriebskraft der überseeischen Auswanderung, kehrte sich geradewegs um: Im gewaltigen Wirtschaftswachstum vor dem Ersten Weltkrieg trat seit den 1890er Jahren Arbeitskräftemangel an die Stelle des Überschusses an Arbeitskraft. In der dritten und letzten großen ‚Auswanderungswelle' des 19. Jahrhunderts wanderten von 1880 bis 1893 noch circa 1,8 Millionen Deutsche nach Übersee aus. Am Vorabend des Ersten Weltkrieges gab es nach amtlichen Schätzungen rund 1,2 Millionen ‚ausländische Wanderarbeiter' im Reich – vor allem Polen und Italiener.

An die Stelle der vielstimmigen Klage über den Wirtschafts- und Kulturverlust durch überseeische Auswanderung trat um die Jahrhundertwende die Angst vor dem Gespenst einer kontinentalen Einwanderung. Gefürchtet wurde nicht die Einwanderung aus dem europäischen Süden, sondern diejenige über die preußisch-deutschen Ostgrenzen. Das Einwanderungsgespenst wurde von Preußen aus gebannt durch eine scharf kontrollierte Zwangsrotation. Die ‚preußische Abwehrpolitik' zielte zwar nur auf die polnische Mehrheit der Arbeitswanderer im preußischen Osten, bezog in Preußen aber auch alle anderen ausländischen Arbeitswanderer in ihr Kontrollsystem ein: Die Arbeitskräftereserve aus dem östlichen Ausland, die im Frühjahr willkommen geheißen wurde, hatte, bei Strafe der Abschiebung, preußisches Staatsgebiet vor Weihnachten wieder zu verlassen. Landwirtschaftliche Arbeitgeber hatten damit wenig Probleme. Arbeitgeber in Industrie und Gewerbe aber kämpften, meist vergeblich, um Ausnahmegenehmigungen für die Beschäftigung der ‚billigen und willigen' polnischen Arbeitskräfte über die Jahresgrenzen hinweg. Italienische Arbeitswanderer hingegen konnten sich, auch im preußischen Ruhrrevier, auf dem Arbeitsmarkt durchweg frei bewegen, aber auch ihre Zu- und Abwanderung fluktuierte stark.

In der Weimarer Republik folgte die Ausländerzulassung nicht mehr den sicherheitspolitischen Prinzipien der ‚preußischen Abwehrpolitik', sondern der ökonomischen Ratio der Arbeitsmarktpolitik: Ausländer wurden nurmehr zugelassen, wenn die Arbeitgeber nachweisen konnten, daß für die entsprechenden Arbeiten deutsche Erwerbstätige nicht zur Verfügung standen. ‚Genehmigungspflicht' hieß dieses neue System, das die im Kern schon im Ersten Weltkrieg entwickelte staatliche Arbeitsverwaltung voraussetzte. Die Ausländerbeschäftigung in der Weimarer Republik blieb niedrig und nahm auch im nationalsozialistischen Deutschland bis 1938 nur verhalten zu, was mit der restriktiven Devisenpolitik zu tun hatte, die den Lohngeldtransfer erschwerte.

Seit dem Ausbruch des Zweiten Weltkriegs aber mündete die Ausländerbeschäftigung in die millionenfache Sklaverei von deportierten ‚Fremdarbeitern' und Kriegsgefangenen im ‚Ausländereinsatz' der NS-Kriegswirtschaft. Die Opfer stellten nach Kriegsende das Gros der 10 bis 12 Millionen ‚Displaced Persons' (‚DPs') im besetzten Deutschland. Mit der Anwerbung der ‚Gastarbeiter' begann schon ein Jahrzehnt später, Mitte der 1950er Jahre, ein neues Kapitel in der Geschichte der Ausländerbeschäftigung in Deutschland, das in einiger Hinsicht an Traditionen der Weimarer Republik anknüpfte.

Wanderung als Gewinn und Verlust: die deutschen Nachkriegsstaaten

Im 20. Jahrhundert haben sich für Deutschland im transnationalen Wanderungsgeschehen die Bewegungen und die damit verbundenen Probleme weitgehend umgekehrt. Seit dem Zweiten Weltkrieg hat sich diese Entwicklung dramatisch beschleunigt. Bevölkerung, Wirtschaft und Gesellschaft Westdeutschlands wurden wie in keinem anderen Industriestaat in der zweiten Hälfte dieses Jahrhunderts durch grenzüberschreitende Massenbewegungen geprägt: Zwischen dem Kriegsende 1945 und der Vereinigung der beiden deutschen Staaten 1990 kamen fast 15 Millionen Menschen ins westliche Nachkriegsdeutschland und in die Bundesrepublik – Flüchtlinge und Vertriebene am Kriegsende und in den Nachkriegsjahren, Flüchtlinge und Übersiedler aus dem östlichen Deutschland und Aussiedler aus Ost- und Südosteuropa. Außerdem lebte in der ‚alten' Bundesrepublik am Vorabend der deutschen Vereinigung 1990 eine rund 5,2 Millionen Menschen zählende ausländische Minderheit.

Im geteilten und zuletzt vereinigten Deutschland kann man seit dem Zweiten Weltkrieg drei große Eingliederungsprozesse unterscheiden: die Integration von Flüchtlingen und Vertriebenen in West- und Ostdeutschland, die Mitte der 1950er Jahre beginnende Entwicklung von der Ausländeranwerbung über die ‚Gastarbeiterfrage' zum Einwanderungsproblem in Westdeutschland und schließlich die neue Eingliederungssituation im vereinigten Deutschland der frühen 1990er Jahre. Trennende Erfahrungen in Wanderungsfragen und in der Begegnung von Einheimischen und Fremden beeinflußten am Ende auch die Begegnung der einander fremd gewordenen Deutschen im Vereinigungsprozeß.

Der erste große Eingliederungsprozeß war bestimmt durch die Integration der Flüchtlinge und Vertriebenen aus dem früheren deutschen Osten und aus dem osteuropäischen Raum. Im Westen wurden sie appellativ ‚Heimatvertriebene', im Osten schönfärberisch ‚Umsiedler' genannt. Was im Westen jahrzehntelang von einflußreichen Vertriebenenorganisationen öffentlich als ‚Recht auf Heimat' eingefordert wurde, blieb in SBZ und DDR als ‚Umsiedlerproblematik' tabuisiert mit Rücksicht auf die östlichen Nachbarn.

Jenseits der Integration der Flüchtlinge und Vertriebenen (‚Umsiedler') dominierten in der DDR bis zum Bau der Mauer 1961 – und in abnehmendem Umfang auch danach – nicht

Zuwanderung und Eingliederung, sondern Abwanderung und Ausgliederung durch Flucht und, in der Agonie des Systems zuletzt zunehmend, legale ‚Übersiedlung' in den Westen. Sie hatte im Westen den Bekenntnischarakter der ‚Flucht aus dem kommunistischen Machtbereich', wurde deshalb politisch gern akzeptiert und überdies als Arbeitskräftezufluß begrüßt. In der DDR hingegen war ‚Republikflucht' ein Straftatbestand und wurde in der öffentlichen Diskussion nach Möglichkeit ebenso totgeschwiegen wie seit Anfang der 1950er Jahre die ‚Umsiedlerproblematik'. Viele mit Zuwanderung und Eingliederung, mit Ausgliederung und Abwanderung zusammenhängende Fragen fielen in der DDR mithin politischer Tabuisierung und öffentlicher Verdrängung anheim.

Im Westen waren viele Vertriebene und Flüchtlinge in ihrer neuen Heimat noch fremd, als dort der deutsch-italienische Vertrag von 1955 schon den Auftakt gab zur amtlich organisierten Anwerbung ausländischer Arbeitskräfte. Damit begann im Westen die Vorgeschichte des zweiten großen Eingliederungsprozesses. Der Mauerbau im Osten beschleunigte im Westen den Weg zum Einwanderungsland wider Willen: Die Anwerbung ausländischer Arbeitskräfte wurde nach dem Ende des Zustroms aus der DDR 1961 um so mehr forciert. Für eine dauerhafte Eingliederung der zugewanderten ausländischen Erwerbsbevölkerung und die damit verbundenen sozialen Folgeprobleme aber gab es in der Bundesrepublik kein umfassendes und langfristig angelegtes Konzept. ‚Ausländerpolitik' blieb auf Jahrzehnte hinaus im Kern Arbeitsmarktpolitik, angewendet auf Ausländer, erst spät begleitet von einer prekären Mischung von zögernden Angeboten zu ‚sozialer Integration auf Zeit' mit Bemühungen zur ‚Erhaltung' beziehungsweise ‚Förderung der Rückkehrbereitschaft'.

Die ‚Gastarbeiterperiode' im Westen endete mit dem ‚Anwerbestop' von 1973, der in der Ausländerpolitik als Bumerang wirkte. Er senkte nur kurzfristig die Ausländerzahlen, stoppte aber die transnationale Fluktuation der ausländischen Arbeitswanderer und verstärkte um so mehr die ohnehin wachsende Tendenz zum Daueraufenthalt; denn er stellte ausländische Arbeitskräfte, die nicht auf Dauer von ihren Familien im Herkunftsland getrennt leben wollten, vor die Alternative: endgültige Rückkehr in die Heimat oder Familiennachzug in die Bundesrepublik. Die meisten blieben und zogen ihre Familien nach. Familiennachzug und natürliches Bevölkerungswachstum ließen die Ausländerbevölkerung in der Bundesrepublik 1979 bereits wieder über das 1973 erreichte Niveau steigen.

Mit der Aufenthaltsdauer wuchs die Bleibeabsicht im fließenden Übergang von der ‚Gastarbeiter-' zur Einwandererexistenz. Schon Anfang der 1980er Jahre lebte ein Großteil der aus der früheren ‚Gastarbeiterbevölkerung' hervorgegangenen ausländischen Minderheit in der Bundesrepublik bei dauerhafter Eingliederung in einer paradoxen Einwanderungssituation ohne Einwanderungsland. Das wiederum wurde im Westen regierungsamtlich ‚dementiert', im politischen Entscheidungsprozeß verdrängt und im Verwaltungshandeln tabuisiert. Konzepte für Einwanderungs- und Eingliederungsfragen blieben, ganz folgerichtig, aus; denn was man tabuisiert, kann man nicht gestalten.

Auch in der DDR gab es, in geringem Umfange, Ausländerbeschäftigung auf der Grundlage zwischenstaatlicher Vereinbarungen. Sie wurde offiziell in der Regel totgeschwiegen oder als Ausbildungswanderung verharmlost. In den 1980er Jahren aber arbeiteten die ‚ausländischen Werktätigen' im Osten – wie die ‚Gastarbeiter' im Westen – zumeist in den von deutschen Arbeitskräften am wenigsten geschätzten Beschäftigungsfeldern im unmittelbaren Produktionsbereich unter härtesten Bedingungen, zum Beispiel zu drei Vierteln im Schichtdienst.

Den über Regierungsabkommen mit befristeten Arbeitsverträgen ins Land geholten ‚ausländischen Werktätigen' gegenüber gab es in der DDR zwar administrativ geleitete, autoritäre ‚Betreuung', aber insgesamt weniger soziale Integration als staatlich verordnete Abgrenzung. Sie wurden vielfach in separaten Gemeinschaftsunterkünften einquartiert und damit auch sozial auf Distanz gehalten. In dem durch die verordnete Abgrenzung der Fremden geschaffenen sozialen Vakuum wurzelten latente fremdenfeindliche Spannungen, die nach dem Ende der totalitären Zwangsdisziplinierung offen zutage traten.

In den Prozeß der Vereinigung brachten die einander fremd gewordenen, aus politisch-ideologisch und lebensgeschichtlich vielfach gegensätzlichen Erfahrungswelten stammenden Deutschen mithin, neben vielen anderen ungelösten Fragen, auch in beiden deutschen Staaten unbewältigte Probleme im Umgang mit Fremden ein; ganz zu schweigen von der auf unterschiedliche Weise unbewältigten Last der deutschen Geschichte gerade in diesem Bereich.

Einheimische Ausländer und fremde Deutsche im Vereinigungsprozeß

Die neue Eingliederungssituation im Vereinigungsprozeß der frühen 1990er Jahre war unübersichtlicher als die beiden seit dem Zweiten Weltkrieg vorausgegangenen großen Eingliederungsprozesse. Sie umschloß mehrere zugewanderte Gruppen, darunter auch einheimische Ausländer und fremde Deutsche:

1. Die größte Gruppe war und ist nach wie vor die heute schon drei Generationen umfassende, aus der ehemaligen ‚Gastarbeiterbevölkerung' im Westen hervorgegangene Minderheit der einheimischen Ausländer, von denen die erste Generation schon ins Pensionsalter einrückt.

2. Die zweitgrößte Gruppe stellen die seit den späten 1980er Jahren jährlich zu Hunderttausenden zugewanderten fremden Deutschen aus Osteuropa. Die begrifflich zu ‚Aussiedlern' verharmlosten Einwanderer kommen aus dem ehemals kommunistischen Machtbereich und leben – nicht im rechtlichen, aber im sozialen und kulturellen Sinne – meist ebenfalls in einer echten Einwanderungssituation mit oft schweren psychologischen und mentalen Belastungen, die auch zu Rückwanderungen führen.

3. Seit Anfang der 1980er Jahre stark angewachsen ist die Zahl der Flüchtlinge und Asylsuchenden, die bis Mitte der 1980er Jahre noch vorwiegend aus der ‚Dritten Welt' stammten

und heute zumeist aus Osteuropa kommen. Die neue restriktive Asylrechtspraxis hat seit 1993 die Zahl der Asylanträge deutlich gesenkt, dürfte aber jene der illegalen Inlandsaufenthalte deutlich erhöht haben. Noch relativ neu in Deutschland ist die Gruppe von jüdischen Zuwanderern aus der ehemaligen Sowjetunion, deren Umfang 1993 auf 15–20.000 veranschlagt wurde.

Neben Zuwanderungen über die Außengrenzen der vereinigten Republik stehen zwei große innerdeutsche Eingliederungsprobleme, ausgelöst durch die Bewegung von Menschen über Grenzen und die Bewegung von Grenzen über Menschen hinweg:

4. Menschen über Grenzen: In Westdeutschland gab es Anfang der 1990er Jahre noch die Identitätsprobleme jener Deutschen aus dem Osten, die Ende der 1980er Jahre zunächst noch als DDR-Flüchtlinge, dann als ‚Übersiedler' in großer Zahl in den vermeintlich goldenen Westen kamen. Viele von ihnen erlitten dort einen deutsch-deutschen Kulturschock in der Erfahrung, wie groß die Distanz nicht nur in der materiellen Kultur und den Lebensformen, sondern auch in den Mentalitäten zwischen West und Ost geworden war.

5. Grenzen über Menschen: In Ostdeutschland schließlich gab es im Vereinigungsprozeß nicht nur wirtschaftliche und soziale, sondern auch besondere mentale Eingliederungsprobleme. Viele lebten dort in einer Art importierten Eingliederungssituation, in der nicht Menschen in die Fremde gegangen waren, sondern die in Haßliebe vertraute Umwelt selbst zur Fremde geriet. In dem rasanten sozialen, ökonomischen, politischen und ideologischen Wandel der frühen 1990er Jahre wurden viele zu Fremden im eigenen Land, konfrontiert mit der Alternative zwischen bedingungsloser Anpassung oder fortschreitender Entfremdung.

Die mit diesem Entfremdungsprozeß verbundenen Strapazen minderten im Osten anfangs nicht nur die Bereitschaft zur Eingliederung anderer, von außen kommender Fremder, zum Beispiel von Asylsuchenden, die im Sinne des Einigungsvertrages auch auf die Neuen Bundesländer verteilt wurden. Die

Selbstentfremdung mehrte auch fremdenfeindliche Abwehrhaltungen. Das hatte schon vor den Ausschreitungen im sächsischen Hoyerswerda vom September 1991 zu fremdenfeindlichen Angriffen geführt. Sie fanden – wie auch einschlägige Gewalttaten im Westen – anfangs wenig Beachtung, weil die Medien das neue Thema noch nicht ‚entdeckt' hatten. Die wachsende Fremdenfeindlichkeit war zwar zunächst im Osten aggressiver und gewalttätiger, insgesamt aber weder ‚typisch ostdeutsch' noch allein Sache von durch sozialen Abstieg bedrohten sozialen Randgruppen. Sie hatte ihre Vorgeschichte auch im Westen und breitete sich zunehmend über das ganze vereinigte Deutschland aus.

Irritationen und Konfrontationen

Neue Einwanderungssituation und Vereinigungsprozeß schufen in den frühen 1990er Jahren auch insgesamt neue Spannungen und ‚Hackordnungen' zwischen verschiedenen Gruppen von ‚Einheimischen' und ‚Fremden': Im Westen gab es zunächst die Skepsis von Westdeutschen (‚Wessis') gegenüber zugewanderten Ostdeutschen (‚Ossis'), im Osten umgekehrt diejenige von Bundesbürgern-Ost gegenüber den nicht selten als rücksichtslose Konquistadoren, strenge Missionare der besseren Lebensform oder mitleidvolle Entwicklungshelfer in einer semikolonialen Situation auftretenden Bundesbürgern-West. Im Osten ging zugleich die zwischen ethnosozialer Ächtung und rassistischer Diskriminierung liegende Rede von ‚Briketts' (Afrikanern) und ‚Fidschis' (Asiaten), im Westen diejenige von ‚Ittakern', ‚Kümmeltürken' und ‚Kanaken'.

Im Westen gab es außerdem die verschiedensten anderen Bruchlinien: zunächst skeptische Reserve von noch aus der DDR oder aus den Neuen Bundesländern zugewanderten Übersiedlern gegenüber deutschsprachigen Aussiedlern (‚keine Deutschen'); von Übersiedlern und deutschsprachigen Aussiedlern gegenüber fremdsprachigen Aussiedlern aus den ehemaligen ‚sozialistischen Bruderstaaten' (‚Polskis', ‚Rußkis');

von Übersiedlern, deutsch- und fremdsprachigen Aussiedlern gemeinsam gegenüber ‚Ausländern' (‚Deutsche rein – Ausländer raus') und vor allem gegenüber Türken (‚keine Europäer'); und schließlich, als ‚Einheimische' und ‚Fremde' in West und Ost vereinende Abwehrfront, den Argwohn gegenüber asylsuchenden Flüchtlingen aus Osteuropa und der ‚Dritten Welt' (‚Asylbetrüger', ‚Scheinasylanten').

Es gab aber, quer dazu, in der neuen Einwanderungssituation auch die verschiedensten, mitunter grotesken Schulterschlüsse zwischen Deutschen und einheimischen Ausländern gegenüber den neu zugewanderten fremden Deutschen. Das kam etwa in einem Anfang der 1990er Jahre – als sächsischer Dialekt und polnischer oder russischer Akzent in den Warteschlangen auf den Gängen westdeutscher Arbeitsämter unliebsame Folgen haben konnten – umlaufenden Einwandererwitz zum Ausdruck: In der Warteschlange von Arbeitslosen auf dem Korridor eines Arbeitsamtes stehen hintereinander ein Übersiedler aus der DDR, ein Aussiedler aus Rußland und ein seit langem in Deutschland lebender Türke. Die beiden ‚Neubürger' aus dem Osten sind enttäuscht über die Arbeitslosigkeit im Westen. Der Übersiedler: „Schlange stehen kennen wir von zuhause ..." Der Rußlanddeutsche: „... aber wenigstens nicht für Arbeit!" Der Türke: „Wir Euch nix gerufen!"

In Wirklichkeit indes sprechen, von den Pionierwanderern der ersten Generation einmal abgesehen, die deutschen Türken in der Regel fließend Deutsch – im Gegensatz zur jüngeren Generation der Rußlanddeutschen, die die Sprache ihrer neuen Heimat oft kaum verstehen oder als Fremdsprache ganz neu lernen müssen. Das kann zu grotesken Begegnungen führen, wenn zum Beispiel ein einheimischer Türke mit fremdem Paß einem fremdsprachigen Aussiedler mit deutschem Paß bei der Verständigung in der Sprache des Einwanderungslandes hilft – in dem der deutsche Aussiedler fremd ist und der einheimische Ausländer dem Fremdenrecht unterliegt.

Von ethnosozialer Konkurrenzangst und demonstrativer Überanpassung bis zur Beteiligung an fremdenfeindlichen Gewalttaten gegenüber Asylsuchenden und anderen Flüchtlingen reichten in Einzelfällen bei jugendlichen einheimischen Ausländern die Verhaltensweisen in der perspektivlosen Einwanderungssituation. Zugleich gibt es die mit den fremdenfeindlichen Ausschreitungen abrupt gewachsene Skepsis einheimischer Ausländer gegenüber dem widerspenstigen Nicht-Einwanderungsland Bundesrepublik. Hierher gehört auch die wachsende, teils friedlich-zivile (Immigrantenvereine), teils aggressive (Streetgangs) Selbstorganisation von ausländischen De facto-Einheimischen, enttäuscht und gereizt durch als ungerecht empfundene Unklarheiten in der Lebensperspektive, durch Mangel an politischer Partizipation und die verschiedensten Formen persönlicher und institutioneller Diskriminierung. Viele von ihnen fühlen sich den deutschen De jure-Einheimischen gegenüber eben gerade nicht als ‚ausländische Mitbürger', sondern als inländische Nicht-Bürger beziehungsweise nicht-deutsche Bürger zweiter Klasse.

Das sind nur einige zwischen ‚melting pot' und Hexenkessel liegende Spannungszonen und kaskadenartige ‚Fremdenhierarchien' in der neuen Einwanderungssituation. Dabei sind, wie die Geschichte der Einwanderungen lehrt, ethnische Klassenbildung und die ethnische Legitimation sozialer Benachteiligung besonders gefährlich, für den sozialen Konsens ebenso wie für polyethnische Koexistenz und multikulturelle Lebensformen.

Solche Gefahren wurden durch verschiedene Ost-West-Einflüsse noch verstärkt: In den Mentalitäten von aus dem Osten zugewanderten fremden Deutschen sind zum Teil besondere völkisch-national geprägte und latent xenophobe Abwehrhaltungen mit in den Westen gekommen. Sie fanden neuen Boden in den auch hier umgehenden ahistorischen Wahnvorstellungen von einer vermeintlich von ‚fremden' Einflüssen unbefleckten ‚kulturellen Homogenität' der Deutschen.

Ein anderer Ost-West-Einfluß ist die allgemeine Angst vor einer ‚Völkerwanderung' aus Osteuropa. Einer ihrer vermeintlichen Vorboten, die Zuwanderung von Roma aus Rumänien, entzündete 1990 noch ein zusätzliches atavistisches, wie sich zeigte aber nach wie vor hochaktives Aggressionspotential: die

Zigeuner-Phobie. Hinzu kommt, daß in vielen Bereichen des zerfallenen ‚Ostblocks' nach dem Ende jahrzehntelanger totalitärer Disziplinierung radikale Unterströmungen zutage treten, wie Rassismus, Antisemitismus und aggressiver, sich selbst als Befreiungsbewegung verstehender ethnischer Nationalismus. Die Konfrontation mit solchen gesellschaftlichen Eruptionen im europäischen Osten hat zur Relativierung oder gar offenen Legitimierung von auch in Deutschland selbst vorhandenen fremdenfeindlichen Abwehrhaltungen und Aggressionspotentialen beigetragen.

Angst und Gewalt gegen Fremde

Weltweit bekannte Stichworte des neuen Terrors in Deutschland hießen im Osten unter anderem ‚Hoyerswerda' (17.–22. 9. 1991), wo Asylsuchende aus ihren Unterkünften vertrieben und noch beim Abtransport im Bus angegriffen und durch Steinwürfe verletzt wurden, und ‚Rostock-Lichtenhagen' (23.–27. 8. 1992), wo Asylsuchende unter öffentlichem Beifall tagelang in ihren schließlich brennenden Unterkünften belagert und angegriffen wurden. Sie hießen im Westen unter anderem ‚Hünxe' (3. 10. 1991), wo zwei Flüchtlingskinder einen Brandanschlag schwerverletzt überlebten, ‚Mölln' (23. 11. 1992) und ‚Solingen' (29. 5. 1993), wo seit langem in Deutschland lebende beziehungsweise hier geborene und aufgewachsene Mitglieder türkischer Familien in ihren Häusern verbrannten oder schwerverletzt die Brandanschläge überlebten. In der Nacht zum 25. März 1994 brannte in Lübeck zum erstenmal seit dem nationalsozialistischen November-Pogrom von 1938 wieder eine Synagoge in Deutschland.

Weil sich, wie Ende Mai/Anfang Juni 1993 die tagelangen Krawalle im Anschluß an die Solinger Morde am Tatort und in anderen Städten zeigten, auch unter den Adressaten der fremdenfeindlichen Bewegung – und hier besonders unter jugendlichen Paß-Ausländern türkischer Herkunft – Abwehr-, aber auch Angriffsbereitschaft formiert, wächst die Gefahr ethnosozialer Spannungen. Hinzu kommen aus den Herkunftsländern übergreifende Konfliktpotentiale, wie sie in den Aktionen der Arbeiterpartei Kurdistans (PKK) zum Ausdruck kamen. Sie wurden mit dem Verbot der Partei und zahlreicher anderer kurdischer Organisationen in Deutschland beantwortet. Das führte zu neuen Problemen, weil justitiable Trennlinien zwischen politischem und ethnokulturellem Engagement bei Minderheitenorganisationen in der Einwanderungssituation oft schwer zu ziehen sind. Unübersehbar wurde dies spätestens bei den blutigen kurdischen Demonstrationen vom März 1994, bei denen es ethnokulturell um die Feiern zum kurdischen Neujahrsfest in Deutschland, politisch aber um den Kampf der PKK und um die Unterdrückung der kurdischen Minderheit in der Türkei ging.

Die von den Medien um die Welt getragene neue deutsche Xenophobie ist freilich weder ‚faschistisch' noch ausgesprochen ‚deutsch'. Es gibt sie auch in anderen europäischen Einwanderungsländern, und sie hat auch dort eine lange Geschichte. Wer denkt im deutschen Alltagsdialog schon daran, daß die Skin-Bewegung aus den englischen Armenvierteln der 1960er Jahre kam, geboren aus den Ängsten der weißen Unterschicht, die sich von indischen beziehungsweise pakistanischen und karibischen Zuwanderern bedroht fühlte. Wer erinnert sich daran, daß selbst das bestialische Mordwort der jugendlichen deutschen ‚Glatzen' vom ‚Aufklatschen', also vom Zerschlagen und Zertrampeln von ‚Asylanten' oder anderen Fremden, seinen Ursprung in England hat – im ‚Paki-Bashing', also im willkürlichen Zusammenschlagen asiatischer Einwanderer durch rassistische weiße Jugendliche aus dem perspektivlosen urbanen Subproletariat.

Aber Hinweise auf Probleme in anderen Ländern Europas relativieren die deutschen nicht, zumal die neue Fremdenfeindlichkeit im vereinten Deutschland und die Exzesse auf deutschen Straßen im langen Schatten einer historischen Erfahrung stehen, die Deutschland vom übrigen Europa trennt. Der Schatten der Geschichte und das Sensationsinteresse der Medien an Rechtsextremismus und fremdenfeindlicher Gewalt haben freilich auch zu Zerrbildern und Fehleinschätzungen geführt: Die Normalität des friedlichen Zusammenlebens zwischen Mehrheit und zugewanderten Minderheiten im vereinten Deutschland geriet dabei ebenso aus dem Blick wie – von den berühmten Lichterketten im Winter 1992/93 einmal ganz abgesehen – die große Zahl von Gegenströmungen, hilfreichen Initiativen und unübersehbar vielen organisierten und spontanen Hilfen im Alltag: von der Aufnahme und Betreuung von Flüchtlingen über die Bewachung ihrer Unterkünfte bis hin zum illegalen Versteck von abgelehnten Asylbewerbern, um sie vor drohender Abschiebung zu schützen.

Die große Ratlosigkeit: Einwanderungsland ohne Einwanderungspolitik

Bei vielen der weit ausholenden Deutungen von Fremdenangst und Fremdenfeindlichkeit im vereinigten Deutschland kamen die Kernprobleme oft nur am Rande vor: Einwanderung, Eingliederung, Minderheitenfragen und deren gesellschaftspolitische Gestaltung. Das war um so bemerkenswerter, als eine wichtige Ursache für Fremdenangst und fremdenfeindliche Abwehrhaltungen gerade in der lange anhaltenden politischen Desorientierung der Bevölkerung gegenüber den gesellschaftlichen Problemen und politischen Aufgaben im Bereich von Migration, Integration und Minderheiten zu suchen ist. Sie hatte ihren Grund in der politischen Erkenntnisverweigerung gegenüber der unübersehbaren gesellschaftlichen Tatsache, daß die Bundesrepublik seit mehr als einem Jahrzehnt ein Einwanderungsland neuen Typs geworden ist – nicht im rechtlichen, aber im gesellschaftlichen und kulturellen Sinne.

‚Die Bundesrepublik ist kein Einwanderungsland', so lautet dennoch seit vielen Legislaturperioden und bis heute der kleinste gemeinsame Nenner aller regierungsamtlichen Initiativen im Bereich dessen, was folgerichtig nach wie vor ‚Ausländerpolitik' und nicht etwa ‚Einwanderungspolitik' heißt. Sofern bei dem über Legislaturperioden hinweg fortgeschriebenen

Dementi an die in regierungsamtlichen Erklärungen des Jahres 1983 zur Beachtung empfohlenen ‚Erfahrungen der klassischen Einwanderungsländer' gedacht wurde, war und ist diese Debatte ein Streit um des Kaisers Bart: In den überseeischen ‚klassischen' Einwanderungsländern der Geschichte wurden, oft nach der Verdrängung oder Vernichtung der Ureinwohner, große Flächen besiedelt, Städte gegründet, Wirtschaftsstrukturen entwickelt, die Gesellschaften durch den Einwanderungsprozeß selbst erst geformt. Ein solches ‚klassisches' Einwanderungsland kann Deutschland ohnehin nicht sein oder werden.

In Sachen Migrations- und Integrationspolitik jedenfalls blieben die ansonsten so ereignisreichen 1980er Jahre für Deutschland ein verlorenes Jahrzehnt. Sie boten nur die Verlängerung des Versteckspiels mit der gesellschaftlichen Wirklichkeit unter dem Motto: ‚Die Bundesrepublik ist kein Einwanderungsland'. Dabei wurde das politische und gesellschaftliche Szenario immer gespenstischer: ‚oben' wurde politisch ‚dementiert' und für gesellschaftlich nicht existent erklärt, was ‚unten' alltäglich erlebbare, zunehmend multikulturelle Wirklichkeit war – die paradoxe Einwanderungssituation ohne Einwanderungsland.

Das Dementi war die Kehrseite politischer Rat- und Konzeptionslosigkeit. Der wachsende Problemdruck hatte deshalb nicht etwa nur mit der Asylhysterie zu tun, sondern auch mit tieferliegenden, schon älteren Versäumnissen in Einwanderungsfragen, von denen die Asyldebatte als Stellvertreterkrieg im Grunde nur ablenkte. Die Quittung kam Anfang der 1990er Jahre unter dem Zusatzdruck des Vereinigungsprozesses. ‚Unten' wuchs die Angst vor den Fremden und ‚oben' die Angst vor den Bürgern als Wähler.

Das Zusammentreffen der Angst von unten mit der Ratlosigkeit von oben trug wesentlich bei zu der politischen Legitimationskrise, vor der über Jahre hinweg vergeblich gewarnt worden war. Sie drohte kurzfristig sogar in eine Krise des parlamentarisch-demokratischen Systems umzuschlagen. Das ließ Bundeskanzler Kohl im Herbst 1992 vom ‚Staatsnotstand' sprechen und erinnerte andere, irrtümlich, an die Krisenschaukel von öffentlichem Konflikt, Staatsohnmacht und Abwendung von der parlamentarischen Demokratie in der Weimarer Republik.

Fremdenangst, gewaltbereite Fremdenfeindlichkeit und fremdenfeindliche Gewaltakzeptanz im Vereinigungsprozeß der frühen 1990er Jahre waren nach alledem „nicht etwa nur unvermeidbare Folgen von Einwanderung und Eingliederung, sondern auch vermeidbare Folgen ihrer mangelnden politischen Gestaltung“: Sie waren auch „eine aggressive Antwort auf fehlende Konzepte in der Migrationspolitik“, hieß es in dem von 60 Wissenschaftlerinnen und Wissenschaftlern getragenen ‚Manifest der 60‘ zum Thema ‚Deutschland und die Einwanderung‘ vom November 1993.

Heute besteht Gefahr in der wachsenden Gewöhnung an das Grauen und in einer Wende vom Alarmismus zum Desinteresse: An die Stelle der von Parteien und Medien oft fahrlässig angeheizten Asylhysterie trat im Superwahljahr 1994 aus Sorge vor einem erneuten Aufsteigen fremdenfeindlicher Gewalt vielfach der Rückzug von Politik und Medien aus den brisanten Themenfeldern von Migration, Integration und Minderheiten.

Der Sensationswert fremdenfeindlicher Gewalt ist gesunken. Fremdenfeindliche und allgemein gegen Minderheiten gerichtete Gewalttaten, die sich noch immer ereignen und die noch vor wenigen Jahren allgemeines Entsetzen erregt hätten, werden, wenn überhaupt, in der Berichterstattung eher beiläufig annotiert wie eine Art gesellschaftliche Unfallstatistik. Polizeisprecher und um den Ruf ihrer Gemeinden besorgte Kommunalvertreter sind bemüht, ‚ausländerfeindliche Hintergründe‘ zu dementieren oder doch als ‚nicht nachweisbar‘ zu kennzeichnen. An die Stelle von Alarmismus und Hysterie traten politisches Desinteresse und gesellschaftliche De-Sensibilisierung. Das aber ist sozialpsychologisch alarmierend; denn Patienten ohne Krankheitseinsicht sind, wie man weiß, kaum therapiefähig.

Seit dem in Sachen Migrations- und Integrationspolitik verlorenen Jahrzehnt der 1980er Jahre zeichnete sich im Versteckspiel mit der Wirklichkeit in der Einwanderungssituation ohne Einwanderungsland eine gefährliche Krisenspirale ab: Das sperrige Nicht-Einwanderungsland stieß mit seinen defensiven Verweigerungshaltungen und seinem demonstrativen rechtspolitischen Desinteresse an aktiven Eingliederungskonzepten die Einwandererminoritäten vor den Kopf, vor allem die zwischen Ungeduld und Ratlosigkeit schwankende zweite Generation. Fremdenfeindliche Exzesse mehrten die skeptische Distanz. Beides zusammen motivierte bereichsweise eine ethnokulturelle Re-Orientierung an der schon fremder gewordenen Herkunftsgesellschaft. Das wiederum wurde auf seiten der sperrigen Aufnahmegesellschaft vielfach als ‚Abkapselung' beziehungsweise als Mangel an ‚Integrationsbereitschaft' oder gar ‚Integrationsfähigkeit' mißverstanden.

Prozesse der Re-Ethnisierung kann man nicht wegreden – auch nicht mit dem gutgemeinten Diktum vom ‚ausländischen Mitbürger', das für ausländische Gäste am Arbeitsmarkt durchaus freundliche Sorge um das Gastrecht signalisieren mag, für Einwanderer als ausländische Nicht-Bürger aber fast so zynisch klingt wie die Rede vom ‚nichtarischen Mitbürger'. Ethnokulturelle Gruppenbildung in einem tabuisierten, unzureichend gestalteten und gestörten Einwanderungsprozeß kann für beide Seiten, Aufnahmegesellschaft und Einwandererminoritäten, schwer kalkulierbare Sprengkräfte entfalten.

Sie können entschärft oder doch begrenzt werden, wenn Ethnizität im Einwanderungsprozeß ein Stück weit überwölbt wird durch eine neue Solidarität von Mehrheit und zugewanderten Minderheiten. Darunter könnten sich ethnokulturelle Identitäten – als durchaus mit Stolz benannte und mit Respekt akzeptierte individuelle ‚Herkunftsadressen' – einordnen. Damit würden ethnische Kollektive als identitätsstiftende Bezüge weitgehend funktionslos, abgesehen von ihrer oft unersetzbaren Druckkammer-Funktion in den ersten Phasen des Eingliederungsprozesses.

Das hat nichts zu tun mit ‚Ideologiestiftung' im Einwanderungsprozeß. Es geht schlicht um Gesellschaftspolitik in der Einwanderungssituation, die nicht unbegleitet bleiben darf im naiven Vertrauen auf den naturwüchsig friedlichen Verlauf gesellschaftlicher Prozesse. Einwanderungspolitik als Gesellschaftspolitik darf auch Mentalitätsprobleme nicht ausblenden; denn Einwanderungsprozesse können für Mehrheit wie Minderheit mit erheblichen Identitätskrisen und Identifikationsproblemen verbunden sein. Migrationspolitik als Gesellschaftspolitik ist eben mehr als Quotenrechnen.

Grundlage einer solchen, Aufnahmegesellschaft und Einwandererminoritäten einschließenden neuen Solidarität der Einwanderungsgesellschaft ist eine bewußt gelebte Partnerschaft von Mehrheit und zugewanderten Minderheiten in einem gewollten, politisch positiv ‚besetzten', aktiv gestalteten und mit flexiblen Integrationskonzepten begleiteten Einwanderungsprozeß. Blockiert wird solche Partnerschaft durch eine Politik, die sich der konzeptionellen Herausforderung durch die gesellschaftliche Entwicklung in der Einwanderungssituation mit eskapistischen Dementis verweigert und die Folgen der eigenen Versäumnisse durch Drohgebärden und Sicherheitspolitik zu bewältigen sucht.

Migrationspolitik muß als Gesellschaftspolitik im weitesten Sinne betrachtet, mit umfassenden und integralen Konzepten betrieben werden; denn Migrationsfragen und die damit verbundenen Eingliederungs- und Minderheitenfragen sind heute längst nicht mehr Randprobleme, sondern zentrale gesellschaftspolitische Aufgaben, und sie werden es aller Voraussicht nach in der Zukunft noch mehr sein.

Migrationspolitik kann nur erfolgreich sein, wenn sie sich auf einen breiten Fundamentalkonsens stützen kann. Sie kann in einer freiheitlichen Demokratie nicht gegen die einheimische Mehrheit durchgesetzt werden, wenn gefährliche Folgen vermieden werden sollen – zu Lasten zugewanderter Minderheiten, aber auch des politischen Systems insgesamt. Deshalb muß dafür regelrecht geworben werden. Gesellschaftliche Koexistenz in kultureller Toleranz und sozialem Frieden hängen entscheidend davon ab, ob und inwieweit Gesellschaft und Politik im vereinigten Deutschland bereit sind, auf diese Herausforderungen mit integralen Konzepten und weitsichtigen Perspektiven zu antworten.

Wir brauchen ein Ende des Versteckspiels mit der Wirklichkeit in Sachen Migration, Integration und Minderheiten und statt Horrorvisionen, sicherheitspolitischen Beschwörungsformeln und demonstrativer Verteidigungsbereitschaft ein positives, pragmatisches Verhältnis zu diesen Gestaltungsbereichen im Innern und nach außen.

Wir brauchen integrale Konzepte für die mit der Eingliederung verbundenen gesellschaftlichen Herausforderungen im Innern, die man als ein abschließendes, jahrzehntelange Versäumnisse ausgleichendes Paket von ‚Einwanderungsbereinigungsgesetzgebung' bezeichnen könnte. Das fängt mit der Reform des atavistischen Reichs- und Staatsangehörigkeitsgesetzes von 1913 an. Es reicht über die großzügige Hinnahme der doppelten Staatsangehörigkeit gegenüber der zu lange nur widerwillig akzeptierten Einwandererminorität, den Einbürgerungsanspruch für die zweite Ausländergeneration und ein Antidiskriminierungsgesetz bis hin zu Bemühungen um Chancengleichheit durch ausgleichende Bevorzugung von benachteiligten Minderheiten.

Wir brauchen auf europäischer Ebene abgestimmte Konzepte für Steuerungsaufgaben gegenüber dem Wanderungsdruck von außen – weniger im Sinne defensiver Sicherheitspolitik (‚Festung Europa') als im Sinne klarer und möglichst transparent und human zu gestaltender Verkehrsregeln für künftige Einwanderungen nach Deutschland und Europa.

Wir müssen aber auch begreifen, daß Einwanderungsgesetzgebung und Migrationspolitik keine Allheilmittel für gesellschaftliche Probleme sind. Gelegentlich wird die banale Tatsache übersehen, daß auch Einwanderer älter werden. Das gleiche gilt für die schon nicht mehr so triviale Information, daß sich Einwandererbevölkerungen in ihrem generativen Verhalten langfristig demjenigen der Aufnahmegesellschaft anzugleichen pflegen, so daß zum Beispiel die Finanzierung der sozialen Sicherheitssysteme von morgen nicht etwa ohne weiteres an die Nachkommenschaft einer Einwandererbevölkerung delegiert werden kann. Überdies können Einwanderer Hilfe bei der Bewältigung wirtschaftlicher und gesellschaftlicher Probleme ohnehin nur dann leisten, wenn sie vom Ertrag ihrer eigenen Arbeit und nicht von den Sozialhilfeleistungen der Aufnahmegesellschaft leben. Auch deswegen führt langfristig kein Weg vorbei an den gesetzlich verankerten Steuerungssystemen, die man Einwanderungspolitik nennt.

Es geht aber nicht nur um uns und unsere Interessen: Wir müssen insgesamt zwei große Bereiche im Wanderungsgeschehen unterscheiden, trotz aller Überschneidungen in der vielgestaltigen Wirklichkeit: Flucht und Asyl einerseits, Arbeitswanderung und Einwanderung andererseits. Bei Flucht und Asyl geht es im Interesse der Betroffenen um den Schutz der Flüchtlinge und um die Bekämpfung der Fluchtursachen in ihren Herkunftsgebieten. Bei Arbeitswanderung und Einwanderung geht es um die Steuerung von Migrationsprozessen im wohlerwogenen Eigeninteresse des Aufnahmelandes. Beide Bereiche sollten in umfassenden Konzeptionen einander zugeordnet, aber nicht gegeneinander aufgerechnet oder gar gegeneinander ausgespielt werden.

Dies unter Berücksichtigung der Interessen der Herkunftsländer tun, heißt die Brücke schlagen zu einer migrationsorientierten Entwicklungspolitik beziehungsweise einer entwicklungsorientierten Migrationspolitik, bei der es ohne „internationalen Lastenausgleich" (F. Nuscheler) nicht abgehen kann, wenn das globale Desaster gebremst werden soll, das das weltweite Wanderungsgeschehen forciert. Das wäre in der Tat ein Beitrag zu jenem schon zur appellativen Redensart erstarrten ‚nachhaltigen Wachstum' (sustainable growth) als Leitvorstellung, nach deren Zielvorgaben ökonomische, ökologische und soziale Interventionen danach streben sollen, eine lebenswerte Welt zu schaffen, deren Überleben nicht auf Kosten künftiger Generationen geht.

Anmerkungen und Literatur

Klaus J. Bade: Einleitung

1 Klaus J. Bade (Hg.), Migration – Ethnizität – Konflikt: Systemfragen und Fallstudien (Schriften des Instituts für Migrationsforschung und Interkulturelle Studien, IMIS, Bd. 1), Osnabrück 1996, hierzu bes. die Beiträge von Hartmut Esser (Die Mobilisierung ethnischer Konflikte) und John Rex (Ethnic Mobilization and Social Transformation); vgl. Rainer Dollase/Wilhelm Heitmeyer (Hg.), Die bedrängte Toleranz, Frankfurt a.M. 1995.

2 Wilfried van der Will/Rob Burns, Arbeiterkulturbewegung in der Weimarer Republik, Bd. 1, Frankfurt a.M. 1982, S. 9; zit. nach: Jörg Fisch, Art. ‚Zivilisation, Kultur', in: Otto Brunner/Werner Conze/Reinhart Koselleck (Hg.), Geschichtliche Grundbegriffe. Historisches Lexikon zur politisch-sozialen Sprache in Deutschland, Stuttgart 1992, Bd. 7, S. 679–774, hier S. 769f.

3 Am deutschen Beispiel: Klaus J. Bade (Hg.), Deutsche im Ausland – Fremde in Deutschland: Migration in Geschichte und Gegenwart, München 1992 (3. Aufl. 1993); globale Perspektiven: Wayne A. Cornelius/Philip L. Martin/James F. Hollifield (Hg.), Controlling Immigration. A Global Perspective, Stanford UP 1994; Myron Weiner, The Global Migration Crisis. Challenge to States and to Human Rights, New York 1995.

4 Hierzu die Beiträge von Alexander Demandt und Irina Scherbakowa in diesem Band; vgl. Paul Kennedy, Aufstieg und Fall der großen Mächte. Ökonomischer Wandel und militärischer Konflikt von 1500–2000, Frankfurt a.M. 1989; Andreas Kappeler, Rußland als Vielvölkerreich: Entstehung – Geschichte – Zerfall, München 1992.

5 Eric J. Hobsbawm, Das imperiale Zeitalter 1875–1914, Frankfurt a.M. 1989; am Beispiel des kurzlebigen deutschen Kolonialimperiums: Klaus J. Bade (Hg.), Imperialismus und Kolonialmission: Kaiserliches Deutschland und koloniales Imperium, 2. Aufl. Stuttgart 1986; Franz Nuscheler, Internationale Migration, Flucht und Asyl, Opladen 1995.

6 Rudolf von Albertini, Europäische Kolonialherrschaft 1880–1940, Zürich 1976; vgl. Klaus J. Bade/Dieter Brötel (Hg.), Europa und die Dritte Welt: Kolonialismus – Gegenwartsprobleme – Zukunftsperspektiven, Hannover 1992.

7 Pieter C. Emmer/Magnus Mörner (Hg.), European Expansion and Migration: Essays on the Intercontinental Migration from Africa, Asia,

and Europe, Oxford 1992, Einleitung (P. C. Emmer), S. 1–12; Center for Contemporary Cultural Studies (CCCS), The Empire strikes back. Race and Racism in 70s Britain, London 1982; vgl. hierzu die Beiträge von Thankmar Freiherr von Münchhausen und Gerd Kröncke in diesem Band.

8 Allg. hierzu: Joachim Matthes (Hg.), Zwischen den Kulturen? Die Sozialwissenschaften vor dem Problem des Kulturvergleichs, Göttingen 1992; Alois Wierlacher (Hg.), Kulturthema Fremdheit. Leitbegriffe und Problemfelder kulturwissenschaftlicher Fremdheitsforschung, München 1993.

9 Als Beispiel für einen ‚Klassiker' der Multikulturalismus-Diskussion: John Rex, The Concept of a Multi-Cultural Society, Warwick 1985; nützlicher Überblick über Positionen in der Diskussion: Arne Klein (Hg.), Die Rede von der multikulturellen Gesellschaft: Kontroversen, Dimensionen, Strategien, Berlin 1992.

10 Hans-Joachim Hoffmann-Nowotny, Soziologische Aspekte der Multikulturalität, in: Bade (Hg.), Migration – Ethnizität – Konflikt.

11 Vgl. hierzu den Beitrag von Stephen Castles in diesem Band.

12 Dieter Senghaas, Europa, quo vadis? Neue Aufgaben für eine Politik der Friedensgestaltung. Denkschrift für die Stiftung Wissenschaft und Politik, Ebenhausen 1991, S. 58f.

13 Ernst Schubert, Fahrendes Volk im Mittelalter, Bielefeld 1995.

14 Heinz Schilling, Nationale Identität und Konfession in der europäischen Geschichte der Neuzeit, in: Bernhard Giesen (Hg.), Nationale und kulturelle Identität. Studien zur Entwicklung des kollektiven Bewußtseins in der Neuzeit, Frankfurt a.M. 1991, S. 192–254; vgl. hierzu den Beitrag von Anton Schindling in diesem Band.

15 Hermann Bausinger (Hg.), Reisekultur: Von der Pilgerfahrt zum modernen Tourismus, München 1991.

16 Ernst Schubert, Arme Leute, Bettler und Gauner im Franken des 18. Jahrhunderts, 2. Aufl. Neustadt a.d. Aisch 1990.

17 Frank-Olaf Radtke, Lob der Gleich-Gültigkeit, in: Uli Bielefeld (Hg.), Das Eigene und das Fremde, Hamburg 1991, S. 89–96; Michael Bommes, Einwanderung in die Bundesrepublik und ihre diskursive Bearbeitung: eine multikulturelle Praxis?, in: Deutsch lernen, 17. 1992, H. 2, S. 117–124; vgl. hierzu den Beitrag von Els Oksaar in diesem Band.

18 Axel Schulte, Multikulturelle Gesellschaft: Chance, Ideologie oder Bedrohung, in: Aus Politik und Zeitgeschichte. Beilage zur Wochenzeitung Das Parlament, 1. 6. 1990, S. 3–15, hier S. 4.

19 Hartmut Esser, Multikulturelle Gesellschaft als Alternative zu Isolation und Assimilation, in: ders. (Hg.), Die fremden Mitbürger, Düsseldorf 1983, S. 25–38; vgl. Jürgen Micksch (Hg.), Multikulturelles Zusammenleben. Theologische Erfahrungen, Frankfurt a. M. 1983; Volker Nitzschke (Hg.), Multikulturelle Gesellschaft – multikulturelle Erziehung?, Stuttgart 1982.

20 Schulte, Multikulturelle Gesellschaft, S. 5–9; Hoffmann-Nowotny, Soziologische Aspekte der Multikulturalität.

21 Frank-Olaf Radtke, Multikulturalismus – Vier Formen der Ethnisierung, in: Frankfurter Rundschau, 19. 6. 1990, abgedr. in: Klaus J. Bade, Ausländer – Aussiedler – Asyl in der Bundesrepublik Deutschland (Niedersächsische Landeszentrale/Bundeszentrale für politische Bildung), 2. Aufl. Hannover/Bonn 1992, S. 149f.

22 Ebenda.

23 Wolfgang Welsch, Zwei Wege der Ästhetisierung, in: Jörg Huber (Hg.), Wahrnehmung von Gegenwart (Interventionen I), Basel 1992, S. 55–79, hier S. 56, zit. nach: Wolfgang Kaschuba, Kulturalismus: Vom Verschwinden des Sozialen im gesellschaftlichen Diskurs, in: Zeitschrift für Volkskunde, 91. 1995, S. 27–46, hier S. 31; vgl. Luc Ferry, Homo aestheticus, Paris 1990.

24 Radtke, Multikulturalismus.

25 Vgl. Michael Bommes, Migration und Ethnizität im nationalen Sozialstaat, in: Zeitschrift für Soziologie, 23. 1994, H. 5, S. 364–377; ders., Migration, Ethnizität und Sozialpolitik: Kommunale Probleme in föderalen Systemen, in: Bade (Hg.), Migration – Ethnizität – Konflikt; Hartmut Esser, Die Mobilisierung ethnischer Konflikte.

26 Hoffmann-Nowotny, Soziologische Aspekte der Multikulturalität.

27 Frank-Olaf Radtke, Multikulturalismus. Ein postmoderner Nachfahre des Nationalismus?, in: Vorgänge. Zeitschrift für Bürgerrechte und Gesellschaftspolitik, 117. 1992, S.23–30 (abgedr. in: Bade, Ausländer – Aussiedler – Asyl, 3. Ausg. Hannover/Bonn 1994, S. 176–178, hier S. 178).

28 Kaschuba, Kulturalismus, s. Anm. 23 (überarbeitete Fassung u. d. Tit.: Kulturalismus: Kultur statt Gesellschaft?, in: Geschichte und Gesellschaft, 21. 1995, S. 80–95).

29 Ebenda, S. 37–39; vgl. Etienne Balibar, Gibt es einen ‚europäischen Rassismus'? Elemente einer Analyse und einer Handlungsorientierung, in: Friedrich Balke u. a. (Hg.), Schwierige Fremdheit. Über Integration und Ausgrenzung in Einwanderungsländern, Frankfurt a.M. 1993, S. 119–134.

30 Kaschuba, Kulturalismus, S. 39–41; Thomas Meyer, Fundamentalismus. Aufstand gegen die Moderne, Reinbek 1989; ders. (Hg.), Fundamentalismus in der modernen Welt, Frankfurt a.M. 1989; hierzu der Artikel von Gernot Rotter in diesem Band.

31 Kaschuba, Kulturalismus, S. 41f.; vgl. Holm Sundhaussen, Ethnonationalismus in Aktion: Bemerkungen zum Ende Jugoslawiens, in: Geschichte und Gesellschaft, 20. 1994, H. 3, S. 402–423.

32 Kaschuba, Kulturalismus, S. 42f.; allg. hierzu: Eric J. Hobsbawm, Nationen und Nationalismus. Mythos und Realität seit 1780, Frankfurt a.M. 1991; Otto Dann, Nation und Nationalismus in Deutschland, 1770–1990, München 1993.

33 Allg. hierzu: Peter Waldmann/Georg Elwert (Hg.), Ethnizität im Wandel, Saarbrücken 1989; Eckhard J. Dittrich/Frank-Olaf Radtke (Hg.), Ethnizität. Wissenschaft und Minderheiten, Opladen 1990; Thomas Scheffler (Hg.), Ethnizität und Gewalt, Hamburg 1991; Reinhart Kößler/Tilman Schiel (Hg.), Nationalstaat und Ethnizität, Frankfurt a.M. 1994; John Rex/Beatrice Drury (Hg.), Ethnic Mobilisation in a Multicultural Europe, Aldershot 1994; dies., Ethnic Minorities in the Modern Nation State, London 1995; vgl. die Artikel von Michael Bommes (Migration und Ethnizität), Otto Kimminich (Migration, Ethnizität und Recht in Europa) und Michael Wollenschläger (Nationalstaat, Ethnizität und Einwanderungsgesetzgebung in Deutschland) in: Bade (Hg.), Migration – Ethnizität – Konflikt.

34 Samuel P. Huntington, The Clash of Civilizations?, in: Foreign Affairs, 72. 1993, H. 3, S. 22–49.

35 Jakob Augstein, Kampf der Zivilisationen? Samuel P. Huntingtons Kultur-Knall-Theorie, in: Süddeutsche Zeitung, 21./22. 1. 1995, S. 13.

36 Wolf Lepenies, Auflösungsvermögen: Mit dem Fernrohr gegen den Koran, mit der Wissenschaft gegen fremde Kulturen, in: Die Zeit, 5. 11. 1993.

37 Arthur M. Schlesinger jr., The Disuniting of America, New York 1992; vgl. hierzu den Artikel von Hans-Jürgen Puhle in diesem Band.

38 Dieter Oberndörfer, Der Wahn des Nationalen. Die Alternative der offenen Republik, Freiburg i.Br. 1993; vgl. ders., Assimilation, Multikulturalismus oder kultureller Pluralismus – zum Gegensatz zwischen kollektiver Nationalkultur und kultureller Freiheit der Republik, in: Bade (Hg.), Migration – Ethnizität – Konflikt; vgl. hierzu den Beitrag von Heiner Geißler in diesem Band.

39 Erwin Faul, Gegen die Multikulturisten, in: Die politische Meinung, 37. 1992, H. 258, S. 11, abgedr. in: Bade, Ausländer – Aussiedler – Asyl, 3. Ausg., S. 184–187; Bassam Tibi, Wird Amerika libanisiert? Die öffentliche Diskussion über Migration in einem Einwanderungsland, in: Frankfurter Allgemeine Zeitung (FAZ), 23. 5. 1992 (Zitat); ders., Im Banne des Multikulturalismus. Verfassungsmäßig verbriefte Rechte ethnischer Kollektive im Grundgesetz?, in: FAZ, 11. 1. 1994, abgedr. in: Bade, Ausländer – Aussiedler – Asyl, 3. Ausg., S. 189.

40 Gernot Böhme/Rabindra Nath Chakraborty/Frank Weiler, Perspektiven und Konsequenzen, in: dies. (Hg.), Migration und Ausländerfeindlichkeit, Darmstadt 1994, S. 201–210, hier S. 206.

41 Jochen Blaschke, Internationale Migration: Ein Problemaufriß, in: Manfred Knapp (Hg.), Migration im neuen Europa, Stuttgart 1994, S. 23–50, hier S. 44.

42 Klaus J. Bade, Ausländer – Aussiedler – Asyl: Eine Bestandsaufnahme, München 1994.

43 Allg. hierzu: Friedrich Heckmann, Ethnische Minderheiten, Volk und Nation. Soziologie inter-ethnischer Beziehungen, Stuttgart 1992; ak-

tuelle Bestandsaufnahme: Cornelia Schmalz-Jacobsen/Georg Hansen (Hg.), Ethnische Minderheiten in der Bundesrepublik Deutschland. Ein Lexikon, München 1995.

44 Vgl. hierzu: Klaus J. Bade, Ausländer – Aussiedler – Asyl (s. Anm. 42); ders., Homo Migrans: Wanderungen aus und nach Deutschland – Erfahrungen und Fragen, Essen 1994; ders. (Hg.), Das Manifest der 60: Deutschland und die Einwanderung, München 1994; ders., Was man tabuisiert, kann man nicht gestalten. Rede vor der Deutschen Nationalstiftung in Weimar am 4. 11. 1994, in: FR, 21. 11. 1994, S. 12.

Alexander Demandt: Patria Gentium – das Imperium Romanum als Vielvölkerstaat

1 Plinius maior, Naturalis historia, III 39; XIV 2.
2 Wilhelm Gernentz, Laudes Romae, Diss. Rostock 1918.
3 Reinhard Wenskus, Stammesbildung und Verfassung. Das Werden der frühmittelalterlichen gentes, Köln 1961.
4 Alfred Heuß, Römische Geschichte, 4. Aufl. Braunschweig 1976; Karl Christ, Die Römer, 3. Aufl. München 1994.
5 Bibel, Erstes Buch der Makkabäer, 8, 1ff.
6 Hermann Strasburger, Studien zur Alten Geschichte, Bd. 2, Hildesheim 1982, S. 1017ff.
7 Cicero, De re publica, I 39.
8 Dionysios von Halikarnassos, Antiquitatum Romanarum quae supersunt, I 5, 1.
9 Livius, I 8.
10 Augustinus, De Civitate Dei, I 34.
11 Orosius, II 4, 3.
12 Vergil, Aeneis, VIII 342f.
13 Livius, IV 3, 13.
14 Tacitus, Annales, XI 23ff.
15 Alexander Demandt, Der Idealstaat. Das politische Denken der Antike, 2. Aufl. Köln 1993, S. 245ff.
16 Vergil, Aeneis, VI 853.
17 Plinius maior, Naturalis historia, XXXVI 39.
18 Cicero, De legibus, I 18ff.
19 Moritz Voigt, Das ius naturale aequum et bonum und ius gentium der Römer, 4 Bde., Leipzig 1856–1876.
20 Cicero, De officiis, III 28.
21 Ders., De legibus, I 23.
22 Cato maior, De agricultura, 61,2.
23 Cicero, Tusculanae disputationes, II 13.
24 Horaz, Epistulae, I 1,40.
25 Günter Neumann (Hg.), Die Sprachen im Römischen Reich der Kaiserzeit (Beihefte der Bonner Jahrbücher, Bd. 40), Köln/Bonn 1980; Wolf-

gang Haase (Hg.), Principat. (Nichtlateinische) Sprache und Literatur (Aufstieg und Niedergang der Römischen Welt, II, Bd. 29, 2. Teil), Berlin 1983.
26 Corpus Iuris Civilis II, Digesten, XXXII 11, Vorwort.
27 Polybios, VI 56,7.
28 Cicero, De haruspicum responso, 19.
29 Plutarch, Moralia, 164 Eff.
30 Bibel, Apostelgeschichte, 17,23.
31 Plinius maior, Naturalis historia, XIII 46.
32 Tacitus, Annales, XV 44.
33 Plinius, Epistulae, X 96.
34 Tertullian, Apologeticum, 5.
35 Tacitus, Annales, II 88.
36 Ders., Historiae, IV 74.
37 Dion Chrysostomos, Orationes, 32,40.
38 Ders., Annales, II 55.
39 Martial, VI 39.
40 Herodian, VII 7.
41 Aurelius Victor, 37,7.
42 Ebenda, 11,13.
43 Ammian, XIV 6,19.
44 Ebenda, XXVIII 4,32.
45 Manfred Waas, Germanen im römischen Dienst im 4. Jahrhundert n.Chr., 2. Aufl. Bonn 1971.
46 Paul Glaue/Karl Helm, Das gotisch-lateinische Bibelfragment der Universitätsbibliothek zu Gießen, in: Zeitschrift für neutestamentliche Wissenschaft, 11. 1910, S. 1–38.
47 Strabon, IX 5,12.
48 Ebenda, XII 4,6.
49 Plinius maior, III 70.
50 Theodor Mommsen (Hg.), Chronica Minora, II, Berlin 1894, S. 389 f.
51 Bernhard Kytzler (Hg.), Rom als Idee, Darmstadt 1992.
52 Demandt, Der Idealstaat, S. 402.
53 Theodor Mommsen, Reden und Aufsätze, Berlin 1905, S. 321.
54 Alexander Demandt, Der Fall Roms. Die Auflösung des Römischen Reiches im Urteil der Nachwelt, München 1984, S. 377, 408, 410, 414.
55 Ebenda, S. 687, s. public spirit.

Anton Schindling: Glaubensvielfalt als Kulturkonflikt – Europa in der Frühen Neuzeit

Burkhardt, Johannes: Der Dreißigjährige Krieg, Frankfurt a.M. 1992.
Dickmann, Fritz: Der Westfälische Frieden, 6. Aufl. Münster 1992.
Heckel, Martin: Deutschland im konfessionellen Zeitalter, Göttingen 1983.

Lutz, Heinrich (Hg.): Zur Geschichte der Toleranz und Religionsfreiheit, Darmstadt 1977.

Press, Volker: Soziale Folgen der Reformation in Deutschland, in: Marian Biskup/Klaus Zernack (Hg.), Schichtung und Entwicklung der Gesellschaft in Polen und Deutschland im 16. und 17. Jahrhundert, Wiesbaden 1983, S. 196–243.

Ders.: Kriege und Krisen. Deutschland 1600–1715, München 1991.

Rabe, Horst: Reich und Glaubensspaltung. Deutschland 1500–1600, München 1989.

Reinhard, Wolfgang: Zwang zur Konfessionalisierung?, in: Zeitschrift für historische Forschung, 10. 1983, S. 257–277.

Schilling, Heinz: Aufstieg und Krise. Deutschland 1517–1648, Berlin 1988.

Ders.: Die Konfessionalisierung im Reich. Religiöser und gesellschaftlicher Wandel in Deutschland zwischen 1555 und 1620, in: Historische Zeitschrift, 246. 1988, S. 1–45.

Schindling, Anton: Der Westfälische Frieden und die deutsche Konfessionsfrage, in: Manfred Spieker (Hg.), Friedenssicherung, Bd. 3, Münster 1989, S. 19–36.

Ders./Walter Ziegler (Hg.): Die Territorien des Reichs im Zeitalter der Reformation und Konfessionalisierung. Land und Konfession 1500–1650, 5 Bde., Münster 1989–1993.

Dies. (Hg.): Die Kaiser der Neuzeit 1519–1918, München 1990.

Venard, Marc/Smolinsky, Heribert (Hg.): Die Zeit der Konfessionen (1530–1620/30), Freiburg i.Br. 1992.

Zeeden, Ernst Walter: Konfessionsbildung. Studien zur Reformation, Gegenreformation und katholischen Reform, Stuttgart 1985.

Ziegler, Walter: Territorium und Reformation. Überlegungen und Fragen, in: Historisches Jahrbuch, 110. 1990, S. 52–75.

Gernot Rotter: Islam versus Westen – historische Realität und ideologischer Reflex

1 Mohammed Muru, Al-Muwadjaha baina l-Islam wa l-gharb, Nicosia 1993; Mustafa Mahmud, Al-Mu'amara al-kubra, Kairo 1993.

2 Muru, S. 37.

3 Zit. nach Helena Sabbagh, Der Westen als Feindbild? Kollektive Selbst- und Fremdbilder am Beispiel der Berichterstattung der ägyptischen Wochenzeitung as-Sa'b während der Golfkrise (noch unveröffentlichte Magisterarbeit, Hamburg 1994), S. 57.

4 Anwar al-Djundi, Al-Islam wa l-gharb, Beirut 1982, S. 234.

5 Mahmud, S. 4.

6 Fauzi Mohammed Tayil, Madhabih al-Bosna wa l-Harsak: Andalus djadida fi Uruba, Al-Qahira 1992.

7 Zit. nach Andreas Meier, Der politische Auftrag des Islam, Wuppertal 1994, S. 295.

8 Al-Djundi, S. 156ff.
9 Muru, S. 37.
10 Mahmud Shaltut, al-Islam 'aqidatan wa shari'atan, Kairo 1962, S. 464f.
11 Zit. nach Ekkehart Rotter, Die Sarazenenseuche oder Wie ein Feindbild entsteht, in: Gernot Rotter (Hg.), Die Welten des Islam, Frankfurt a.M. 1993, S. 53.

Thankmar Freiherr von Münchhausen: Nordafrika in der Republik – die französische Erfahrung

1 Patrick Weil, La France et ses étrangers. L'aventure d'une politique de l'immigration 1938–1991, Paris 1991.
2 Ebenda.
3 Institut national de la statistique et des études économiques (INSEE), Les étrangers en France, Paris 1994 (mit nützlichen Literaturhinweisen).
4 Paul Yonnet, Voyage au centre du malaise français. L'antiracisme et le roman national, Paris 1993.
5 Christian Jelen, La famille, secret d'intégration. Enquête sur la France immigrée, Paris 1993.
6 Gilles Kepel, Les banlieues de l'Islam, Paris 1989; Christian Jelen, Ils feront de bons Français. Enquête sur l'assimilation des Maghrébins, Paris 1991; Jean-Claude Barreau, De l'immigration en général et de la nation française en particulier, Paris 1991.
7 Jacques Attali, Verbatim, Bd. 1, Paris 1993, S. 793.
8 Giscard d'Estaing, in: Figaro-Magazine, 21. 9. 1991.
9 Le Monde, 10. 10. 1989.

Gerd Kröncke: Das Imperium schlägt zurück – die englische Erfahrung

Cohren, Philip/Bains, Harwant S. (Hg.): Multiracist Britain. New Directions in Theory and Practice, London 1988.
Donald, James/Rattansi, Ali (Hg.): ‚Race', Culture and Difference, London 1992.
Gabriel, John: Racism, Culture, Markets, London/New York 1994.
Goldberg, David Theo (Hg.): Multiculturalism. A Critical Reader, Oxford/Cambridge, Mass. 1994.
Lewis, Philip: Islamic Britain, London/New York 1994.

Heiner Geißler: Bürger, Nation, Republik – Europa und die multikulturelle Gesellschaft

Bade, Klaus J. (Hg.): Das Manifest der 60. Deutschland und die Einwanderung, München 1994.

Cohn-Bendit, Daniel/Schmid, Thomas: Heimat Babylon. Das Wagnis der multikulturellen Demokratie, Hamburg 1992.
Geißler, Heiner: Zugluft. Politik in stürmischer Zeit, München 1990.
Heiner Geißler im Gespräch mit Gunter Hofmann und Werner A. Perger, Frankfurt a.M. 1993.
Oberndörfer, Dieter: Der Wahn des Nationalen. Die Alternative der offenen Republik, Freiburg i.Br. 1993.

Hans-Jürgen Puhle: Vom Bürgerrecht zum Gruppenrecht? Multikulturelle Politik in den USA

Bellah, Robert N.: Civil Religion in America, in: Daedalus, 96. 1976, H. 1, S. 1–21.
Hamilton, Alexander/Madison, James/Jay, John: The Federalist, hg. v. Jacob E. Cooke, Cleveland 1961 u. ö., dt.: Die Federalist Papers, Darmstadt 1993.
Huntington, Samuel P.: The Clash of Civilizations?, in: Foreign Affairs, 72. 1993, H. 3, S. 22–49.
Jennings, James: The Politics of Black Empowerment, Detroit 1992.
Johnson, Donald: Multiculturalism: In the Curriculum, in the Disciplines, and in Society, New York 1992.
Minow, Martha: Making All the Difference: Inclusion, Exclusion and American Law, Ithaca 1990.
Ostendorf, Berndt (Hg.): Multikulturelle Gesellschaft: Modell Amerika?, München 1994.
Puhle, Hans-Jürgen: Unabhängigkeit, Staatenbildung und gesellschaftliche Entwicklung in Nord- und Südamerika, in: Detlef Junker u.a. (Hg.), Lateinamerika am Ende des 20. Jahrhunderts, München 1994, S. 27–48.
Ravitch, Diane: Multiculturalism: E Pluribus Plures, in: The American Scholar, 59. 1990, S. 337–354.
Schlesinger jr./Arthur M.: The Disuniting of America. Reflections on a Multicultural Society, Knoxville 1991.
Sollors, Werner: Beyond Ethnicity. Consent and Descent in American Culture, New York 1986.
Steinberg, Stephen: The Ethnic Myth, Boston 1989.
Taylor, Charles: Multikulturalismus und die Politik der Anerkennung, Frankfurt a.M. 1993 (engl. Princeton 1992).
Weir, Margaret u.a.: The Politics of Social Policy in the United States, Princeton 1988.

Stephen Castles: Multikulturalismus als Gesellschaftskonzept – der australische Weg

1 Dieser Beitrag entstand unter Mitarbeit von Birgitt Baader und Patrick Brownlee.

2 Zum Vergleich der beiden Länder s. Stephen Castles/Mark J. Miller, The Age of Migration: International Population Movements in the Modern World, London 1993, Kap. 5. Vgl. insgesamt auch: Franz Oswald, Einwanderung, Integration, Identität: Das Modell Australien, in: Blätter für deutsche und internationale Politik, 1995, H. 7, S. 863–870.

3 Zur Geschichte der Einwanderung: Marie De Lepervanche, Australian Immigrants 1788-1940: Desired and Unwanted, in: Edward Lawrence Wheelwright/Ken Buckley (Hg.), Essays in the Political Economy of Australian Capitalism, Bd. 1, Sydney 1975; Humphrey Mc Queen, A New Britannia, Ringwood, Vic. 1975.

4 Jock Collins, Migrant Hands in a Distant Land: Australia's Post-War Immigration, 2. Aufl. Sydney 1991.

5 Constance Lever-Tracy/Michael Quinlan, A Divided Working Class, London 1988.

6 Der Abwendung vom Rassismus in der Einwanderungspolitik entsprach die Tendenz zur Verbesserung des formellen Status der Aborigines, denen nach einem Volksentscheid von 1967 erstmals volle Staatsbürgerrechte zugesprochen wurden. Die Aborigines sind jedoch bis heute nach wie vor wirtschaftlich und sozial sehr benachteiligt, worauf hier nicht weiter eingegangen werden kann.

7 Australia's Population Trends and Prospects 1993, hg. v. Bureau of Immigration and Population Research, Canberra 1994.

8 Graeme Hugo, Demographic and Spatial Aspects of Immigration, in: Mark Wooden u.a., Australian Immigration: A Survey of the Issues, 2. Aufl. Canberra 1994.

9 James Jupp, Immigrant Settlement Policy in Australia, in: Gary P. Freeman/James Jupp (Hg.), Nations of Immigrants: Australia, the United States and International Migration, Melbourne 1992.

10 Jean I. Martin, The Migrant Presence, Sydney 1978.

11 Lois Foster/David Stockley, Australian Multiculturalism: A Documentary History and Critique, Clevedon/Philadelphia 1988.

12 Stephen Castles u.a., Mistaken Identity – Multiculturalism and the Demise of Nationalism in Australia, 3. Aufl. Sydney 1992.

13 Andrew Jakubowicz, The State and the Welfare of Immigrants in Australia, in: Ethnic and Racial Studies, 12. 1989, H. 1.

14 Geoffrey Blainey, All for Australia, Sydney 1984.

15 Joseph Lo Bianco, National Policy on Languages, Canberra 1987.

16 National Agenda for a Multicultural Australia, hg. v. Office of Multicultural Affairs, Canberra 1989.

17 Multiculturalism and the Law, hg. v. Australian Law Reform Commission, Sydney 1992.

18 Jerzy Zubrzycki, Towards a Multicultural Society in Australia, in: Margareta Bowen (Hg.), Australia 2000: The Ethnic Impact, Armidale 1977.

19 Report of the National Inquiry into Racist Violence, hg.v. Human Rights and Equal Opportunities Commission, Canberra 1991. Dieser Bericht stellt fest, daß der Rassismus vor allem gegen Aborigines weit verbreitet und fest verankert ist, und daß es sich bei den Tätern oft um Polizisten und andere Beamte handelt. In zweiter Linie zielten rassistische Angriffe insbesondere auf asiatische Einwanderer, vor allem in Gestalt von Graffiti, Beleidigungen oder Diskriminierungen im Alltag.

Irina Scherbakowa: Ethnische Vielfalt und zentrale Kontrolle – das russisch-sowjetische Imperium

Fleischhauer, Ingeborg: Die Deutschen im Zarenreich. Zwei Jahrhunderte deutsch-russische Kulturgemeinschaft, Stuttgart 1986.

Kappeler, Andreas: Rußland als Vielvölkerreich. Entstehung – Geschichte – Zerfall, 2. Aufl. München 1993.

Kopylowski, G.: K istorii nationalnogo woprosa w Rossii. – Problema otwetswennosti sa rasjiganie mejnationalnoj rosni, Moskau 1993.

Martiny, Albrecht: Nationalitäten und Nationalitätenpolitik, in: Gottfried Schramm (Hg.), Handbuch der Geschichte Rußlands, Bd. 3: 1856–1945. Von den autokratischen Reformen zum Sowjetstaat, Stuttgart 1992, S. 1744–1780.

Melville, Ralph/Steffens, Thomas: Die Bevölkerung, in: ebenda, S. 1009–1191.

Simon, Gerhard: Nationalismus und Nationalitätenpolitik in der Sowjetunion, Baden-Baden 1986.

Sowetski prostoj tschelowek, Moskau 1993.

Els Oksaar: Vom Verstehen und Mißverstehen im Kulturkontakt – Babylon in Europa

Bade, Klaus J. (Hg.): Das Manifest der 60: Deutschland und die Einwanderung, München 1994.

Dodd, Charles H.: Dynamics of Intercultural Communication, Dubuque, Iowa 1982.

Hall, Edward T.: The Silent Language, Garden City 1973.

Kissinger, Henry: White House Years, Boston 1972.

Lazarus, Moritz: Über Gespräche, in: ders., Ideale Fragen in Reden und Vorträgen, Berlin 1878, S. 237–264.

Lichtenberg, Georg Christoph: Sudelbücher, hg. v. Franz H. Mauthner, Frankfurt a.M. 1984.

Mann, Thomas: Buddenbrooks, Frankfurt a.M. 1960.

Oksaar, Els: Sprachbarrieren, in: Walter Spiel (Hg.), Psychologie des 20. Jahrhunderts, Bd. XI: Konsequenzen für die Pädagogik, Zürich 1980, S. 482–500.

Dies.: Sprache, Gesellschaft und interkulturelle Verständigung, in: Wolfgang Kühlwein (Hg.), Sprache, Kultur, Gesellschaft, Tübingen 1984, S. 21–31.
Dies.: Kulturemtheorie. Ein Beitrag zur Sprachverwendungsforschung (Berichte aus den Sitzungen der Joachim-Jungius-Gesellschaft der Wissenschaft Hamburg, Bd. 6, H. 3), Göttingen 1988.
Reischauer, Edwin O.: The Japanese, Cambridge, Mass. 1977.
Schmidt, Paul: Statist auf diplomatischer Bühne 1923–1945, Bonn 1954.
Soffietti, John P.: Bilingualism and Biculturalism, in: Journal of Educational Psychology, 46. 1955, S. 222–227.

Klaus J. Bade: Einwanderung und Gesellschaftspolitik in Deutschland – quo vadis Bundesrepublik?

Bade, Klaus J. (Hg.): Deutsche im Ausland – Fremde in Deutschland: Migration in Geschichte und Gegenwart, München 1992.
Ders. (Hg.): Das Manifest der 60: Deutschland und die Einwanderung, München 1994.
Ders.: Homo Migrans: Wanderungen aus und nach Deutschland – Erfahrungen und Fragen, Essen 1994.
Ders.: Ausländer – Aussiedler – Asyl: Eine Bestandsaufnahme, München 1994.
Ders. (Hg.): Migration – Ethnizität – Konflikt: Systemfragen und Fallstudien, Osnabrück 1996.
Bukow, Wolf-Dietrich/Llaryora, Roberto: Mitbürger aus der Fremde. Soziogenese ethnischer Minoritäten, 2. Aufl. Opladen 1993.
Cohn-Bendit, Daniel/Schmid, Thomas: Heimat Babylon. Das Wagnis der multikulturellen Demokratie, Hamburg 1992.
Dietz, Barbara/Hilkes, Peter: Integriert oder isoliert? Zur Situation rußlanddeutscher Aussiedler in der Bundesrepublik Deutschland, München 1994.
Esser, Hartmut: Aspekte der Wanderungssoziologie. Assimilation und Integration von Wanderern, ethnischen Gruppen und Minderheiten, Darmstadt 1980.
Heckmann, Friedrich: Ethnische Minderheiten, Volk und Nation. Soziologie inter-ethnischer Beziehungen, Stuttgart 1992.
Hof, Bernd: Europa im Zeichen der Migration. Szenarien zur Bevölkerungs- und Arbeitsmarktentwicklung in der Europäischen Gemeinschaft bis 2020, Köln 1993.
Hoffmann, Lutz: Die unvollendete Republik: Zwischen Einwanderungsland und deutschem Nationalstaat, Köln 1990.
Ders.: Das deutsche Volk und seine Feinde. Die völkische Droge – Aktualität und Entstehungsgeschichte, Köln 1994.

Leggewie, Claus: MultiKulti: Spielregeln für die Vielvölkerrepublik, München 1990.
Oberndörfer, Dieter: Der Wahn des Nationalen. Die Alternative der offenen Republik, Freiburg i.Br. 1993.
Schmalz-Jacobsen, Cornelia u. a.: Einwanderung – und dann? Perspektiven einer neuen Ausländerpolitik, München 1993.
Weidenfeld, Werner (Hg.): Das europäische Einwanderungskonzept, Gütersloh (Bertelsmann Stiftung) 1994.
Willems, Helmut u. a.: Fremdenfeindliche Gewalt. Einstellungen – Täter – Konflikteskalation, Opladen 1993.

Die Autoren

Klaus J. Bade, Dr. phil. habil., Univ. Prof. für Neueste Geschichte und Direktor des Instituts für Migrationsforschung und Interkulturelle Studien (IMIS) der Universität Osnabrück, Vorsitzender der Gesellschaft für Historische Migrationsforschung (GHM); Fellow Harvard (1976/77), Oxford (1985), Institute for Advanced Study der Niederl. Akademie der Wissenschaften/NIAS (1996/97); zahlreiche Veröffentlichungen zur Kolonialgeschichte, zur Sozial- und Wirtschaftsgeschichte sowie zur Entwicklung von Bevölkerung und Wanderung in Geschichte und Gegenwart, u.a.: Friedrich Fabri und der Imperialismus in der Bismarckzeit, Freiburg i. Br. 1975; Vom Auswanderungsland zum Einwanderungsland? Deutschland 1880 bis 1980, Berlin 1983; (Hg.), Imperialismus und Kolonialmission: Kaiserliches Deutschland und koloniales Imperium 1884 bis 1914/18, Wiesbaden 1984; (Hg.), Auswanderer – Wanderarbeiter – Gastarbeiter, 2 Bde., Ostfildern 1984; (Hg.), Population, Labour and Migration in 19th and 20th Century Germany, Oxford 1987; (Hg.), Deutsche im Ausland – Fremde in Deutschland: Migration in Geschichte und Gegenwart, München 1992; (Hg.), Das Manifest der 60: Deutschland und die Einwanderung, München 1994; Homo Migrans: Wanderungen aus und nach Deutschland, Essen 1994; Ausländer – Aussiedler – Asyl: Eine Bestandsaufnahme, München 1994; (Hg.), Migration – Ethnizität – Konflikt: Systemfragen und Fallstudien, Osnabrück 1996.

Stephen Castles, Ph.D., Prof. für Soziologie und Direktor des Centre for Multicultural Studies an der University of Wollongong, Australien; Vorsitzender des australischen Bureau of Immigration, Multicultural and Population Research Advisory Committee sowie Mitglied des National Multicultural Advisory Council; 1972–1986 Prof. für Soziologie und politische Ökonomie an der Fachhochschule Frankfurt a.M.; Gastprof. an der Cornell University (USA), am Europäischen Hochschulinstitut (Florenz) und am Centre d'Etudes et Recherches Internationales (Paris); zahlreiche Veröffentlichungen, u.a.: Immigrant Workers and Class Structure in Western Europe, London 1973 und 1985; Here for Good – Western Europe's New Ethnic Minorities, London 1984; Mistaken Identity: Multiculturalism and the Demise of Nationalism in Australia, Sydney 1988; (Hg.), Australia's Italians, Sydney 1992; The Age of Migration: International Population Movements in the Modern World, London 1993.

Alexander Demandt, Dr. phil. habil., Univ. Prof. für Alte Geschichte an der Freien Universität Berlin; zahlreiche Veröffentlichungen zur Geschichte der Spätantike und zur Geschichtstheorie, u.a.: Zeitkritik und Geschichtsbild im Werk Ammians, Bonn 1965; Metaphern für Geschichte. Sprachbilder und Gleichnisse im historisch-politischen Denken, München 1978; Der Fall Roms. Die Auflösung des Römischen Reiches im Urteil der Nachwelt, München 1984; Ungeschehene Geschichte. Ein Traktat über die Frage: Was wäre geschehen, wenn ...?, Göttingen 1984; Die Spätantike. Römische Geschichte von Diocletian bis Justinian, 284–565 n.Chr., München 1989; (Hg.), Deutschlands Grenzen in der Geschichte, München 1990; (Hg.), Macht und Recht. Große Prozesse in der Geschichte, München 1990; (Hg.), Theodor Mommsen, Römische Kaisergeschichte, München 1992 (zus. mit Barbara Demandt); Endzeit? Die Zukunft der Geschichte, Berlin 1993; Der Idealstaat. Die politischen Theorien der Antike, Köln 1993; (Hg.), Mit Fremden leben. Eine Kulturgeschichte von der Antike bis zur Gegenwart, München 1995.

Heiner Geißler, Dr. jur., Bundesminister a.D., Mitglied des Bundesvorstandes der CDU; zunächst Richter, dann Leiter des Ministerbüros des Arbeits- und Sozialministers von Baden-Württemberg; 1965–1967 und seit 1980 MdB; 1967–1977 Minister für Soziales, Jugend, Gesundheit und Sport des Landes Rheinland-Pfalz; 1977 bis 1989 Generalsekretär der CDU; 1982–1985 Bundesminister für Jugend, Familie und Gesundheit; 1989–1994 Mitglied des Präsidiums der CDU; seit 1991 stellvertretender Vorsitzender der CDU/CSU-Bundestagsfraktion; seit 1994 Mitglied des Bundesvorstandes der CDU; zahlreiche Veröffentlichungen, u.a.: Die Neue Soziale Frage, Freiburg i.Br. 1976; Abschied von der Männergesellschaft, Frankfurt a.M. 1986; Zugluft – Politik in stürmischer Zeit, Gütersloh 1990; Heiner Geißler im Gespräch mit Gunter Hofmann und Werner A. Perger, Frankfurt a.M. 1993; Gefährlicher Sieg, Köln 1995.

Gerd Kröncke, Korrespondent der Süddeutschen Zeitung in London; 1967–1981 Korrespondent beim Nachrichtenmagazin Der Spiegel (Hannover und Düsseldorf), 1981 bis 1986 Korrespondent der Süddeutschen Zeitung in Düsseldorf, seit 1986 in London. 1982 Journalistenpreis Ruhrgebiet, 1985 Egon-Erwin-Kisch-Preis, 1988 Journalistenpreis der Deutsch-Britischen Stiftung.

Thankmar Frhr. von Münchhausen, Dr. phil., Politischer Korrespondent der Frankfurter Allgemeinen Zeitung in Paris; 1970–1976 als Nah- und Mittelost-Korrespondent in Beirut, seit 1976 in Paris; zahlreiche Veröffentlichungen zu Fragen der Einwanderung in Frankreich und zur Situation in den französischen Ballungsgebieten, u.a.: Kolonialismus und Demokratie. Die französische Algerien-Politik 1945–1962, München 1977; Mameluken, Paschas und Fellachen. Berichte aus dem Reich Mohammed Alis 1801–1849, Tübingen 1982; Bilder des Orients. Berichte und Analysen, Frankfurt a.M. 1990.

Els Oksaar, Dr. phil. habil. Dr. h.c. mult., Univ. Prof. für Allgemeine und Vergleichende Sprachwissenschaft und Leiterin der Forschungsstelle für Sprachkontakte und Mehrsprachigkeit der Universität Hamburg; Fellow Japan Society for the Promotion of Sciences, Tokyo (1979); Fellow des Wissenschaftskollegs zu Berlin (1978/88); Gastprof. Australian National University, Canberra (1967); Mitglied des Wissenschaftsrates der Bundesrepublik Deutschland (1987–1994); Mitglied mehrerer in- und ausländischer wissenschaftlicher Akademien; mehrere nationale und internationale wissenschaftliche Auszeichnungen und Preise, u.a. Konrad Duden Preis der Stadt Mannheim; zahlreiche Veröffentlichungen, u.a.: Semantische Studien im Sinnbereich der Schnelligkeit, Stockholm 1958; Mittelhochdeutsch, Stockholm 1965; Berufsbezeichnungen im heutigen Deutsch, Düsseldorf 1976; Spracherwerb im Vorschulalter, Stuttgart 1977; Spracherwerb – Sprachkontakt – Sprachkonflikt, Berlin 1984; Soziokulturelle Perspektiven von Mehrsprachigkeit und Spracherwerb, Tübingen 1987; Fachsprachliche Dimensionen, Tübingen 1988; Kulturemtheorie, Göttingen 1988; Sprache und Gesellschaft, Mannheim 1992.

Hans-Jürgen Puhle, Dr. phil. habil., Univ. Prof. für Politikwissenschaft und Direktor des Zentrums für Nordamerika-Forschung (ZENAF) der J.W. Goethe-Universität Frankfurt a.M.; 1978–1990 Univ. Prof. für Allgemeine Geschichte an der Universität Bielefeld; J.F. Kennedy Memorial Fellow Harvard University (1970/71), Leverhulme Fellow Oxford University (1982); Gastprof. u.a. an der Universidad de Chile, Cornell, Stanford, Tel Aviv, FLACSO Buenos Aires, Instituto Juan March Madrid; Mitherausgeber der Zeitschrift Geschichte und Gesellschaft; zahlreiche Veröffentlichungen, u.a.: Agrarische Interessenpolitik und preußischer Konservatismus im wilhelminischen Reich, Bonn-Bad Godesberg 1967; Politik in Uruguay, Hannover 1968; (Hg.), Perspectivas del Progreso, Santiago de Chile 1969; Tradition und Reformpolitik in Bolivien, Hannover 1970; Politische Agrarbewegungen in kapitalistischen Industriegesellschaften, Göttingen 1975; (Hg.), Lateinamerika – Historische Realität und Dependencia-Theorien, Hamburg 1977; (Hg.), Preußen im Rückblick, Göttingen 1980 (zus. mit Hans-Ulrich Wehler); (Hg.), The Economies of Mexico and Peru During the Late Colonial Period 1760–1810, Berlin 1986 (zus. mit Nils Jacobsen); (Hg.), Bürger in der Gesellschaft der Neuzeit, Göttingen 1991; (Hg.), Bauern im Widerstand, Wien 1992 (zus. mit Peter Feldbauer); (Hg.), Von der Arbeiterbewegung zum modernen Sozialstaat, München 1994 (zus. mit Jürgen Kocka, Klaus Tenfelde); (Hg.), The Politics of Democratic Consolidation. Southern Europe in Comparative Perspective, Baltimore 1995; Staaten, Nationen und Regionen in Europa, Wien 1995.

Gernot Rotter, Dr. phil. habil., Univ. Prof. für Gegenwartsbezogene Orientwissenschaft am Seminar für Geschichte und Kultur des Vorderen

Orients der Universität Hamburg; 1980–1984 Direktor des Orient-Instituts der Deutschen Morgenländischen Gesellschaft in Beirut/Libanon; 1987 bis 1991 Abgeordneter und Friedenspolitischer Sprecher der Partei Die Grünen im Landtag von Rheinland-Pfalz; zahlreiche Veröffentlichungen zur frühislamischen Geschichte, zum Feindbild Islam im Westen und zum Feindbild Westen in der Arabischen Welt, u.a.: Die Stellung des Negers in der islamisch-arabischen Gesellschaft bis zum XVI. Jahrhundert, Bonn 1967; Muslimische Inseln vor Ostafrika, Beirut 1974; Die Umayyaden und der Zweite Bürgerkrieg, Wiesbaden 1982; Übersetzung der Bände 1–6 der Bibliothek Arabischer Klassiker (Ibn Ishaq, Abu l-Faradsch, al-Hamadhani, al-Mas'udi, Usama ibn Munqidh), Tübingen 1976–1982; (Hg.), Die Welten des Islam, Frankfurt a.M. 1993.

Irina Scherbakowa, Dr. phil., lebt in Moskau, bis 1987 hauptsächlich als Germanistin und Übersetzerin deutscher Schriftsteller (u.a. Kurt Tucholsky, Erich Kästner, Egon Erwin Kisch, Franz Kafka, Heinrich Böll, Christa Wolf, Volker Braun); 1985 Herausgeberin einer Anthologie von DDR-Autorinnen. Arbeit als Redakteurin für die Zeitungen ‚Sowjetliteratur', ‚Literaturnaja gaseta', ‚Nesawisimaja gaseta'; seit 1987 als Publizistin und Historikerin, zahlreiche Publikationen zu den Themen ‚Stalin-Opfer', ‚Gulag', ‚Ostarbeiter' in der russischen und deutschen Presse, Arbeit für Radio und Fernsehen; seit 1991 Wissenschaftliche Mitarbeiterin an der Russischen Staatlichen Humanistischen Universität, Bereich Oral History; 1994–1995 Fellow am Wissenschaftskolleg zu Berlin; 1994 Katholischer Journalistenpreis.

Anton Schindling, Dr. phil. habil., Univ. Prof. für Mittlere und Neuere Geschichte an der Universität Tübingen; zahlreiche Veröffentlichungen, u.a.: Humanistische Hochschule und freie Reichsstadt. Gymnasium und Akademie in Straßburg 1538 bis 1621, Wiesbaden 1977 (franz. Übers. 1988); (Hg.), Die Territorien des Reichs im Zeitalter der Reformation und Konfessionalisierung. Land und Konfession 1500–1650 (bislang 5 Bde.), Münster 1989–1993 (zus. mit Walter Ziegler); (Hg.), Die Kaiser der Neuzeit 1519–1918. Heiliges Römisches Reich, Österreich, Deutschland, München 1990 (zus. mit Walter Ziegler); Die Anfänge des Immerwährenden Reichstags zu Regensburg. Ständevertretung und Staatskunst nach dem Westfälischen Frieden, Mainz 1991; (Hg.), Damme. Eine Stadt in ihrer Geschichte, Sigmaringen 1993 (zus. mit Klaus J. Bade u.a.); Bildung und Wissenschaft in der Frühen Neuzeit 1650–1800, München 1994.